Geheime

Dao-Schöpfungslehre

Peter Hubral

Geheime
Dao-Schöpfungslehre

Moderne Dao-Praxis erklärt
die älteste und aktuellste chinesische und universelle
Welt- und Selbstentstehung

LOTUS PRESS

Das vorliegende Buch ist sorgfältig erarbeitet worden. Dennoch erfolgen alle Angaben ohne Gewähr. Weder Autor noch Verlag können für eventuelle Nachteile oder Schäden, die aus den im Buch gemachten praktischen oder theoretischen Hinweisen resultieren, Haftung übernehmen.

Peter Hubral: Geheime Dao-Schöpfungslehre - Moderne Dao-Praxis erklärt die älteste und aktuellste chinesische und universelle Welt- und Selbstentstehung

Copyright © 2015 by LOTUS-PRESS
Zerhusener Str. 31a
49393 Lohne
Germany

www.lotus-press.com

ISBN-13: 978-3-945430-36-1

Kommentar zum Buchtitel

Die Dao-Schöpfungslehre offenbart sich in meditativer Selbstbeobachtung aus sich selbst heraus als übersinnliche Wiedererinnerung an Verborgenes. Dies erfolgt in der hypothesenfreien Dao-Praxis, die Dao-Großmeister Fangfu lehrt und die mir seit 1997 vertraut ist. Sie existiert seit 7000 Jahren und wurde 1980 von Fangfu veröffentlicht, nachdem sie in China seit dem 5.Jhd. im Untergrund gelehrt wurde. Sie war, wie ich zeige, anderen längst ausgestorbenen Kulturen zwischen Ost und West wie der altgriechischen ebenfalls bekannt.

Sie ist seit eh und je für Dao-Praktizierende die einzig wahre Schöpfungslehre, weil sie durch die Dao-Praxis persönlich bestätigt und somit nicht infrage gestellt werden kann. Sie bleibt Ungeübten[1] jedoch geheim, was nicht heißt, dass sie ihnen nicht erklärt werden könnte, was im Buch umfangreich geschieht. Ich beschreibe sie Schritt für Schritt in detaillierter Weise, um viele falsche Vorstellungen, die man seit Jahrhunderten damit verbindet, zu beseitigen.

Nachdem ich verblüffende Übereinstimmungen zwischen ihr und anderen östlich-westlichen Schöpfungslehren, inklusive der pythagoreischen/ platonischen Welt- und Selbstentstehung (*kosmogonía),* bestätigen konnte, kam ich zum Schluss, dass sie alle die einzigartige universelle Schöpfungslehre repräsentieren. Diese verbirgt sich hinter den ältesten Schöpfungsmythen der Menschheit, die somit eine Aktualität und Überzeugungskraft erlangen, die ihresgleichen sucht.

---

[1]Wenn ich von Ungeübten spreche, so meine ich Personen, die die Dao-Praxis nicht kennen.

Inhalt

Die verborgene Übung in Laozis *Daodejing*

Die Übersetzungen, Interpretationen und Kommentare des *Daodejing* fallen in drei Kategorien. Die erste ignoriert, dass es die Dao-Praxis beinhaltet, die, wie ich zeige, absolut notwendig für sein Verständnis ist. Das heißt, die erste verlässt sich nur auf die Schrift. Die zweite Kategorie, die nun auch im Westen immer mehr Anhänger findet, akzeptiert - je nach Autor - als Übung z.B. Taiji-Qigong, Taijiquan, Neigong, Gongfu, etc., wobei es sich in allen Fällen um bewusst durchgeführte FORMVOLLE BEWEGUNGEN handelt.

Auch wenn beide Kategorien keine oder eine spezifische formvolle Übung mit dem *Daodejing* verbinden, können deren Protagonisten jedoch nicht begründen, warum keine oder gerade die von ihnen vorgeschlagene Übung angeblich von Laozi eingesetzt wurde. Beide Kategorien stellen deshalb für Dao-Praktizierende, zu denen ich mich zähle, einen „Verrat" am *Daodejing* dar, der sich zusammenfassen lässt: *Übersetzer, Interpreten und Kommentatoren des Daodejing, die mit der Dao-Praxis unvertraut sind, sind Verräter.* Beide Kategorien liefern für Dao-Übende meiner Taiji-Schule, Taijixue (www.taijixue.de), das, was mein Lehrer, Dao-Meister Fangfu, im Einklang mit anderen Dao-Meistern, „Poesie" nennt. Diese ist all den Übersetzern („Poeten") geschuldet, die weder wissen, ob eine Übung, noch welche sich hinter dem *Daodejing* verbirgt, aber sich dennoch darüber äußern.

Der geheimnisvolle Laozi

Zhuangzi erzählt uns, dass Konfuzius angeblich Laozi besuchte, um ihm zu erklären, was er mit seinem umfangreichen Werk zum Wohle der Menschen erreicht hatte. Bevor er seine Vorstellung beendete, fragte ihn Laozi: *Ihr versucht zu viel auf einmal zu sagen. Sagt mir doch das Wesentliche Eurer Gedanken. Konfuzius antwortete darauf: Das Wesen liegt in den Lehren von Menschlichkeit und Gerechtig-*

keit. Darauf Laozi: Darf ich fragen, ob Menschlichkeit und Gerechtigkeit ein Teil der menschlichen Natur sind? Darauf antwortete ihm Konfuzius: Ja, der Charakter eines vollkommenen Menschen erfordert beides. Laozi bemerkte dazu: Darf ich fragen, was ihr darunter versteht? Darauf antwortete Konfuzius: Die Menschheit unvoreingenommen zu lieben ist das Wesen der Menschlichkeit und Gerechtigkeit. Daraufhin antwortete ihm Laozi: Ich fürchte sehr, dass ihr die Natur des Menschen verkennt.

Laozis Antwort versteht man umso mehr, wenn man seine Worte zu würdigen weiß: *In meinem Worten* (im *Daodejing) liegt ein NATÜR-LICHES PRINZIP. In der 'Angelegenheit der Menschen'* (über die sich Konfuzius viele Gedanken machte, um deren Verhalten zu verbessern) *liegt ein SYSTEM* (von Geboten, Vorschriften, gesellschaftlichen Verhaltensregeln, usw.). *Weil sie das nicht wissen, KENNEN SIE MICH NICHT.*

Das natürliche Prinzip ist das WUWEI-Prinzip. Es wird durch die Dao-Übung (Daoxing) in die Praxis umgesetzt. Diese ist die Basis für das *Daodejing,* das uns mit über 300 oft attraktiv erscheinenden, aber auch widersprüchlichen Übersetzungen, dieses einzigartige Werk zu erklären versucht. Darin findet man tiefgründige Hinweise über die Dao-Schöpfungslehre, die jedoch von „Poeten" nicht als solche erkannt und erst recht nicht verstanden werden. Dies liegt am mangelnden Verständnis des Wuwei-Prinzips und der Dao-Praxis.

Die formlose Stehübung zur Realisierung von Wuwei

Somit ergibt sich die Frage: *Was ist und welche Übung beinhaltet die Dao-Praxis zur Erklärung des Daodejing?* Was hat Laozi, der vom großen WEG (Dadao) spricht, wirklich geübt? Die Antwort von Fangfu, der sich in ununterbrochener Stammlinie bis zurück zu Laozi sieht, ist: Die Essenz der Dao-Praxis ist die *FORMLOSE TAIJI-STEHÜBUNG.*

Diese mir vertraute Übung wird regelmäßig in lockerer und ruhiger Stehposition durchgeführt. Sie basiert auf dem einzigartigen WU-WEI-Prinzip: *Tue nichts und erfahre, was „aus sich - dem Nichts (gedanklich Unzugänglichen) - heraus" zustande kommt.* Dadurch erlangt man das Taiji-Wissen (Taijixue), das sich stetig in Funktion des Übungserfolgs erweitert und genau so umfangreich werden kann, wie das im Alltag erworbene vertraute Wissen. Es ist jedoch von gänzlich anderer Art.

Es wird durch Hinwenden zum Nichts(ein), das Chinesen Wu nennen, erlangt. Es ist daher falsch zu behaupten: *Aus Nichts kommt nichts.* Im Gegenteil, alles Neue kommt (fließt, emaniert) aus dem Unbekannten (Nichts oder Nichtsein) ins Bekannte (Sein). Es kommt von dort, wo das vertraute Denken nicht hinreicht. Dabei fungiert Taiji (Dadao) als Übersetzer (Dolmetscher) vom Unbekannten (Nichtsein = Wu) ins Bekannte (Sein = You). Taiji (Dadao) ist die formlose Mischung (Zwischenwelt) aus beiden.

Mit Wuwei zu Heureka

Wuwei ist die Wirkung (Wei) aus Wu. Es ist ein Attribut von Dadao (Taiji). Es ist der natürliche Trieb, der das Unbekannte ins Bekannte transferiert. Dieser ist nur dann aktiv, wenn man selbst inaktiv (still, entspannt) ist und von allen Gedanken und internen Dialogen, die an das Sein (Diesseits) gebundenen sind, loslässt. Er lässt sich durch absichtsloses formloses Üben intensivieren, denn alles willentlich aktive Tun, wozu das formvolle Üben zählt, unterdrückt Wuwei.

Bei Wuwei geht es um das, was die alten Griechen *Heureka – Aha! Ich habe es gefunden!* - nennen. Dieser Ausruf wird bekanntlich Archimedes zugewiesen, der angeblich damit – im entspannten Zustand in einer Badewanne – das Archimedische Prinzip entdeckte.

Je mehr Heureka-Erlebnisse wir - im Zustand inniger Weltabgewandtheit - haben, umso klüger (weiser) werden wir. Dies heißt in Bezug auf das formlose Üben: *Je rigoroser wir uns in die Stille begeben und entspannen, umso aktiver ist Wuwei.* Damit kommt es zu immer mehr neuen Einsichten und zur WIEDERERINNERUNG (Gr: *anamnésis*) an Verborgenes und umso umfangreicher wird das Taiji-Wissen (Dao-Wissen: Taijixue).

Dafür ist die formlose Stehübung ideal, denn sie genügt KEINEM PRINZIP (keiner Form, Konditionierung, Erwartung oder Anweisung). Sie ist dem kreativen Übersetzer Dadao (Taiji) am besten angemessen. Sie ist einzigartig, denn es gibt, im Gegensatz zu den vielen formvollen Übungen (Stilen), nur eine formlose. Nur diese ist für Fangfu im Einklang mit dem *Daodejing*. Sie ist darin verborgen, kann ihm aber nicht entnommen werden, so wie es für die „ungeschriebene Lehre" in den *Platonischen Dialogen* ebenfalls zutrifft.

Die Bedeutung der Selbstbewegung

Das formlose Üben ist UNKONDITIONIERT (hypothesenfrei). Der Leib ist damit frei, sich in alle Richtungen zu bewegen, denn es werden keine Formen festgelegt, die seine Bewegung einschränken. Er ist somit für alles Neue und jede Richtung offen.

Damit kommt es für den Übenden zu tiefgründigen übersinnlichen Erfahrungen, womit er z.B. das fundamentale Naturgesetz durch SELBSTBEOBACHTUNG bestätigt: AUS RUHE KOMMT BEWEGUNG. Dabei geht es um keine formvolle (festgelegte, gerichtete, konditionierte) Bewegung, sondern um die einzigartige SELBSTBEWEGUNG (Gr: *autokinésis*). Diese erfolgt auf der körperlichen (Xing, Gr: *sóma),* psychischen (Qi, Gr: *psyché*) und geistigen (Shen, Gr: *pneuma)* Ebene gänzlich AUS SICH HERAUS. Sie ist ein Attribut von Wuwei und *Heureka.*

Dies alles beinhaltet für den Übenden, dass er sich dem Leib gänzlich anvertrauen und sich auf dessen Klugheit absolut verlassen muss, denn er ist der beste Lehrmeister. Er weiß, sich mit Selbstbewegungen selbst zu regulieren und zu heilen, was mit dem Wiedererwecken der in uns allen verborgenen außergewöhnlichen Sinne einhergeht, die Plato mit *sophrosýne* („Besinnung") bezeichnet.

Schöpferische Läuterung durch Wuwei

Das regelmäßige formlose Üben liefert somit dem Übenden eine einzigartige SELBSTERFAHRUNG und SELBSTERKENNTNIS. Diese umfasst eine ganz besondere Selbstdiagnose, Selbsttherapie und Selbstheilung, die in der Gesellschaft nicht zu finden sind. Dies alles kommt aus sich heraus zustande. Kurzum, das Wuwei-Prinzip bewirkt eine einmalige schöpferische LÄUTERUNG (Gr: *katharsis)*. Der Erfolg des Übenden beruht jedoch dabei auf seiner Begabung und Motivation, regelmäßig zu üben.

Außerdem ist ein erfahrener Dao-Lehrer (Taiji-Lehrer) erforderlich, der dafür sorgt, dass der Übende in keine Schwierigkeiten gerät und auf dem Dao-Weg problemlos vorankommt. Die Unterstützung des Lehrers ist dabei, allegorisch gesprochen, mit der einer Hebamme vergleichbar, die zwar kein Kind, aber gänzlich Neues im Übenden zur Geburt bringt. Es handelt sich dabei, wie jeder Taiji-Schüler nach dem Einstieg in die Dao-Praxis erkennt, um eine hohe Kunst (Gr: *téchne),* die Platon als HEBAMMENKUNST (Gr: *maieutike téchne)* und Philon Judeus von Alexandria in *Über die (meditative) Trunkenheit* als KUNST DER KÜNSTE (*téchne technón*) bezeichnet.

Der Schöpfungsakt: Von Formlosigkeit zur Form

Damit habe ich kurz die dritte Kategorie der Interpretation des *Daodejing* angedeutet, die ich im Buch umfassend erkläre und zum Verständnis der Dao-Schöpfungslehre einsetze. Ich liefere im Buch jedoch noch weitere Begründungen, warum Laozi die formlose und keine formvolle Übung eingesetzt hat.

Darin erkläre ich umfassend das, was damit durch Selbstbeobachtung im Üben bestätigt wird: *Der schöpferische Akt einer jeden Existenz beinhaltet ihren Wandel vom anfänglich formlosen* (chaotischen) *ge-bärenden Zustand in der Mischwelt* (Taiji) *hin zu ihrem formvollen Zustand nach der Geburt im Sein. Dabei ist Wuwei die - in Taiji wir-kende - treibende Schöpfungskraft.* Dazu ein Beispiel, das diesen schöpferischen Wandel zeigt, den die Dao-Praxis durch Intensivie-rung von Wuwei bewirkt.

Der Übende erkennt seinen Wandel unter anderem daran, dass aus seiner anfänglich formlosen Stehübung allmählich aus sich heraus selbst-bewegte Taijiquan-ähnliche formvolle Bewegungsabläufe ent-stehen. Dies ist ein beeindruckendes Erlebnis für ihn, das mit seiner Läuterung auf allen drei Ebenen einhergeht. All sein auf diese Weise gewonnenes Taiji-Wissen (Taijixue) ist Teil seines PERSÖNLI-CHEN WANDELS, worauf ja das *Daodejing*, das Buch vom Weg (Dao) und seiner Wirkung (Wei), hinweist.

Revision der „Poesie" über die Schöpfung

Das Taiji-Wissen hilft, auch andere psycho-kosmische Schöpfungs-lehren, wie die Pythagoreische/ Platonische, Gnostische, Vedische und Buddhistische *kosmogonía (kosmología)* zu verstehen. Dies er-fordert jedoch die DECODIERUNG der darüber verfassten umfang-reichen „Poesie", die dadurch zustande kommt, weil die „Poeten" zur Auslegung der alten Schriften das schöpferische Wuwei-Prinzip nicht honorieren. Diese verlassen sich vielmehr auf ihre „Gedankenakroba-tik".

Doch die damit verursachte verzerrte Interpretation alter Schriften lässt sich rückgängig machen. Darum geht es in diesem Buch. Darin erkläre ich die universelle Schöpfungslehre, die dem *Daodejing* bei Kenntnis der Dao-Praxis zu entnehmen ist. Um auch ungeübten Le-sern den Zugang zu ihr zu ermöglichen, wird von ihnen erwartet, dass sie all das ignorieren, was sie – mittels der beiden ersten Kategorien – schon meinen, darüber zu wissen. Nur so können sie sich vorurteils-los dem zuwenden, was ich ihnen im Einklang mit Fangfu, vermitteln möchte.

Er legt den Taiji-Übungsanfängern seiner Schule ans Herz: *Vergessen sie alles, was sie bisher über das Daodejing und andere Dao-Schriften wissen.* Als ich ihm nach zweijährigem Üben meine Besorgnis ausdrückte, dass ich das *Daodejing* immer noch nicht zu meiner Zufriedenheit verstehe, riet er mir: *Wenn sie Laozi verstehen wollen, so gibt es nur eins: Üben, üben, üben!* Diese Empfehlung gilt, wie ich heute weiß, auch für das Verständnis der *Platonischen Dialoge.* Auch sie sind mit Gedankenakrobatik nicht zu erfassen

Stufenweg: Wage es, weise zu sein

Auch wenn fast alle chinesischen Schulen, die zweifellos attraktive formvolle Übungen anbieten, auf Wuwei verweisen, so hatten traditionelle WUWEI-SCHULEN wie meine, in denen formlos geübt wird, doch immer nur wenige Schüler. Ihre Altmeister, zu denen ich Laozi, Buddha, Krishna, Laozi, Pythagoras, Platon, Zoroaster und viele andere Meister zähle, haben jedoch die Welt in nachhaltiger Weise beeinflusst. Was sie berichten, verstehen jedoch nur wenige. Der Grund ist die Unkenntnis der Praxis.

Pythagoras hatte nur etwa 50 und Sokrates 20 Schüler. Die „umfangreiche Poesie", die man in ihre Lehre „hineingedichtet" hat, hat jedoch weltweit unzählige Bewunderer. Dies sind Menschen, die lieber an das glauben, was viele andere schon akzeptieren, als selber Neues mit Leib und Seele zu erfahren und zu bestätigen. Es sind solche, die Laozis Warnung - in Bezug auf das Verständnis seiner Lehre- ignorieren: *Schöne Worte sind nicht wahr und wahre Worte sind nicht schön.*

Es wird ihm in der Tat viel „Herzerwärmendes" angedichtet, was jedoch - in der uns allen vertrauten Welt der 10.000 Dinge - von der Wahrheit meist noch weit entfernt ist, denn mit schönen Worten lässt sich das jenseitige (UR)SCHÖNE (TAIJI, DADAO), die Mutter der 10.000 Dinge, weder „schauen" noch beschreiben. Man muss es durch Wiedererwecken der außergewöhnlichen Sinne im Üben selber entdecken, was die Dao-Praxis ermöglicht, die ich zum Verständnis

15

des Buchs aber nicht voraussetze.

Was ich aber vom Leser erwarte, ist, dass er daran interessiert ist, was z.B. Platon (Sokrates) - im besten Einklang mit Laozi - im *Symposium* (204-211c) zum Ausdruck bringt, wo er Diotima den stufenweisen Aufstieg (Gr: *anagogé*) durch den psychischen *kósmos* (Psycho-Kosmos) beschreiben lässt:

Indem man durch diese Stufen schreitet, wird man aufsteigen von der Zuneigung zur Schönheit der einzelnen Dinge (Laozi: 10.000 Dinge) *zur Liebe des SCHÖNEN* (Laozi: DADAO oder „Mutter der 10.000 Dinge")!

Das Zitat ist im Einklang mit dem übersinnlich persönlich erfahrbaren Dao-Stufenweg vom Diesseits (10.000 Dinge oder Welt der vertrauten 5 Sinne) durch die psycho-kosmischen PARALLELWELTEN des Jenseits hin zum Nichts. Es ist der Weg, den Parmenides den WEG DER WAHRHEIT nennt. Es ist der Weg zurück zur Natur (Gr: *phýsis*), die Suche nach universeller Weisheit (Gr: *sophía*) im Einklang mit dem sokratischen ERKENNE DICH SELBST. Es handelt sich um die Weisheit des Herzens, worauf das altchinesische Schriftzeichen für Weisheit (Zhe) hinweist, in dem sich das Zeichen für das Herz (Xin) verbirgt.

Diese Weisheit wird aus sich heraus zunehmend durch regelmäßiges formloses Üben erlangt. Damit nähert sich der Übende dem psycho-kosmischen Ursprung der Welt inklusive des Selbst, was nur wenig begabten und motivierten Übenden gelingt. Doch auch ohne das „Ziel", Dao (oder Nirvana), zu erreichen, lohnt sich der Weg dorthin, fördert er doch außergewöhnliche Erkenntnisse und Heilung.

Sóma = séma

Auch ungeübte Leser werden in diesem Buch, bei genügend Offenheit für Neues (besser: URALTES), außergewöhnliche Einsichten über sich und die Welt erlangen, auch über das *Daodejing* und andere Schriften meist verloren gegangener Schulen. Damit vollziehen sie auch ohne zu üben, einen gewissen Aufstieg ihrer *psyché* oder eine Beseitigung ihrer psycho-somatischen Blockaden. Platon rechtfertigt diese in *Phaidon* mit seinem Verweis auf das orphische Wortspiel *sóma = séma,* das fälschlich übersetzt wird mit: *Der Leib ist das Gefängnis der psyché* (Seele). *Sóma* (Leib) = *séma* (Grab) bedeutet *(Phaidon* 82e), dass die *psyché* an *sóma* gefesselt ist, sodass sie die Realität (Wahrheit) nicht erkennt.

Damit nimmt Platon – in den Augen unzähliger „Poeten" - angeblich eine Abwertung des Leibes (*sóma*) vor, was seine Worte in *Phaedo* (65b) zu bestätigen scheinen: *Wann erfasst die psyché die Wahrheit? Denn wenn sie die Dinge in Bezug auf sóma betrachtet, dann wird sie offenbar betrogen.* Doch die Annahme, *sóma* sei nur der Leib, ist falsch (naiv). Sie ist ein „Verrat" an seiner Lehre, denn *sóma* ist eine Metapher für die vertraute körperliche (materielle) Welt (10.000 Dinge), das Sein. Dies heißt, *sóma = séma* bedeutet, dass (das ausschließliche Hinwenden zu) *sóma* die *psyché* an das formvolle Sein (10.000 Dinge) fesselt, sie dort gefangen hält oder begräbt. Dies heißt ebenso, dass das formvolle Sein der *psyché* nicht die Realität (Wahrheit) zugänglich macht, die ihr die formlose Dao-Praxis ermöglicht. Dabei geht es um den Aufstieg der *psyché* als läuternde Bewusstseinserweiterung. Sie erfordert die Abwendung vom Sein (*sóma*).

Diese Weltabgewandtheit im Üben geht einher mit der Beseitigung von psycho-somatischen Blockaden. Sie erfordert den Meistern zufolge den selbstbewegten und nicht willentlich bewegten Leib. Sokrates (Platon) war folglich - im Gegensatz zu dem, was ihm unzählige „Poeten" seit dem Schließen der letzten pythagoreischen/ platonischen Schulen im 5. Jhd. „andichten" - genauso wie Laozi und alle Meister, sehr leibesfreundlich.

Vom Erfahren des Leibs zur Gedankenakrobatik

Die Leibesfeindlichkeit, die Sokrates (Platon) angedichtet wird, hat in der westlichen Kultur viel Schaden angerichtet. Dazu zählt, dass sich - nach dem Verschwinden der pythagoreischen/ platonischen Meister – nachfolgende Generationen viel mehr auf ihren „klugen Kopf" als klugen Leib verlassen haben. Einige von ihnen meinten sogar, man müsse den Leib geißeln, züchtigen oder gar opfern, wie es Märtyrer tun, um damit angeblich in „himmlische Gefilde" zu gelangen.

Viele dieser „klugen Köpfe" sahen sich als Krönung der Schöpfung. Manche von ihnen waren überzeugt, der Mensch sei der Maßstab aller Dinge und müsse sich die Erde – oft eine Metapher für *sóma* - untertan machen, was sie den alten Schriften zu entnehmen vermeinten. Sie sahen sich berufen, in die Natur aktiv einzugreifen und die Gesellschaft damit zu „verbessern". Dieser Drang ermöglichte die wissenschaftliche Revolution mit ihrem technologischen „Fortschritt" und „Konsum-orientierten Wachstum", denen wir unvorhersehbare Nebenwirkung mit bedrohlichen Folgen zu „verdanken" haben, wie Zivilisationskrankheiten, Verarmung gewisser Bevölkerungsschichten, Migrationen, Erderwärmung, usw.. Diese sind das Resultat des *opus kontra naturam*, Werk gegen die Natur, dem die Meister entgegenwirkten, worauf das Delphi-Orakel hinweist: *Tue nichts im Übermaß!*

Das einseitige Hinwenden zu *sóma*, also die ausschließliche alltägliche Weltzugewandtheit, ist jedoch ein Übermaß (Exzess). Es ist das, was die alten Griechen *hýbris* (Hybris) nannten. Für Plato ist, wie ich zeigen werde, *sóma*, die einseitige Weltzugewandtheit, die Ursache aller inneren seelischen Kämpfe und Auseinandersetzungen wie auch äußeren Kriege auf der Welt.

Dies also steckt hinter: *sóma = séma*! Man kann es auch übersetzten mit:

Zu viel Weltzugewandtheit (Hinwenden zu den 10.000 Dingen) erzeugt Leid (Stress, Frust, Krankheiten). *Sóma = séma* ist aber auch der Aufruf, sich von *sóma* (körperliche oder materielle Welt) durch regelmäßiges Üben in inniger Weltabgewandtheit immer wieder zu entziehen, um mit sich und der Welt in Harmonie (Gr: *harmonia*) zu gelangen.

Wer sich selbst erkennt, erkennt die Schöpfung

Das regelmäßige Abwenden von *sóma* durch Üben wirkt der *hýbris* entgegen. Es liefert ein außergewöhnliches Wissen, das in unzähligen meist schwer verständlichen Schriften weltweit erwähnt wird, aus denen ich einige Äußerungen zur Schöpfung im Buch erkläre. Dazu zählen die Worte von Hesiod (ca. 700 v.u.Z.) über das Goldene, Silberne, Bronzene, Heroische und Eiserne Zeitalter (Geschlecht), genau so wie der Prolog im *Johannes Evangeliums*, in dem, wie ich zeige, „Wort" nicht den tiefgründigen *Logós* – ein altgriechisches Äquivalent von Taiji (Dadao) - wiedergibt, der im Prolog ursprünglich erscheint: *Im Anfang war das Wort, ... Alles ist aus dem Wort geworden, ... In ihm war das Leben.* Dazu zählt ebenso Vers 22 des *Thomas Evangeliums*:

Jesus sprach zu ihnen: Wenn ihr aus zwei eins macht und wenn ihr das Innere wie das Äußere macht und das Äußere wie das Innere und das Obere wie das Untere und wenn ihr aus dem Männlichen und dem Weiblichen eine Sache macht, so dass das Männliche nicht männlich und das Weibliche nicht weiblich ist ... dann werdet ihr in das Königreich eingehen.

Der Vers verweist auf den persönlichen Aufstieg der *psyché* von der diesseitigen dualistischen Welt (10.000 Dinge) zur jenseitigen nicht-dualistischen Welt (Mutter der 10.000 Dinge), den ich im Buch - mit Hilfe von Yin-Yang (Yin: weiblich, unten, innen; Yang: männlich, oben, außen) und den vier Symbolen auf dem vorderen Buchumschlag - erkläre. Diese Symbole charakterisieren von unten nach oben den Aufstieg (Gr: *anabasis, anagogé*) der *psyché* und von oben nach unten ihren Abstieg (*katagogé*), der mit dem Schöpfungsakt identisch ist. Der Aufstieg führt zunehmend zum unkonditionierten VORGE-BURTLICHEN WISSEN und der Abstieg zu seinem Verlust.

Widmung an Laozi und Pythagoras

Laozi (Lao Tzu, Laotse) und Pythagoras haben die mir vertraut gewordene Taiji (Tai Chi)-Übung durchgeführt, die die universelle Schöpfungslehre bestätigt. Wir lesen über das Üben (Bild 1a):

Bild 1a: Griechische Dao-Praktizierende zu Zeit von Pythagoras
(570 -510 v.u.Z.)

Laozi: *Wer [Dao] übt, vermindert täglich.*[2]

Iamblichos (VP 72)[3] : *Die Fähigkeit zur Ruhe zu kommen, war eine wichtige Übung der Selbstkontrolle und die spätere Tradition* (der Pythagoreer) *berichtet, dass diejenigen, die Pythagoreer*[4] *werden wollten, fünf Jahre Stille als Selbstbeobachtung realisierten.*

---

[2]Der Dao/Taiji-Übende vermindert mit Wuwei (Nicht-Handeln) seine Weltzugewandtheit und vermehrt damit seine Weltabgewandtheit. Wuwei und Youwei sind im ständigen Wechselspiel, das im Buch erklärt wird.
[3]http://plato.stanford.edu/entries/pythagoras/ Übersetzung aus dem Englischen: *The ability to remain silent was seen as important training in **self-control**, and the later tradition reports that those who wanted to become Pythagoreans had to observe a five-year **silence***
[4]http://de.wikipedia.org/wiki/Pythagoreer

Wir lesen über das, was über die Schöpfung damit erfasst wird und einer umfangreichen Erklärung bedarf, die ich Schritt für Schritt liefere.

Laozi: *Das Dao erzeugt Eins, Eins gebärt Zwei, Zwei die Drei und Drei die 10.000 Dinge.*

Pythagoreischer Eid[5] : *.. der unsere psyché der Tetraktys[6] übergeben hat, welche die Quelle und Wurzel der ewig strömenden Natur (phýsis)[7] enthält.*

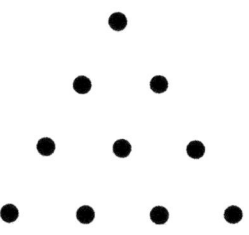

Bild 1b: Tetraktys

Die beiden Zitate von Laozi verweisen auf die Dao-Schöpfungslehre, das Zitat des Pythagoreers Iamblichos und der pythagoreische Eid auf die pythagoreische/ platonische Schöpfungslehre. Beide Lehren sind, wie ich zeige, identisch. Ein wichtiges Indiz dafür ist die gute Übereinstimmung des obersten Symbols auf dem Umschlag – Taiji-Symbol (Taijitu) genannt – mit dem Symbol für den obersten Punkt in der *Tetraktys,* der Monade. Das Taiji-Symbol ist ein leerer Kreis und das Symbol für die Monade beinhaltet zusätzlich einen Punkt in der Mitte.

---

[5] http://de.wikipedia.org/wiki/Tetraktys
[6] http://www.tetraktys.de/home.html
[7] *Phýsis* ist nicht die Natur im heutigen Sinn, sondern die Natur, die auf dem Dao-Weg – dem Weg zurück zur Natur – durch die Dao-Praxis zunehmend in der Selbstbeobachtung erfasst wird.

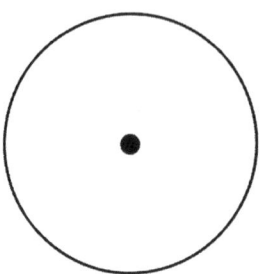

Bild 1c: Monade[8]

Die *Tetraktys* (Bild 1b) symbolisiert die pythagoreische/ platonische *kosmogonía*, im Einklang mit der Dao-Schöpfungslehre, die durch die vier Symbole dargestellt wird. Beide Lehren verdienen es auch deshalb universell genannt zu werden, weil man sie in vedischen, buddhistischen, zoroastrischen und gnostischen Schöpfungsmythen wiederfindet, sofern man deren Verzerrungen rückgängig macht. Dazu braucht man einen Maßstab.

Dieser ist die mir seit 1997 vertraute Dao-Schöpfungslehre, die ich hier umfangreich beschreibe. Sie ermöglicht es, den wahren Ursprung vieler Schöpfungsmythen in der universellen Schöpfungslehre zu finden. Diese beeindruckende Lehre ging dem Westen vor etwa 15 Jahrhunderten verloren und ist seither dort nicht wiederentdeckt worden, obwohl viele daraus entstandene Schöpfungsmythen weltweit große Aufmerksamkeit finden.

Kommentar zur Widmung

Leser werden im Buch ausführlich Schritt für Schritt erfahren, was hinter den vier Zitaten in der Widmung, den vier Symbolen auf dem Buchdeckel, der Tetraktys und vielen weiteren Zitaten steckt, mit denen Meister unterschiedlicher östlich-westlicher Traditionen ihre per-

---

[8]Auch im Zen-Buddhismus symbolisiert der Kreis das oberste Symbol der Schöpfung. Siehe auch mein Buch **The Plato Code**, in dem ich über die Kreisscheibe (den Diskus) als Äquivalent von Taiji in der griechischen und mittelöstlichen Kultur berichte.

sönliche Erfahrung der Schöpfung[9] zum Ausdruck bringen. Diese resultiert also „aus sich heraus" in der hypothesenfreien (unkonditionierten, formlosen) Taiji-Stehübung (Bild 1a), worauf die ersten beiden Zitate in der Widmung hinweisen. Die Übung ist einmalig und ideal dafür, um durch regelmäßiges Üben in rigoroser Stille (Ruhe, Nichtstun) durch Selbstbeobachtung die außergewöhnlichen Schöpfungserfahrungen zu sammeln, aus der sich die universelle Schöpfungslehre zusammensetzt. Man nennt die Übung auch Dao-Praxis (= Taiji-Praxis = Wuwei-Praxis = Praxis des Nichtstun, Stille-Übung).

Sie ist die Essenz – der Angelpunkt - der Dao-Lehre (Taijixue[10]), die die kompetente Unterstützung von Dao-Großmeister Fangfu erfordert. Sie führt zu einer stufenweisen Erweiterung des Bewusstseins (und der Sinne), der vier Metamorphosen zugewiesen werden, die durch die vier Symbole auf dem Buchdeckel und die *Tetraktys* charakterisiert werden. Hierbei geht es, wie ich zeige, um wesentlich mehr, als was heutzutage mit Tiefenpsychologie[11] und Neuro-Enhancement[12] angestrebt wird und erreicht werden kann.

Die vier Symbole auf der Titelseite der vier Metamorphosen werden von oben nach unten Taijitu (1), Liangyi (2), Sancai (3) und Sixiang (4) genannt. Sie beschreiben, anhand ihrer Felder innerhalb des Kreises, die stufenweise Selbst- und Weltentstehung (Gr: *kosmogonía*), die ihr Äquivalent in den eins bis vier Punkten auf den vier Ebenen (Bild 1b) der *Tetraktys* hat. Diese vier Ebenen verweisen dort, von oben nach unten, auf die Monade (1), Dyade (2), Triade (3) und Tetrade (4).

Daraus ergeben sich die Gleichsetzungen Taijitu (1) = Monade (1), Liangyi (2) = Dyade (2), Sancai (3) = Triade (3) und Sixiang (4) = Tetrade (4).

Die vier daoistischen Symbole und die vier Ebenen der *Tetraktys*

---

[9]http://de.wikipedia.org/wiki/Sch%C3%B6pfung
[10]http://www.taijixue.de/
[11]http://de.wikipedia.org/wiki/Tiefenpsychologie
[12]Darunter versteht man die Einnahme von psychoaktiven Substanzen aller Art mit dem Ziel der geistigen Leistungssteigerung. Siehe: http://de.wikipedia.org/wiki/Neuro-Enhancement

charakterisieren also die universelle Schöpfungslehre. Es ist die älteste der Welt und, wovon ich meine Leser zu überzeugen hoffe, zur
gleichen Zeit auch die allermodernste, was nur wenige – mit Ausnahme der Anhänger der Dao-Lehre - im Westen zu wissen scheinen.
Auch mir ist diese Erkenntnis - nach all den Jahren als Taiji-Schüler
von Fangfu - erst allmählich dank meiner Übungserfahrung bewusst
geworden. Sie ist ein Beispiel dafür, was auf dem Dao-Weg entdeckt
werden kann.

Kommentar zu den Zitaten

Die obigen und viele folgende Zitate sind äußerst tiefgründig. Sie
können nicht auf Anhieb erklärt und verstanden werden. Dafür setze
ich eine außergewöhnliche – in westlicher Literatur unbekannte -
Auslegekunst (Hermeneutik) ein, die auf meinen Erfahrungen mit der
Dao-Praxis, die ich in Bild 1a wiedererkenne, basiert.

Es ist eine Kunst, die ich ungeübten Lesern Schritt für Schritt vermittle. Dazu werde ich viele bisher falsch erklärte Zitate wie die obigen im Verlauf der Kapitel mehrmals präsentieren, jedoch stets neu
beleuchten, um sie ungeübten Lesern peu a peu zunehmend verständlicher zu machen. Diese Wiederholung zählt zur Auslegekunst, die
eine gänzliche Neuinterpretation der Zitate mit sich bringt.

Dao-Praxis: Schlüssel zur universellen Schöpfungslehre

Die Dao-Praxis (Bild 1a) ist der Schlüssel zur Dao-Schöpfungslehre. Sie enthüllt, was für Westler von besonderem Interesse ist, die total missverstandene *kosmogonía* der (pythagoreischen/ platonischen) *philosophía*, der Mutter der heutigen Philosophie. Viele ihrer Meister, die sie einst lehrten, verweisen darauf, auch wenn es Ungeübte ihren Schriften bisher nicht entnehmen konnten.

Verzerrung und Entzerrung alter Weisheitsschriften

Die Inhalte alter Weisheitsschriften, wie z.B. der *Platonischen Dialoge,* wurden durch ungeübte Analysten verzerrt. Darunter verstehe ich nicht nur ungeübte Übersetzer, Interpreten und Kommentatoren, sondern auch ungeübte Schriftgelehrte, die in den uralten „heidnischen Schriften" der Meister religiöse Botschaften suchten, zu entdecken vermeinten und darüber in einer Weise berichteten, die einen Taiji-Praktizierenden wie mich nicht zufrieden stellen kann! Der Grund ist, weil die Analysen vieler dieser alten Schriften und Mythologien, im Vergleich zur logischen mehrtausendjährigen Taiji/Dao-Lehre, verzerrt erscheinen und Taiji-Erfahrung erfordern, um entzerrt (wieder hergestellt) zu werden.

Diese Entzerrung gelingt, wie ich zeige, in vielen Fällen mithilfe der Dao/Taiji-Lehre. Dies beinhaltet, dass die Verfasser der alten Weisheitsschriften und deren Schöpfungslehren – so wie die Taiji/Dao-Lehre - das Wuwei-Prinzip kannten, wofür es viele Indizien gibt. Es wird hier Schritt für Schritt erklärt.

Bücher des Autors zum Thema bei Lotus Press

Mit Wuwei zum Dao: *Mit Philía zum Lógos*
The Socrates Code: *Rediscovering the long lost Secrets of Ancient Philosophy with Tai Chi*
The Plato Code: *The impact of the misconceived Greek philosophía on the European culture*
The Lao Tzu Code: *Key to ancient Chinese and Greek natural life care and search for truth*

Wie ich in *Mit Wuwei zum Dao* (MWD) andeute und detailliert in *The Socrates Code* (TSC), *The Plato Code* (TPC) und *The Lao Tzu Code* (TLC) belege, war – was meine vergleichenden Literaturstudien bestätigen - die mir vertraut gewordene einzigartige Dao-Praxis (Daoxing) auch anderen traditionellen Kulturen[13] zwischen Ost und West vertraut, die meines Wissens außerhalb China nicht mehr existieren. Sie haben jedoch viele Weisheitsschriften hinterlassen, in denen auch das zum Ausdruck kommt, worüber ich berichte. Diese Schriften lassen sich jedoch nur bei Kenntnis der Praxis korrekt interpretieren.

Kommentare zu den vier Büchern

MWD gibt eine einfache Einführung in die Dao-Praxis, deren Theorie ich in TLC wesentlich umfangreicher als dort und hier erkläre. Die Dao-Praxis ist die Basis für dieses Buch, was bedeutet, dass es sich mit MWD und TLC teilweise überlappt.

Um was geht es in TSC? Wie ich dort zeige, findet das Dao/Taiji-Vokabular (Taiji, Dao, Wuwei, Youwei, Shen, Qi, Xing, Yin-Yang, usw.) seine Äquivalente im altgriechischen Vokabular der (pythagoreischen/ platonischen) *philosophía*. Dazu zählen deren Originalbegriffe *arithmétike, astronomía, átomos, kósmos, geometría, idéa, planétes, práxis, psyché, mousiké, sympósion, theoría,* usw.

Das Vokabular wird in beiden Fällen einzig und allein durch die Dao-

---

[13]Damit meine ich Schulen, die mehr oder weniger das lehren, worüber ich hier berichte.

Praxis erworben und bestätigt, weil es die damit gesammelten Erfahrungen beschreibt. Dies beinhaltet, dass auch die Meister der *philosophía* die Dao-Praxis kannten. Obwohl die damit gesammelten Erfahrungen persönlich sind, werden sie jedoch von allen Taiji/Dao-Praktizierenden gleichermaßen erkannt und bestätigt, sofern sie die gleiche Entwicklungsstufe erlangt haben, die vom Übungserfolg abhängt. TSC liefert also die rigorose Revision der *philosophía* und erklärt ihr ursprüngliches Vokabular.

Dieses wird, seit dem Untergang der Schulen der *philosophía,* fälschlich mit den Lehnworten arithmetisch, Astronomie, Atom, Kosmos, Geometrie, Idee, Planeten, usw. übersetzt. Dabei handelt es sich um signifikante Verzerrungen, die absolut nichts mit den Originalbegriffen *arithmétike, astronomía,* usw. zu tun haben.

Um was geht es in TPC? Dort zeige ich, dass es nicht die Originalbegriffe der *philosophía* sind, die die westliche Kultur prägten, sondern deren Verzerrungen. So entstand der heutige Mythos über die Griechen, den die wenigsten Zeitgenossen als solchen erkennen und akzeptieren. Dafür haben über Jahrhunderte die ungeübten Analysten gesorgt. Sie reden uns immer noch ein, die Griechen hätten sich mit Arithmetik, Astronomie, usw. beschäftigt. Dies ist Einbildung und nicht wahre Bildung, die die Meister ihren Schülern einst zu vermitteln versuchten. In anderen Worten, ich decke in TPC mithilfe der Taiji/Dao-Lehre signifikante Verzerrungen der *philosophía* auf, die die Europäische Kultur bis heute prägen, um nicht zu sagen geformt haben.

Dazu zählen die im Buch angesprochenen und revidierten Schöpfungsmythen aus dem Umfeld der *philosophía*, zumal diese nicht auf ihren Originalbegriffen (*kosmogonía, kosmología, kósmos, lógos, theogonía,* usw.), sondern auf deren Lehnworten (Kosmologie, Kosmogonie, usw.) fußen, die nichts miteinander zu tun haben. Die Lehnworte sind der „Dichtkunst" der ungeübten Analysten geschuldet. Sie sind „reine Poesie", die das Wahre dahinter verbirgt. Es ist mein Anliegen, die Wahrheit (Gr: *alétheia),* von der die griechischen Meister umfangreich berichten, mithilfe der mir vertrauten Dao-Lehre aufzudecken. Dabei lege ich den Schwerpunkt auf die persönliche Erfahrung der Schöpfung in beiden Traditionen, der verlorenen griechischen und lebendigen Dao/Taiji-Kultur.

Was bietet die *Geheime Dao-Schöpfungslehre*?

Ich beschreibe in diesem Buch, wie sich die universelle Schöpfungslehre in vielen alten östlich-westlichen Schriften erkennen und die Verzerrungen, die mal mehr oder weniger umfangreich sind, rückgängig machen lassen. Dabei ist zu berücksichtigen, dass es bei der griechischen Schöpfungslehre (*kosmogonía, kosmología*), so wie bei der Dao-Schöpfungslehre, um eine persönliche Erfahrungslehre und keine gesellschaftliche Glaubenslehre geht. Wer mit der Taiji/Dao-Lehre Erfahrung gesammelt hat, hat es leichter als Ungeübte das nachzuvollziehen, was ich berichte.

Doch dieses Buch ist an Ungeübte gerichtet. Es erklärt die säkulare (unreligiöse) Taiji/Dao-Schöpfungslehre, die auf schamanische Zeiten zurückgeht und zeigt, wie und warum sich damit östlich-westliche Schöpfungsmythen und -geschichten – meist aus dem Umfeld religiöser Glaubenslehren - auf logische Weise verstehen lassen.

Die naïve moderne Weltsicht

Was wir über die vier Ebenen (Zahlen) der *Tetraktys* des Pythagoras (ca. 570 - 510 v.u.Z) wissen, der so wie Sokrates (470/469 – 399 v.u.Z) kein Wort zu Papier brachte, ist uns überwiegend durch Neopythagoreer (Neoplatoniker) vermittelt worden. Zu ihnen zählt der hier häufig zitierte Iamblichos (ca. 245 – 325), ein Schüler von Porphyrios (ca. 234 – 305), der wiederum ein Schüler von Plotinos (ca. 204/5 – 270) war. Damit deute ich an, dass alle drei Männer zu einer Genealogie von Meistern zählen, die - in der Tradition von Pythagoras und Platon - ihr außergewöhnliches Wissen von einer Generation zu nächsten erweiterten und vermittelten, so wie es Fangfu, der sich in der Genealogie von Laozi sieht, auch heute noch tut.

Was uns alle in diesem Buch genannten Meister lehren, basiert auf der Dao-Praxis und ihrem einzigartigen Erkenntnisprinzip (Wuwei-Prinzip). Was einer der Pythagoreischen/ Platonischen Meister über die *philosophía* sagt, könnte somit auch von jedem anderen geäußert worden sein. Dabei geht es stets um Artikulierungen persönlicher Übungserfahrungen im Einklang mit der Taiji-Lehre, die aus dem Munde von Fangfu stammen könnten. Sie alle bringen zum Ausdruck, dass die vertrauten fünf Sinne das, was sie als „Wahrheit" erkannt haben, eher verbergen als offenbaren. Ihnen allen ist die Notwendigkeit bewusst, sich - so wie es Porphyrios empfiehlt – während der Übung von den vertrauten fünf Sinnen abzuwenden, um das „interne störende Geschwätz" zu beseitigen und somit die „wahre (innere) Welt" zu entdecken.

Hören wir dazu Plotinos *(Enneaden* V, 8, 10, 30): *Wir sollen nicht* (die Dinge wie gewohnt) *schauen, sondern sollten unsere Augen schließen und unsere vertraute Wahrnehmung durch eine andere* (in uns verborgene) *ersetzen. Wir sollten diese andere, die jeder besitzt, erwecken, doch nur wenige nutzen sie.*

Dazu ist zu sagen, dass diese andere Wahrnehmung, die Erfahrung des Jenseits, nur – wie in TLC beschrieben - durch die „Hebammenkunst *(maieutikè téchne)*" des Meisters initiiert und durch regelmäßiges Taiji-Üben erweckt und intensiviert werden kann. Nur so lässt sich die „andere (jenseitige) Welt" erkunden, in der die Dinge nicht nur sinnlich und „oberflächlich", sondern übersinnlich und „tiefgründig" sind.

Plotin betont *(Enneaden* V, 8, 4, 36; V, 8, 5, 5) im besten Einklang mit der Taiji-Lehre, dass es sich dabei um ein „schwer erfassbares (jenseitiges) Königsreich" handelt, das weder „durch Berechnung erlangt" noch „aus Theoremen (Axiomen, Theorien, Hypothesen, Dogmen, Glaubensannahmen) konstruiert" werden kann. Es kann also nur auf hypothesenfreie oder unkonditionierte Weise erfasst werden, was die Wuwei-Praxis (Bild 1a) ermöglicht.

Was Plotin ausdrückt, hat Platon (428/427 - 348/347 v. u.Z.) in ähnlicher Weise verfasst (Timaeus 29b): *Die sinnliche Welt (kósmos ais-thetós) ist eikónos* (Abbild) *von etwas, was viel tiefgründiger* (über-sinnlicher) *ist.* Sie ist *paradeígmatos* (Kopie) oder *eídos* (Erschei-nung, Maya) von etwas Höherem. Und was genau wäre viel tiefgrün-diger (höher)? Fangfu würde antworten: *Das ewig schöpferische Tai-ji.* Iamblichos nennt es *kósmos noetós* (schöpferischer *kósmos),* was fälschlich mit „intelligibler Welt" übersetzt wird.

Schon Platons Zeitgenossen haben alles Mögliche in seine tiefgründi-gen Worte hineingedichtet. Kein Wunder, dass er sich in *Theaetetus* über *das "armselige (naive) Volk"* lustig macht, *das da glaubt, dass nichts reell sei außer dem, was man mit Händen greifen* (und den vertrauten fünf Sinnen begreifen) *kann.*

Ich habe oft kluge Wissenschaftler äußern gehört, die vertraute (ma-thematisierte) Welt sei die „reelle Welt", was aus der Sicht der Meis-ter eine naïve Weltsicht ist. Zu dieser tragen auch die „Kinderein" unzähliger kluger Analysten der *philosophía* bei, die ich in all meinen Büchern „über den Haufen werfe". Diese resultieren daraus, weil die Pythagoreische/ Platonische Lehre, die *philosophía,* nicht – so wie auch die Taiji-Lehre - der uns allen vertrauten und somit einge-schränkten Wahrnehmung genügt, mit der sie heutzutage interpretiert wird. Platon vergleicht sie in Phaedrus (250c) mit der einer Auster, die in ihrer Muschel gefangen gehalten wird.

Er erklärt in Phaedo (67a), dass wir nur durch Vermeiden der *„Ver-rücktheiten* (Kinderein) *von sóma* (der vertrauten körperlichen Welt)" das direkte (unmittelbare, hypothesenfreie, übersinnlichen) Wissen (Gr: *gnósis)* erlangen können, das *rein* und *unverdorben* ist. Er betont in *Politeia,* dass "in jeder *psyché* ein Organ (Werkzeug) für die au-ßergewöhnliche Wissensgewinnung existiert", das durch alltägliches Streben *(neíkos)* abstumpft, was wiederum im besten Einklang mit der Taiji-Lehre ist. Ihr alleine verdanke ich die Überwindung der naï-ven Weltsicht, mit der ungeübte Analysten in großer Selbstgefällig-keit sich selbst und ihre Zeitgenossen über Jahrhunderte indoktriniert haben, was die wenigsten jedoch so empfinden.

Kopflose Menschen

Es gibt weltweit Wandbemalungen in Höhlen und Skulpturen in alten Kultstätten, wie z.B. in Catal Höyük (7. Jahrtausend v.u.Z.) und Göbekli Tepe (12. Jahrtausend v.u.Z.) in der Türkei, in der lebendige kopflose Menschen dargestellt sind (Bild 1d).

Bild 1d: Kopflose Menschen in Catal Höyük (Türkei)

In einer Darstellung in Göbekli Tepe finden wir z.B. einen kopflosen Menschen mit einem erigierten Penis, der weltweit als Symbol der ewigen Schöpfung(skraft) zu finden ist. Der kopflose Mensch sollte dem Platonischen „Kugelmenschen" entsprechen, auf dem ich zu sprechen komme. Beide „Menschen" können - im Einklang mit der hier vorgestellten Lehre - als „erleuchtete Menschen" angesehen werden. Es sind solche, die - im Zustand schöpferischer weltabgewandter todesähnlicher Versunkenheit - ihre weltzugewandte Kopflastigkeit gänzlich transzendiert haben und somit, so wie in TPC beschrieben, in die höchste aller jenseitigen Welten „hinübergesegelt" sind. Das heißt, sie haben sich von der körperlichen (oberflächlichen) Welt (Diesseits) befreit, der sich der Kopf (das Gehirn) zuwendet.

Ex oriente lux: Aus *(ex)* dem Osten *(oriente)* kommt das „Licht *(lux)"*

Hätten die Meister der *philosophía* die sich durch regelmäßiges Taiji-Üben aus sich selbst heraus ergebende Schöpfungslehre (*kosmogonía*) nicht erkannt, so wären sie den Dao-Meistern, die sie über Jahrtausende erforschten, präzisierten und bis heute lehren, unterlegen gewesen. Der Grund ist, weil sie die umfangreiche Welt- und Selbsterkenntnis ihrer fernöstlichen Kollegen nicht geteilt hätten. Sie hätten nicht mehr gewusst, als was ungeübte Analysten in ihre Schriften „hineindichten".

His Masters Voice: Die Stimme des Meisters

Ich möchte betonen, dass all das, was ich hier über die Dao-Schöpfungslehre berichte, meinem Verständnis von dem entspricht, was ich aus dem Munde von Fangfu vernommen habe. Dabei geht es um ein außergewöhnliches Wissen, dass alle seine Schüler durch die Dao-Praxis bestätigen können. Dieses wurde von unzähligen Dao-Meistern über Jahrtausende hin als wahr erkannt, weil es ohne jegliche Hypothesen im Üben aus sich heraus kommt und persönlich erfahren und somit bestätigt werden kann. Was könnte wahrer sein, als was ohne Hypothesen zustande kommt? Ich werde ausführlich erklären, was dies im Detail bedeutet.

Großer Pfad (Weg) und Dao-Schöpfungslehre

Der Weise erfasst ohne Abstraktion, und erreicht alles ohne Aktion[14]

Dieses Zitat von Laozi erscheint in Kapitel 1 des *Daodejing*.

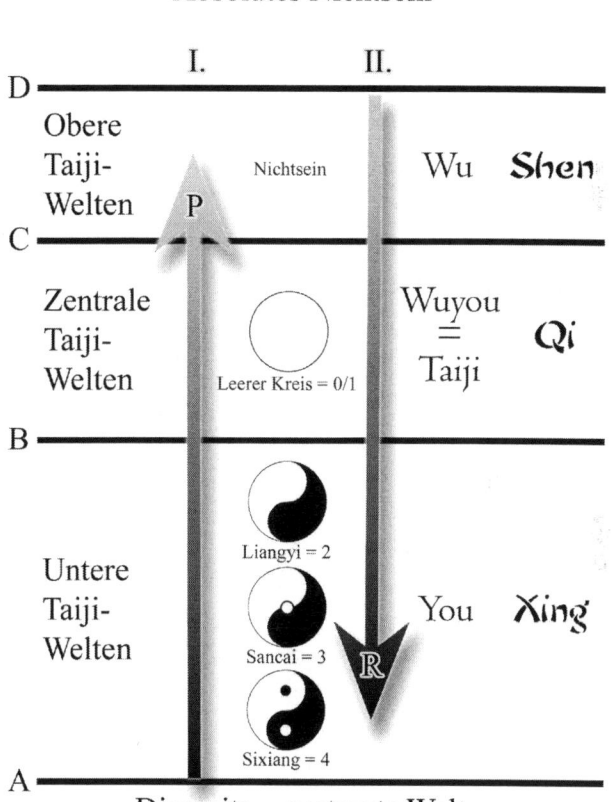

Bild 2: Darstellung des Großen Pfads durch den Pfeil nach oben und der Dao-Schöpfungslehre durch den Pfeil nach unten.

---

[14]Dies ist ein Verweis darauf, dass Laozi, der im *Daodejing* über die Dao-Schöpfungslehre berichtet, seine Weisheit hypothesenfrei, also unkonditioniert (ohne Abstraktion), mit Wu-wei (ohne willentliche Aktion im Üben) erlangt hat.

33

Erklärung von Bild 2

Der Pfeil (I) nach oben beschreibt den Dao-Pfad durch die drei Taiji-Welten (You = Sein, Taiji = Wuyou = Mischung aus You und Wu, Wu = Nichtsein) zwischen A und D. Diese resultieren aus sich heraus durch die Dao-Praxis. Das heißt, sie sind der Artikulierung der persönlichen Erfahrung geschuldet. Dies beinhaltet, dass sie drei psychische Bereiche übersinnlicher (eidetischer) Erfahrung beschreiben, in die sich die vier kreisförmigen Symbole und, wie ich zeige, die *Tetraktys* einordnen lassen.

Die Pfeilspitze P zeigt den Grad des Fortschrittes des Dao-Übenden (Dao-Praktizierenden, Taiji-Übenden, Wuwei-Praktizierenden) an. Der Pfeil (II) nach unten beschreibt den hypothesenfreien Schöpfungsprozess (*kosmogonía*), der in der Dao-Schöpfungslehre zusammengefasst ist.

Unterhalb von A ist die vertraute Welt (Diesseits = Sein = Kreation). Oberhalb von D ist das absolut Unbekannte oder Nichtsein. Das Diesseits ist den gewöhnlichen fünf Sinnen und dem sie koordinierenden Bewusstsein zugänglich und wird dadurch geprägt. Die Taiji-Welten zwischen A nach D lassen sich jedoch damit nicht erfassen.

Dies gelingt nur durch die Erweiterung (Engl: enhancement) der gewöhnlichen fünf Sinne und des sie koordinierenden Bewusstseins, was durch die Dao-Praxis erfolgt. Diese bringt den Dao-Praktizierenden auf dem Dao-Pfad von A immer weiter nach D. Je länger sich der Pfeil (I) von A nach D, der seinen Fortschritt symbolisch darstellt, ausdehnt, umso umfangreicher ist die durch sein Taiji-Üben erworbene (übersinnliche, eidetische) Erfahrung und das daraus folgende Taiji-Wissen. Das absolute Nichtsein, jenseits (oberhalb) von D, bleibt selbst denen unzugänglich, die den Dao-Pfad von A nach D bis zum Ende gefolgt sind.

Dies heißt jedoch nicht, dass sich jenseits von D nichts befinden würde. Es bedeutet lediglich, dass das, was dort existiert, selbst mit den vollständig erweiterten Sinnen und dem Bewusstsein nicht wahrgenommen wird. In anderen Worten, der übersinnlichen Erweiterung ist eine obere Grenze gesetzt.

Die Dao-Lehre (Taijixue) weist jedoch den drei Taiji-Welten (You = Sein, Taiji, Wu = Nichtsein) nicht nur die vier kreisförmigen Symbole, sondern auch die drei Existenzen[15] (Shen, Qi, Xing) zu. Sie alle charakterisieren die sich von A nach D wandelnden persönlichen eidetischen Wahrnehmungen, die der Dao-Übende - in Funktion seines Übungsfortschritts durch die Taiji-Welten – erfahren kann. Punkt P in der Pfeilspitze (I) stellt also seinen eidetischen Fortschritt dar.

Damit habe ich nur eine Einführung in die tiefgründigen Inhalte von Bild 2 geliefert. Diese wird nun Schritt für Schritt erweitert.

Alle Weisen berichten über die drei Welten

Alle Zitate aus dem Umfeld traditioneller Kulturen (Lehren, Schulen) verweisen mal mehr oder weniger auf Bild 2, auch wenn diese Kulturen in ihren Schriften selten oder überhaupt keine Bilder zeigen. So schreibt der Iranische Illuminationsphilosoph Suhrawardi (1153 – 1191)[16] [17], der sich mit der *philosophía* gut auskannte: *Alle Weisen (Alten) fanden Übereinstimmung über das Vorhandensein von drei Welten.*

Doch nicht alle Weisen erwähnen explizit die drei Welten. So schreibt Pseudo-Ammonius[18] [19] über Pythagoras, womit er offenbar auf die Taiji-Welten verweist: *Er erwähnt, diese Welten seien zahllos und unterscheiden sich in Schönheit, Glanz und Entzücken.*

---

[15]Dabei handelt es sich um die Weltinhalte. Die Taiji-Lehre übersetzt (Shen, Qi, Xing) mit (Nichtexistenz, Mischexistenz, Existenz). Shen wird auch mit Geist und Xing mit Körper übersetzt.

[16]http://de.wikipedia.org/wiki/Schihab_ad-Din_Yahya_Suhrawardi

[17]Walbridge, J; *The Wisdom of the Mystic East: Suhrawardi and Platonic Orientalism,* Suny Press, 2000

[18]www.jstor.org/stable/294893

[19]Walbridge, J; *The Wisdom of the Mystic East: Suhrawardi and Platonic Orientalism,* Suny Press, 2000

Alternative Aufteilung der Taiji-Welten

Außer den drei Welten (You, Wuyou, You), in die der Dao-Praktizierende von A (unten) nach D (oben) zunehmend eindringt und die er somit nicht infrage stellen kann, gibt es noch eine zweite Unterteilung der Taiji-Welten in drei Welten. Ihr zufolge werden die Taiji-Welten unterhalb der Pfeilspitze (P) als relatives Sein (You) und die oberhalb von P als relatives Nichtsein (Wu) bezeichnet. Die Taiji-Welt, in der sich P befindet, ist das relative Taiji. Sie wird auch der Übersetzer (Wuyou) genannt, der das Unbekannte (Wu) oberhalb P ins Bekannte (You) unterhalb P überträgt.

Mit zunehmender Verlängerung des Pfeils (I) wird für den Taiji-Übenden das relative Sein (unterhalb P) also immer umfangreicher und das relative Nichtsein (oberhalb P) immer eingeschränkter. Dies geht solange vonstatten, bis er das absolute Nichtsein in D erreicht hat.

Unterstufe, Mittelstufe und Oberstufe

Was ich andeute beinhaltet, dass der Übende auf dem Pfad von A nach D immer mehr das Wissen – das sogenannte Taiji-Wissen (Gr: *gnósis*) – des Übersetzers erlangt. Dieses wird in das Taiji-Wissen der Unterstufe (untere Taiji-Welten), Mittelstufe (eigentliche Taiji-Welten) und Oberstufe (obere Taiji-Welten) aufgeteilt (Bild 2). Je tiefer er in die Taiji-Welten eindringt, umso mehr nimmt sein Verständnis der drei Welten (You, Wuyou, You) und deren drei Existenzzuständen (Xing, Qi, Shen) zu. Auf diese Weise erweitert er seine Erfahrung, die in vielen Begriffen (Metaphern) zusammengefasst ist, für die die folgenden Schlüsselmetaphern sozusagen das Gerüst darstellen. Diese haben ihre Äquivalente in der griechischen *philosophía*. Wenn ich von griechischer *philosophía* spreche, meine ich nicht damit, dass die *philosophía* ihren Ursprung in Griechenland hat. Ich meine lediglich das, was dort über sie berichtet wird, denn mit *philosophía* sind letztendlich alle Lehren zu beschreiben, die auf dem Wuwei-Prinzip basieren. Dazu gehören auch die Taiji/Lehre und viele Lehren zwischen Ost und West, die einst das Wuwei-Prinzip einsetzten, das ich noch erklären werde. Dabei wird das Augenmerk auf nur wenige Schlüsselmetaphern gelegt, die ich im Folgenden Schritt für Schritt erkläre.

Schlüsselmetaphern der Taiji-Lehre und *philosophía*

- Dadao/Taiji (Universalgesetz = großes Dao) = *lógos* = *eón* = *kósmos noetós* = *pléroma* (Gegenteil: *kénoma*)
- You (Sein) = *mè eón* = *kósmos aisthetós* = Welt *(kósmos)* der gewöhnlichen Sinne = Welt des Glaubens und Für-Wahr-Haltens
- Wuyou (Mischwelt, Zwischenwelt) = Taiji = *eón* = *kósmos noetós*
- Wu (Nichtsein) = höchstes *eón*
- Wuwei (spontanes Wirken aus Wu durch Nichthandeln in der Weltabgewandtheit) = *philía* (wirkt in der *theoría)*
- Wuwei-Praxis (Daoxing) = *theoría* (Meditation, die eine neue Lebensführung bewirkt, die die Griechen *práxis* nennen) = unkonditioniertes oder hypothesenfreies spontanes Handeln, das in rigoroser Stille in der lockeren Stehübung aus sich heraus kommt.
- Youwei (Streben, Weltzugewandtheit, Wirken aus You aufgrund von Hypothesen) = *neíkos*
- Shen (Nichtexistenz, Geist) = *pneúma* = *noús*
- Qi (Mischexistenz) = *psyché* = *éros* = *daímon* = *ággelos* = *phaos* = *noúmenon*
- Xing (Existenz, Körper) = *sóma*
- Ziran (ewig gebärende Natur) = *phýsis*
- Fanben (Rückkehr zum Ursprung bzw. zur Natürlichkeit) = *anagogé*
- Qibao (Qi-Ball) = *sphaíros*
- Yang-Liugen = außergewöhnliche Wurzeln (Sinne)
- Yin-Liugen = gewöhnliche Wurzeln (Sinne)

Fundamentale gepaarte und geordnete Metaphern der Taiji-Lehre

- Shen (神), Qi (氣), Xing (形)
- Yin (陰) – Yang (陽)
- Yin-Liugen (陰六根) – Yang-Liugen (陽六根)
- Wuwei (無爲) – Youwei (有爲)
- Wu (無), Wuyou (無有), You (有)
- Wuwei (無爲), Ziran (自然), Fanben (返本)
- Huasheng (化生), Duidai (對待), Liuxing (流行)

Praxis des Sterbens

Platon (428/427 - 348/347 v.u.Z.) nennt die Dao-Praxis die Praxis des Sterbens *(meléte thanátou)*. Sie ist für ihn eine 'freudvolle Todesübung' *(phaidros meléte thanátou)*. Er schreibt (Phaidon 64a)[20] : *Andere Menschen sind sich wahrscheinlich nicht darüber im Klaren, dass diejenigen, die die philosophía korrekt ausüben, nicht anderes tun als ,sterben' und ,tot' zu sein.*

Ich zähle mich als Dao-Schüler von Fangfu auch zu „denjenigen", die *nicht anderes tun,* als im formlosen Taiji-Üben – so wie im Bild 1a angedeutet - versuchen in meditativer Trunkenheit, also im stillen freudvollen Nichtstun, zu ,*sterben'.* Ich bin überzeugt, damit die *philosophía* im ursprünglichen Sinn auszuüben, um so das außergewöhnliche Wissen (Taiji-Wissen = *gnósis, sophón* = Weise über *ón*)[21]

---

[20] http://braungardt.trialectics.com/philosophy/platon%E2%80%99s-dialogue-%E2%80%9C-phaidon%E2%80%9D-64a/ Übersetzung aus dem Englischen: *Other people are likely not aware that those who pursue philosophy right study nothing but dying and being dead.*
[21] *Eón* oder *ón*, das ich mit SEIN übersetze, ist eine von vielen griechischen Umschreibungen

zu erlangen. Es kommt aus sich selbst heraus, so wie das Wissen, das ich in diesem Buch vermittle. Es ist Wissen über die Schöpfung (*génesis*). Der eine oder andere Leser mag sich wundern, um was für ein „Geschäft" es dabei geht?

Ein seltsames „Geschäft"?

Die Zeitgenossen von Sokrates (469 - 399 v.u.Z.) waren irritiert und fragten ihn (Apologie 20d)[22] : *Aber, Sokrates, was ist denn also dein Geschäft? Woher sind diese Verleumdungen dir entstanden? Denn gewiss, wenn du nichts Besonderes betriebest vor andern, es würde nicht solcher Ruf und Gerede entstanden sein, wenn du nicht ganz etwas anderes tätest als andere Leute. So sage uns doch, was es ist, damit wir uns nicht aufs Geratewohl unsere eignen Gedanken machen über dich!*

Lesen wir, wie Platon dieses „eigenartige Geschäft" im *Zweiten Brief* beschreibt (314b-c): *Veteranen* (erfahrene Übende), *mit nicht weniger als 30 Jahren Praxis, betonen, dass das was ihnen anfänglich* (vor Übungsbeginn) *als höchst unglaublich erschien nun äußerst klar und begreifbar sei und was sie einst für richtig hielten sich nun in das Gegenteil verwandelt hätte.*

Auch für mich haben sich viele Dinge ins Gegenteil verwandelt. Dazu zählt mein rigoros revidiertes Verständnis der *philosophía*, ihrer Meister, deren Schöpfungslehre und der Ursprung der westlichen Kultur. Es ist nicht das, was die Meister berichten, sondern das, was man über sie berichtet und in sie hineindichtet, was für mich nun ein „seltsames Geschäft" ist. Ich hoffe, meine Leser davon zu überzeugen, dass man es so wie ich verstehen sollte!

Sokrates ist es bekanntlich nicht gelungen, die Athener davon zu überzeugen, denn er bezahlte seine Begeisterung für dieses „Geschäft" mit seinem Leben. Suhrawardi ist es nicht anders ergangen.

---

für Dao oder Taiji. *Eón* (*ón, aion*) wird fälschlich mit Sein übersetzt, womit die vertraute Welt gemeint ist, was eine signifikante Verzerrung ist!

[22] http://www.zeno.org/Philosophie/M/Platon/Des+Sokrates+Verteidigung

Auch Platon fand sich am Ende seiner Sizilien Reise zum Verkauf als Sklave wieder[23] , weil ihm so manch Ungeheuerliches angedichtet wurde.

Die Dao-Praxis ist einzigartig

Die Dao-Praxis ist eine einzigartige Praxis, in der Wuwei (*Tue nichts bewusst oder willentlich im Üben und beobachte, was ‚aus sich heraus' passiert*) rigoros zum Einsatz kommt. Ich kann folglich Ungeübten die damit erlangten persönlichen Sensationen nicht vermitteln. Was ich jedoch erklären kann, ist die dazugehörige „trockene Theorie", über die es wahrlich viel zu berichten gibt und die auch Ungeübten tiefe Einblicke in die Welt, ihren Ursprung wie auch den des eigenen Selbst liefert.

Dabei besteht immer noch die Gefahr, so wie es die Heerschar von ungeübten Analysten der *philosophía* über Jahrhunderte bekundet, viel Unsinniges in die „trockene Theorie" hineinzudichten. Die *Fabel von der Ratte*[24] des arabischen Historikers Ibn Khaldun (1332–1406)[25] erklärt, warum das so ist.

Fabel von der Ratte

Ein Junge, der zuvor im Gefängnis saß und nun zu Hause war, fragt seinen Vater, was für Fleisch sie gegessen hätten. Der Vater antwortete: 'Hammel'. Er beschrieb dann seinem Sohn einen Hammel. Weil der jedoch bisher lediglich eine Ratte gesehen hatte, antwortete er dem Vater: ‚Du meinst also eine Ratte.' Als sie später Kamel- und Rindfleisch aßen, wiederholte sich das Vorkommnis. Der Sohn wollte wissen, wie Kamele und Rinder aussehen. Was immer der Vater beschrieb, war für den Sohn immer eine Ratte, weil er bisher nur eine Ratte aus dem Gefängnis kannte.

---

[23] http://de.wikipedia.org/wiki/Platon

[24] Wir finden die Fabel bei Paul Lunde in der Ausgabe von *Saudi Aramco World* (Juli/August 2005) im Artikel *The Fable of the Rat*. http://www.saudiaramcoworld.com/issue/200504/

[25] http://de.wikipedia.org/wiki/Ibn_Chald%C5%ABn

Gleiches wird durch Gleiches erkannt

Hinter der Fabel steckt ein wichtiges Erkenntnisprinzip, worauf Empedokles (495 – 435 v.u.Z.)[26] verweist[27] : *Gleiches wird durch Gleiches erkannt.* Dies heißt in Bezug auf das Thema des Buches: *Ungeübte können nicht das erkennen, was Geübte auf dem Dao-Pfad persönlich erfahren haben. Ohne vom Dao-Pfad zu wissen, können sie diesen auch nicht aus den Schriften der Meister extrahieren.*

Das umfangreiche Taiji-Wissen, das der Dao-Pfad in Form einer Selbstbeobachtung liefert, kann jedoch, wie angedeutet, Ungeübten bis zu einen gewissen Grad erklärt werden, so wie der Vater versucht, seinem Sohn einen Hammel, ein Rind und Kamel zu erklären. Doch ohne diese Tiere jemals gesehen zu haben, kann man sie sich nicht vorstellen. Man kann nur vertraute Vorstellungen damit verbinden und somit alles Mögliche in sie hineindichten.

Nicht anders als dem Jungen in der Fabel ergeht es ungeübten Analysten. Diese können mit der *philosophía* und ihrer Praxis des Sterbens nicht das verbinden, was Dao-Praktizierende damit assoziieren. Die Situation ist für sie so sogar noch schwieriger als für den Jungen in der Fabel, denn ich berichte über übersinnliche und nicht über sinnliche Erfahrungen.

Wandelnde „Dichtkunst"

So wie sich der Zeitgeist über Jahrtausende gewandelt hat, so wandelte sich auch das, was man in die *philosophía* hineingedichtet hat. Während er früher überwiegend religiös geprägt war, so ist er heute überwiegend säkular, was hilfreich ist, um die Dao-Lehre inklusive ihrer Dao-Schöpfungslehre zu verstehen, denn sie ist eine spirituelle-säkulare Lehre, was - aufgrund der vielen guten Übereinstimmungen in den Lehrinhalten - auch für die *philosophía* zutreffen muss. Diese wurde jedoch von ungeübten Analysten aufgrund religiöser Interpretationen sehr verzerrt, was daran zu erkennen ist, dass in den Analy-

---

[26]http://de.wikipedia.org/wiki/Empedokles
[27]Aristot. De anim. I, 2; Met. III 4, 1000b 6; Sext. Empir. adv. Math. VII, 121

sen viel über Gott, Götter, Göttinnen, Dämonen berichtet wird. Doch dies sind Fehlübersetzungen wie ich zeige. Sie sind der Dao/Taiji-Lehre unbekannt.

Nun könnte man meinen, dass die heutige wissenschaftliche Auslegung die *philosophía* besser erfasst. Doch auch das ist nicht der Fall. Eine korrekte Interpretation ist, wie ich zeige, nur möglich, wenn man ausreichende Erfahrungen mit der Dao-Praxis (Praxis des Sterbens) gesammelt hat. Diese kann man den Schriften der *philosophía* jedoch genauso wenig entnehmen wie den Dao-Schriften wie z.B. dem *Daodejing* von Laozi, denn sie sind ohne Einweisung und Unterstützung des Dao-Meisters unzugänglich.

Die verweltlichte *philosophía*

Die moderne westliche Kultur zeichnet sich dadurch aus, dass das jenseitig Immaterielle (Spirituelle, Psychische, Übersinnliche), womit sich die *philosophía* einst auseinandersetzte – so wie es die moderne Taiji-Lehre immer noch tut - verweltlicht (verkörpert, materialisiert) wurde. Von Göttern, Dämonen, Engeln, usw. zu sprechen, erweckt zwar den Eindruck, es ging um Spirituelles, doch dies hat nichts damit zu tun, wovon die Meister berichten.

In anderen Worten, die ungeübten Analysten haben dem jenseitigen Immateriellen diesseitig Materielles angedichtet, wozu auch die angeblichen Götter, Göttinnen und Dämonen - mit ihren greif-und begreifbaren menschlichen Eigenschaften - zu zählen sind. Dies heißt ebenso, dass die persönlich erfahrbaren (immateriellen) Inhalte von *arithmétike, astronomía, átomos, kósmos, geometría, idéa, planétes, práxis, psyché, mousiké, sympósion, theoría,* usw. durch Verzerrungen[28] ins materiell Begreifbare umgewandelt wurden.

Was der einst übersinnlich erfahrbaren immateriellen *philosophía* durch Verzerrung (Manipulation) ins sinnlich wahrnehmbare Materielle widerfahren ist, beinhaltet alle ihre ursprünglichen Begriffe.[29]

---

[28]Ob diese gewollt oder ungewollt waren, sei erst einmal dahingestellt.
[29]Siehe TPC.

Viele davon wurden vermenschlicht (anthropomorphisiert)[30] , andere vergöttert (deifiziert) oder verteufelt (dämonisiert). Auf diese Weise wurden aus ursprünglichen Begriffen wie *theoí, daímones, aggelos (angelos)* von ungeübten Analysten Götter, Dämonen, Engel mit menschlichen Erscheinungen erzeugt („gezaubert"), die nun in den Analysen und insbesondere in den Schöpfungsmythen herumschwirren.

Dies erklärt, warum die *philosophía* (Bild 3) eine menschliche Gestalt erhielt. Sie wurde, wie viele andere tiefgründige immaterielle Begriffe der *philosophía* personifiziert. Einige davon wurden in Götter verwandelt. Dazu zählen *philía, sophía, éros, némesis* und viele mehr, wie ich zeige.

Die ursprünglichen Begriffe beschreiben jedoch nichts anderes als natürliche (psychische) Erfahrungen, sogenannte Qi-Erfahrungen[31] , die mit der Dao-Praxis oder Praxis des Sterbens auf dem Dao-Pfad von A nach D erlangt werden. Es sind solche, über die viele traditionelle Kulturen zwischen Ost und West mit eigenem Vokabular berichten, das jedoch mit dem hier vorgestellten übereinstimmt. Daraus ist zu schließen, dass sie alle dieselbe oder eine sehr ähnliche Praxis benutzten. Sie habe es gewusst, zu *sterben,* um weise (klug) zu werden.

Was deren Meister darüber berichten wurde also auf unkonditionierte[32] Weise erlangt. Was Ungeübte – auf der Basis von *Gleiches wird durch Gleiches erkannt* – jedoch in ihre Aussagen hineindichten, ist durch deren Glauben (Meinung) konditioniert. Wer seinen Glauben (seine Meinung), der durch Hypothesen[33] („Glaubensprinzipien") konditioniert ist, als Wahrheit auffasst, wird Schwierigkeiten haben, das zu akzeptieren, worüber die Meister und ich – als Sprachrohr von

---

[30]http://de.wikipedia.org/wiki/Anthropomorphismus

[31]Siehe TPC.

[32]Unkonditioniert ist das Gegenteil von konditioniert. Alles, was auf Hypothesen basiert ist, ist konditioniert. Alles, was hypothesenfrei ist, ist unkonditioniert.

[33]Hypothesen sind grundsätzlich unbeweisbar. Eine Hypothese ist z.B. die Annahme, dass die Natur mit Worten, Zahlen, Bilder usw. beschrieben werden kann. Die Dao-Praxis überwindet sie, weil sie keinerlei Hypothesen aufstellt.

Fangfu - berichten.

Bild 3: Philosophia (Personifikation der Philosophie)[34]

Wie lassen sich die glaubensbedingten Einschränkungen überwinden?

Es kann nicht oft genug betont werden, dass die Taiji-Lehre in diesem Buch so formuliert ist, dass sie von Ungeübten verstanden werden kann. Damit können sie ihre Einschränkung, die durch *Gleiches wird durch Gleiches erkannt* gegeben ist, bis zu einem gewissen Grad überwinden. Was darüber hinausgeht, lässt sich jedoch nur dann erfassen, wenn man mit der Dao-Praxis anfängt und eigene Dao-Erfahrungen sammelt. Dann erlangt man auch ein Verständnis für die übersinnlichen Inhalte ihrer ursprünglichen Begriffe, das in Funktion des

---

[34]Holzschnitt von Albrecht Dürer.

Übungsfortschritts zunimmt. Dann wird die anfängliche glaubensbedingte Einschränkung überwunden und zunehmend durch außergewöhnliche persönliche Erfahrungen ersetzt!

Dao-Praxis: Schlüssel zur Dao-Schöpfungslehre

Ich erkläre und präzisiere in diesem Buch immer wieder an verschiedenen Stellen die Dao-Praxis, denn sie ist der Schlüssel zur Dao-Schöpfungslehre. Sie beschreibt – in der Terminologie der Pythagoreer - den stufenweisen Aufstieg der *psyché*. Dieser erfolgt von A zu D (Bild 2) und ist durch Pfeil (I) angedeutet. Statt Aufstieg der *psyché,* sprechen Daoisten von Beseitigung der Qi-Blockaden.

Gleiche Erfahrung und unterschiedliche Beschreibungen

Wer den Aufstieg (die Beseitigung) gänzlich hinter sich gebracht hat, kann dann seine Erfahrung artikulieren, was unzählige Meister mit unterschiedlichen, jedoch übereinstimmenden Worten zu unterschiedlichen Zeiten und an verschiedenen Orten zwischen Ost und West mal mehr oder mal weniger umfangreich getan haben. Man erkennt die gute Übereinstimmung jedoch nicht, wenn man an ihren Worthülsen anhaftet. Man muss eine Ahnung davon haben, was sich dahinter verbirgt. Dazu ein Beispiel aus dem Alltag.

Man stelle sich vor, man würde *Puppe, Püppchen, Girl, Fratz, Motte, (dufte) Biene, Katze, Mieze, Zahn, steiler Zahn* usw. wortwörtlich nehmen. Wie könnte man dann jemals erkennen, dass es Metaphern (Allegorien) sind, die auf ein- und dasselbe verweisen? Das gilt auch für die ursprünglichen Begriffe der traditionellen Lehren (Dao-Lehre, *philosophía,* usw.). Es sind alles Metaphern.

Doch „kluge Analysten" nehmen sie wortwörtlich, weil sie die Übung nicht kennen und nicht wissen, dass alles, was sie hervorbringt, in Metaphern ausgedrückt wird. Auf diese Weise kamen die Lehnworte der *philosophía* zustande. Welches Glück, dass uns die äquivalenten Metaphern der Taiji-Lehre bis heute erhalten geblieben sind! Wie sonst könnte man die Metaphern anderer Lehren wie z.B.

der griechischen *philosophía* jemals verstehen? Dies gelingt nun mal nicht über die intelligente Gedankenakrobatik der ungeübten Analysten.

Der Weg nach oben und unten

Bild 2 zeigt nicht nur den Pfeil (I) nach oben, sondern auch den Pfeil (II) nach unten. Sie beschreiben,

Links (I): die Progression (Aufstieg, Sinnes- und Bewusstseinserweiterung) des Dao-Praktizierenden – nach dessen Ausstieg aus dem Diesseits unterhalb A - auf dem Großen Pfad (Dadao) von A bis zum absoluten Nichtsein (Wu) in D. Die Pfeilspitze (P) deutet seinen Fortschritt an.

Rechts (II): die Regression (Abstieg, Sinnes- und Bewusstseinsreduktion) des Menschen in der Selbst- und Weltenentstehung[35] (*kosmogonía*) von D nach A aus dem absoluten Nichtsein. Die Pfeilspitze (R) zeigt die Regression der Menschheit an, die längst abgeschlossen ist, verweilen doch heutige Menschen überwiegend im vertrauten Diesseits (Sein) unterhalb A.

Bild 2 erklärt in wunderbarer Weise die Worte von Heraklit (Frag. 58): ὁδός ἄνω χάτω μία χαί ὤντη (*Der Weg hinauf und hinab ist ein und derselbe*). Der Weg (Pfad) *hinauf und hinab ist* – was jeder Übende bestätigen kann - gleich, unterschiedlich ist lediglich deren Richtung (Pfeilrichtung).

Ist der Pfad (I) nach oben von A bis D mit der Dao-Praxis vollständig erkundet, so ist der Weg (II) nach unten von D nach A festgelegt. Er beschreibt den Dao-Schöpfungsprozess (*kosmogonía*), den auch Heraklit (520 - 460 v.u.Z.) und alle anderen erleuchteten Meister der *philosophía* kannten und worüber sie berichten.

Diese waren illuminiert (erleuchtet), weil sie beim absoluten Nicht-

---

[35]Die Welt(en)entstehung bezieht sich auf alle Taiji-Welten unterhalb von D. Mit Weltentstehung meine ich, hingegen, die Entstehung der vertrauten Welt, des Seins, unterhalb von A.

sein (Nirvana[36]) angekommen sind. Ihr außergewöhnliches Wissen, das sie auf diese Weise erlangten, war genau so umfangreich wie das uns allen vertraute gewöhnliche Wissen. Beide fallen in unterschiedliche Bereiche, die sich jedoch *ergänzen*. Meine Absicht ist es zu zeigen, dass auch ungeübte Leser vom außergewöhnlichen Wissen profitieren können.

Wie das Zitat von Heraklit andeutet, ist es gerechtfertigt nicht nur Dao-Meister, sondern auch griechische Meister im Zusammenhang mit Bild 2 zu zitieren. Dies werde ich wiederholt und ausgiebig tun, zumal deren Vokabular Westlern vertrauter ist als das Dao/Taiji-Vokabular. Dies ist erlaubt, weil sich die *philosophía* im Kern nicht von der Dao-Lehre (Taijixue) unterscheidet, wie ich in all meinen Büchern belege. Darauf verweist insbesondere die große Ähnlichkeit mehrerer Zitate von Heraklit und Laozi, was ungeübte Autoren auch schon erkannt haben. Meines Wissens wurden jedoch die Äußerungen beider Meister - außer in meinen Büchern - bisher noch nicht mit der Dao-Praxis und ihrer formlosen Taiji-Übung in Verbindung gebracht.

Der Grund ist, weil diese Praxis weder der geschriebenen Dao-Lehre noch der geschriebenen *philosophía* zu entnehmen ist. Dies gelingt nur, wenn man durch einen Dao-Meister in sie eingeführt wird. Dann erkennt man sofort, warum dies der Fall ist. Die Praxis des Sterbens ist jedoch dem Westen verloren gegangen! Die *philosophía* wird seit ihrem Untergang ohne sie interpretiert. Damit haben sich ihre Analysten in die Platonische Höhle - Welt der Illusion - begeben, worüber ich einiges berichten werde.

Die universelle Schöpfungslehre

Mein Vergleich unterschiedlicher Traditionen zwischen Ost und West bestätigt, dass sie dieselbe Schöpfungslehre (*kosmogonía*) haben, wie es die Entzerrung (Entmystifizierung) ihrer hier vorgestellten Schöpfungsmythen zeigt. Hinter allen steckt die Dao-Praxis (Wuwei-Praxis) oder eine sehr ähnliche Praxis. Dabei handelt es sich um

---

[36]http://de.wikipedia.org/wiki/Nirwana

den traditionellen Erleuchtungsweg (Illuminationspfad) vieler Kulturen.

Dao-Meister sind Protagonisten inniger Weltzugewandtheit

Während sich Asketen der vertrauten Welt entziehen, sind Daoisten, so wie Fangfu, seit eh und je Protagonisten der Weltzu- wie auch Weltabgewandtheit. Ihnen ist das diesseitige Sein genauso wichtig wie das jenseitige SEIN (Taiji). Sie versuchen, beides in harmonischen Einklang zu bringen, so wie es Laozi im *Daodejing* (Kap. 48) zum Ausdruck bringt:

Wer nach (gesellschaftlichem oder nachgeburtlichem) *Wissen strebt, muss jeden Tag* (mit Youwei) *vermehren* (Wei Xue Ri Yi). *Wer nach dem Dao* (vorgeburtlichem Wissen) *strebt, muss jeden Tag* (mit Wuwei) *vermindern* (Wei Dao Ri Sun). *Wuwei lässt nichts ungetan.*

Diese Worte lassen uns Fangfu verstehen: *Es ist besser, Sie lernen in Ihrer Wuwei-Praxis* (Dao-Praxis) *die willentliche Kontrolle regelmäßig aufzugeben, als dass Sie diese eines Tages auf pathologische Weise über sich ungewollt verlieren. Selbstbeherrschung* (im Alltag) *entsteht durch die Aufgabe der Selbstbeherrschung* (im Üben). *Dies dient der Rückkehr zur Natur.*

Fangfus Worte ähneln denen in Platons *Phaidros*[37] , die in heutigen Ohren seltsam klingen: *Nach dem Zeugnis der Alten* (ist) *auch der Wahnsinn* (meditative Trunkenheit = *mania* = Weltabgewandtheit im Üben als Voraussetzung des Aufstiegs von A nach D und der Erwei-

---

[37] http://www.opera-platonis.de/Phaidros.html

terung des Bewusstseins) *edler als die Besonnenheit* (Einsatz der gewöhnlichen Bewusstseins). Diese meditative Trunkenheit wurde im *sympósion* bewusst kultiviert. Bild 1a deutet an, um was es dabei geht!!

Man bemerke die Endung *on* in *sympósion,* die auf *eón* (SEIN, Taiji, Dao)[38] verweist. Das *sympósion* ist somit kein Gastmahl oder Saufgelage, wie es von ungeübten Analysten immer wieder behauptet wird. Es ist vielmehr – man höre und staune - die Zusammenkunft von Schülern[39] , die gemeinsam in meditativer Trunkenheit üben.[40]

Rein, reiner, am reinsten

Was ich hier andeute, deutet darauf hin, dass das im meditativen Rausch erfasste ewige SEIN (*eón,* Taiji, Dao) für Platon edler (reiner) als das ist, was Ungeübte jemals über das vergängliche Sein (Diesseits) durch Weltzugewandtheit erfassen können. Für Philon von Alexandria (15/10 v.u.Z. - 40 n.u.Z.)[41] ist die meditative Trunkenheit die Kunst der Künste. Sein Name verweist etymologisch auf *philía* (Wuwei)[42] und *eón* (SEIN). Auch Platons Name verweist auf *eón* (SEIN), was zu Ausdruck bringt, dass er ein Dao/Taiji-Meister (SEIN-Meister) war.

Wuwei: Attribut von Wuyou (Taiji)

Wuwei (Wirken aus dem Nichtsein) intensiviert sich auf dem Dao-Pfad und Youwei (Wirken aus dem Sein) reduziert sich. Beides geht Hand in Hand damit, dass der Taiji-Übende immer mehr in die Stille gelangt, die schöpferisch Neues aus dem SEIN (Taiji, Wuyou) spontan hervorbringt. Ohne Wuwei (*philía)* gibt es keine Schöpfung *(génesis)*, kein selbstbewegtes Gebären in Wuyou (Taiji = SEIN). Wu-

---

[38]Die Gleichheit von Taiji und SEIN wird in TSC umfangreich gerechtfertigt.

[39]Siehe TSC.

[40]Damit verstärken sie ihr Qi-Feld. Was dies bedeutet, wird erklärt.

[41]http://de.wikipedia.org/wiki/Philon_von_Alexandria

[42]Ich habe die Gleichsetzung *philía* = Wuwei in TSC umfangreich gerechtfertigt. Sie wird im Folgenden auch noch erklärt.

wei (*philía*) ist ein Attribut des SEINS. Was es spontan aus sich heraus erzeugt, wird vom Übenden erst im Nachhinein erfahren.

Wuwei: Ruhe erzeugt Selbstbewegung

Der Schöpfungsprozess basiert auf dem unkonditionierten Gesetz (Li = *nómos*): *Ruhe erzeugt Bewegung* (Jing Ji Shen Dong) *und Bewegung kehrt wieder in Ruhe zurück* (Dong Ji Gui Jing). Dieses und andere Gesetze, die der Dao-Pfad entdeckt und die die Schöpfung beschreiben, sind Ungeübten unvertraut. Der Grund ist, weil sie nur durch die Dao-Praxis entdeckt werden, was gleichbedeutend damit ist, dass sie unkonditioniert (hypothesenfrei) sind.

Bewegung aus Ruhe (aus sich heraus) ist Selbstbewegung (Platon: *autokinésis*). Sie wird in der Dao-Lehre auch mit Wuwei-Bewegung bezeichnet. Ohne sie gibt es kein Gebären, kein spontanes Wirken aus Wu (Nichtsein), das sich - dank regelmäßigen Übens - auf kognitiver, emotionaler, physiologischer und eidetischer Ebene kundtut. Die persönliche Erfahrung von Wuwei in der Selbstbewegung ist ein faszinierendes Phänomen, das nicht mit Bewegungen zu erlangen ist, die bewusst (willentlich) durchgeführt und in der Taiji-Lehre als Youwei-Bewegungen bezeichnet werden. Youwei ist das Wirken aus dem Diesseits, das durch willentliches Streben (Tun, Handeln) zustande kommt

Intensivierung von Wuwei fördert *sophía* (Weisheit)

Wuwei wird, wie angedeutet, auf dem Dao-Pfad – dank zunehmender Fähigkeit in die Stille zu kommen - intensiviert und Youwei dabei vermindert. Dies geschieht solange bis am Ende - im Zustand der Erleuchtung - nur noch das eigentliche (wahre) Wuwei (WUWEI) wirkt, dem kein Youwei mehr entgegenwirkt. Auf diese Weise wurden die drei Welten (Sanjie) und neun analytischen Prinzipien (Liuxi) der Dao-Weltformel entdeckt[43] über die ich berichten werde. Sie liefern eine komplette Beschreibung des psychischen *kósmos* (der Taiji-Welten zwischen A und D).

Etymologie der Originalbegriffe der *philosophía*

Die Originalbegriffe der *philosophía* können nicht auf übliche Weise analysiert werden, weil sie durch die unkonditionierte Dao-Praxis erlangt wurden. Nehmen wir als Beispiel *nómos*. Dahinter steckt kein konditioniertes Gesetz, so wie die heutigen Naturgesetze, die durch die Naturwissenschaft aufgrund von Hypothesen (z.B. mathematischen Axiome) erkannt wurden. *Nómos* ist ein unkonditioniertes Gesetz. Es hat viele Facetten. Der Schöpfungsprozess genügt ihm, wie angedeutet, denn er schert sich nicht darum, was Menschen mit konditionierten Gesetzen in ihn hineindichten. Er bietet jedoch Suchern seit Jahrtausenden die Möglichkeit, auf dem Dao-Pfad die Schöpfung auf unkonditionierte Weise dank Wuwei zu erfahren und somit zu erfassen.

Zumal *nómos* in *astronomía* erscheint, muss auch *astronomía* auf unkonditionierte Weise erfasst werden. Dies ist auch der Fall, zumal, wie ich zeige, der äquivalente Begriff von *astronomía* in der Taiji-Lehre auf unkonditionierte Weise durch die Dao-Praxis erfahren wird. Was dahinter steckt kommt selbstbewegt aus sich heraus zustande. Folglich kann *astronomía* keine Astronomie sein.

Wenn ein Aspekt, wie *nómos,* in einer Metapher, wie *astronomía,* unkonditioniert ist, so muss es auch der andere, also *astron*, sein. Dies heißt, auch *astron* kann nicht auf die uns allen vertrauten Sterne verweisen. Wenn jemand sternhagelblau ist, ist dies ja auch nicht der Fall. *Astronomía* verweist auf die Wahrnehmung von Qi-Feldern, die

---

[43]Die Dao-Weltformel beschreibt den Inhalt von Bild 2, der im Folgenden zunehmend erläutert wird

durch Sterne allegorisiert sind.[44]

Man nehme andere Metaphern (Originalbegriffe) der *philosophía*, z.B. *arithmétike, átomos, kósmos, geometría, idéa, planétes, práxis, psyché, mousiké, sympósion, theoría*. Was für *astronomía* gilt, gilt auch für sie. Doch es gilt nicht nur für sie, sondern für die aller traditionellen Lehren, die in sogenannten Wuwei-Schulen wie meiner angeboten wurden.

Dao-Schöpfungslehre: Schlüssel zu universellen Schöpfungslehre

Ich vergleiche in diesem Buch die – durch eigene Taiji-Erfahrung teilweise bestätigten - verlässlichen Äußerungen von Fangfu zur Dao-Schöpfungslehre mit dem, was ich in alten östlich-westlichen Schilderungen über die Schöpfung zur Kenntnis genommen habe. Dazu zähle ich insbesondere Textpassagen von Laozi, Zhuangzi, Platon, Vorsokratikern und Pythagoreern. Die gute Übereinstimmung ihrer Beschreibungen ist ein Indiz dafür, dass sie alle über dieselbe persönliche Erfahrung der Schöpfung berichten. Diese ist somit universell, was es erfordert, dass ihnen die Dao-Praxis (Praxis des Sterbens) und das einzigartige Wuwei-Prinzip, auf dem sie basiert, vertraut waren. Diese basieren auf keinen Hypothesen (Annahmen, Bedingungen, Konditionen). Man übt in lockerer formloser Stehhaltung ohne Absicht und ohne Ziel. Jede andere Vorgehensweise wäre konditioniert.

Wuwei: Schlüssel zur universellen Schöpfungserfahrung

Das Wuwei-Prinzip beinhaltet, dass kein Prinzip zum Einsatz kommt. Dies wiederum heißt: *Die Dao-Praxis* (Wuwei-Praxis, Praxis des Sterbens) *ist unkonditioniert (hypothesenfrei).* Ich könnte auch sagen: *Sie ist durch Nichts* (Wu) *konditioniert.* Man übt ohne Zielvorstellung, was – in Funktion des Übungsfortschritts - zu zunehmender Erfahrung der Schöpfung und somit zur Artikulierung (Ausformulierung) der Schöpfungslehre führt, in der die Erfahrungen zusammengefasst sind. Sie beinhaltet nicht nur Aspekte der *Wahrheitssuche*, de-

---

[44]Mehr darüber findet man in TSC.

nen ich mich hier widme, sondern auch der *Lebenspflege,* die schlecht zu vermitteln sind, da es überwiegend um praktische und weniger um theoretische Aspekte geht. Nur die theoretischen können in Worte gefasst werden.

Unaussprechliche übersinnliche Erfahrungen

Platon schreibt im *Siebten Brief* (344b-d und 341c-d) in guter Übereinstimmung mit der Taiji/Dao-Lehre: *Es gibt keine Schrift von mir darüber und es wird auch keine geben. Es ist nämlich nicht aussprechbar wie andere Lehrgegenstände, sondern, indem es aus vielem Zusammensein mit der Sache selbst und Zusammenleben plötzlich* (spontan) *wie ein von einem Feuerfunken entzündetes Licht in der psyché entsteht, ernährt es sich durch sich selbst.*[45]

Bemerkungen zu den Stufen

Jede der drei Welten (You, Wuyou, Wu) in Bild 2 lässt sich in drei Unterbereiche unterteilen, so dass man von 9 Welten spricht. Diese kommen dadurch zustande, weil die *psyché* (Qi) - innerhalb jeder der drei Welten - drei weiteren weniger markanten Metamorphosen unterworfen ist. Dies hat die Natur (*phýsis*) – ich könnte auch sagen: die Schöpfung - so eingerichtet. Darüber werde ich Einiges berichten, zumal es oft in östlich-westlicher Literatur angesprochen wird.

Verlust der universellen Schöpfungslehre

Die *philosophía* inklusive ihrer Schöpfungslehre *(kosmogonía, kosmología)* ging, meinen Recherchen zufolge, im Wirkungsbereich zwischen Griechenland und Indien im Zeitraum von ca.500 bis ca.1500 zunehmend vom Westen zum Osten hin verloren. Der Grund ist, weil ihre Meister verfolgt und ausgerottet wurden. Somit ging die ungeschriebene Lehre verloren (Siehe Kapitel 1). Übrig blieb die geschriebene *philosophía.* Zumal sich diese nicht ohne die ungeschriebene verstehen lässt, wird die *philosophía* ganz automatisch verdreht.

---

[45]http://derfunke.info/?p=50#sthash.nNGZwu7R.dpuf

Wer meint, dass diese profunde Lehre uns in der geschriebenen *philosophía* erhalten geblieben ist, irrt sich gewaltig. Ohne die ungeschriebene wird die geschriebene gänzlich verdreht, was ich in allen meinen Büchern umfangreich belege. Beide Lehraspekte haben jedoch in China in der Taiji/Dao-Lehre (Taijixue) bis heute überlebt. Wäre dies nicht der Fall, könnte ich nicht das über sie berichten, was ich hier darüber verfasse.

Der lange Schatten der *philosophía*

Die *philosophía* wirft aufgrund von Fehlübersetzungen und dadurch erzeugten Mythen seit ihrem Untergang einen langen Schatten auf die heutige Zeit. Doch dieser wird von den ungeübten Analysten noch nicht einmal als solcher erkannt. Er wird mit dem, was den Schatten wirft - sprich: die *philosophía* - gleichgesetzt. Dies hat zu dramatischen Verzerrungen der *philosophía* und ihrer Schöpfungslehre *(kosmogonía, kosmología)* geführt. Es ist zum Heulen, was über sie berichtet wird. Es ist daher mein Anliegen zu zeigen, dass die Dao-Lehre, das moderne Äquivalent der *philosophía*, hilft, im Schatten wieder das zu erkennen, was ihn wirft.

Ich kenne keine äquivalente Lehre (Wuwei-Schule), mit der es gelingen könnte, die Rekonstruktion zu bewerkstelligen. Praxis-basierte Lehren aus anderen Kulturkreisen, die ich im Buch anspreche, sind offenbar ausgestorben und deren Inhalte durch den Verlust der Praxis verdreht worden. Wäre dies nicht der Fall, müssten deren Analysten auch schon das erkannt haben, worüber ich hier berichte. Doch damit Leser meine These - Dao-Lehre = *philosophía* – akzeptieren, müssen auch sie gewillt sein, über ihren eigenen Schatten zu springen, was alles andere als leicht ist. Es ist nichts schwieriger, als vom Vertrauten loszulassen und sich Neuem gänzlich zu öffnen.

Meinungen über die Schöpfung von „großen westlichen Denkern"

Seit Untergang der *philosophía* bildeten sich viele Meinungen über die Schöpfung. Was einst von wenigen mit Leib und Seele innig erfahren und artikuliert wurde, wurde danach von vielen verzerrt und geglaubt. Viele drückten eine eigene Meinung (Überzeugung) über die Schöpfung aus, die überwiegend durch deren Glauben konditioniert ist. Diese Meinungen sind, wie man von Kapitel zu Kapitel zunehmend erkennen sollte, im Konflikt mit dem, was ich über die übersinnlich erfahrbare universelle Schöpfungslehre berichte. Dabei geht es nicht, was nicht oft genug betont werden kann, ums Meinen (Glauben), sondern ums innige Erfahren, so wie es die Dao-Praxis dank Wuwei (Nichthandeln) ermöglicht. Hier kommen nun drei Meinungen von renommierten Persönlichkeiten mit meinen Kommentaren:

Kepler[46] : *Ich glaube, dass die Ursachen für die meisten Dinge in der Welt aus der Liebe Gottes zu den Menschen hergeleitet werden können.* Kepler glaubte, dass mathematische Beziehungen die Grundlage der Natur seien und alle Schöpfung ein zusammenhängendes Ganzes. Seine Meinung widerspricht den Erfahrungen auf dem Dao-Pfad, was auch für die zwei folgenden Meinungen zutrifft.

Newton[47] : *...glaubte, dass Gott beständig in die Schöpfung eingreifen müsse, um ihre Funktionalität zu gewährleisten, und dass er sich den Menschen sowohl in der heiligen Schrift, als auch in der Natur selbst offenbare. Von einem gottlosen Universum war sein Weltbild weit entfernt, sah er doch gerade in der Harmonie und Beständigkeit des kosmischen Systems einen Beweis für das Wirken eines intelligenten Schöpfers.*

Descartes[48] : *Da die Schöpfung etwas Existierendes ist, muss auch Gott, ihr Schöpfer, etwas Existierendes sein, Existierendes kann nicht von Nicht-Existierenden hervorgebracht werden.*

Ich begründe nun, warum obige Meinungen (Überzeugungen) im Konflikt mit der Dao-Schöpfungslehre sind: *Diese kennt keinen Gott. Mathematische Beziehungen sind für Daoisten keine natürlichen (un-*

---

[46]http://de.wikipedia.org/wiki/Johannes_Kepler

[47]http://suite101.de/article/isaac-newton-und-die-religion-a136225#.VIn423tYLaw

[48]Perler, Dominik; Repräsentation bei Descartes, Philosophische Abhandlungen, Band 68, Klostermann, Frankfurt am Main, 1966

konditionierten), *sondern kulturelle* (konditionierte) *Konstrukte, die das zusammenhängende Ganze und die Harmonie und Beständigkeit des kosmischen Systems – so wie ich beide erkläre - nicht so erkennen lassen, wie es die Meister auf unkonditionierte Weise erfahren und gelehrt haben.*

Hätten die Meister an das geglaubt, was die drei „großen Denker" über die Schöpfung zum Ausdruck bringen, so hätten sie nicht das entdeckt, worüber ich hier berichte und was auch die Neugier der Leser erwecken sollte, die an einen Schöpfer (Gott) glauben, der jedoch von keinem Meister je angetroffen wurde. Umgekehrt entdeckt man jedoch in vielen heiligen Schriften in verdrehter Form das, worüber sie seit Jahrtausenden berichten.

Es ist schwer zu sagen, in welcher Richtung die Weisheit früher einmal propagierte, von Ost nach West oder umgekehrt? Die Antwort ist unwichtig. Viel wichtiger ist, dass die *philosophía* in der Taiji-Lehre bis heute überlebt.

Hochgejubelter Unsinn

Der Glaube an einen Schöpfer (Gott) spricht viele Menschen an, jedoch nicht die Übenden, die mit Leib und Seele das über das Jenseits erfahren haben und somit das bestätigen können, worüber die Meister seit Jahrtausenden nüchtern und emotionslos berichten. Diese brauchen nicht an das zu glauben, was sie übersinnlich erfahren haben. Sie sind nicht mit ungeübten Analysten zu vergleichen, die sich eine Meinung[49] über das bilden, was die Meister in ihren Schriften hinterlassen haben.

Ich kann es immer noch nicht fassen, dass seit etwa 15 Jahrhunderten von ungeübten Analysten so viel Unsinn über die griechischen Meister der *philosophía* berichtet wird. Es ist Hokuspokus, der von einigen von ihnen als „allerletzte Weisheit" hochgejubelt und von vielen

---

[49]Jede Meinung ist belanglos im Vergleich zur tiefgründigen Erfahrung der Meister. Die eigene Meinung wird jedoch von denen, die sie zum Ausdruck bringen, oft als richtig angesehen.

Zeitgenossen als solche auch akzeptiert wird.

Die beiden Aspekte der universellen Schöpfungslehre

So wie das ursprüngliche Vokabular, *arithmétike, astronomía, átomos, kósmos, geometría, idéa, planétes, práxis, psyché, mousiké, sympósion, theoría,* usw., in die Lehnworte arithmetisch, Astronomie, Atom, Kosmos, Geometrie, Idee, usw. verdreht wurde[50] , so wurde auch die Praxis des Sterbens und die daraus folgende Schöpfungslehre *(kosmogonía, kosmología)* total missverstanden. Dies gilt sowohl für ihre ungeschriebene (praktische) und geschriebene (theoretische) Seite, denn auch sie hat beide Aspekte, wie dieses Buch zeigt. Zum praktischen Aspekt gehört, dass man es lernen kann, mit der Schöpfung im Einklang zu leben (Kapitel 5).

Leben in Harmonie mit der Schöpfung

Ich zeige im Buch, dass die universelle Schöpfungslehre geübten wie ungeübten Lesern praktische Hilfen gibt, um mit der Schöpfung in Harmonie zu leben. Dafür sind die Mythen - Verzerrungen (Verfälschungen) der Wahrheit über die Schöpfung - ungeeignet. Besonders hilfreich dafür ist ein gutes Verständnis des untersten Symbols, Sixiang (4), in Bild 2, das auch Yin-Yang Symbol genannt wird. Ich erkläre es ausgiebig im Zusammenhang mit den drei „höheren Symbolen" in Bild 2. Ich zeige, dass Sixiang (4) nicht davon getrennt werden kann, obwohl es in der Regel unabhängig davon und somit unvollständig erklärt wird.

Ursache der Verzerrungen der universellen Schöpfungslehre

Die Ursache der Verzerrungen[51] der universellen Schöpfungslehre,

---

[50]Siehe TSC.

[51]Wenn ich von Verzerrungen der Schöpfungslehre spreche, so meine ich Abweichungen von der Dao-Schöpfungslehre oder universellen Schöpfungslehre, auf die Bild 2 verweist. Die vielfältigen Verzerrungen, aus denen Schöpfungsmythen entstanden sind, kommen dadurch zustande, weil Analysten - mangels Kenntnis der Übung - ihrer Phantasie freien Lauf lassen. Dann ist es auch irrelevant, ob sich viele ungeübte Analysten auf eine gewisse Interpretation geeinigt haben oder nicht.

die zu vielen Schöpfungsmythen führte, ist darin zu finden, weil die verlässlichen Aussagen der Meister von ungeübten Analysten falsch ausgelegt und somit verdreht wurden. Dies ist damit vergleichbar, als würde der Junge in *Der Fabel von der Ratte* den Gefängnisinsassen einen Hammel, ein Rind und Kamel beschreiben, obwohl er selber nur eine Ratte kennt.

Die Insassen wären sicherlich nicht irritiert, solange sie diese Tiere nicht, sondern nur eine Ratte kennen. Doch gewiss nicht sein Vater, der die Tiere ja kennt! Die Insassen würden gewiss akzeptieren, was er ihnen vormacht. Sie würden jeden, der etwas anderes als er behauptet, einen Lügner nennen. Auf ähnliche Weise wie sie akzeptieren ungeübte Leser das, was ihnen ungeübte Analysten über die *philosophía* und ihre Schöpfungslehre berichten. Für die Meister ist dies jedoch lediglich „Poesie".

Damit habe ich angedeutet, wie Schöpfungsmythen aus der universellen Schöpfungslehre, die sich hinter dem Pfeil (II) in Bild 2 verbirgt, entstanden sind: *Durch Fehlinterpretation mangels Kenntnis des Dao-Pfads!!*

Auf diese Weise sind aus der universellen Schöpfungslehre, die sich hinter den vier Symbolen und der *Tetraktys* verbirgt, viele Schöpfungsmythen entstanden. Dies geschah im Wirkungsbereich der Meister der *philosophía*, der sich einst von Griechenland über Ägypten und dem Mittleren Osten bis hin nach Indien erstreckte. Ich werde einige Mythen entmythologisieren, indem ich die sich dahinter verbergende universelle Schöpfungslehre aufdecke. Dafür muss man ihre Struktur (Bild 2) kennen, die sich zwar nicht über die Sprache erfassen, aber bis zu einem gewissen Grad damit durchaus erklären lässt.

Das Dao kennt keine Sprache

Das Dao-Vokabular (Taiji-Vokabular) resultiert – ebenso wie seine Äquivalente in anderen traditionellen Kulturen (Wuwei-Schulen) - daraus, dass sich die Meister im regelmäßigen Üben rigoros von der

Sprache abwandten. Nur so konnten sie über das Jenseits (die Taiji-Welten) Außergewöhnliches erfahren, was sie - so wie die Schüler von Fangfu - oft genug sprachlos machte, weil es unerwartet aus sich heraus zustande kommt.

Entzerrung der Schöpfungsmythen

Ich revidiere in diesem Buch einige Schöpfungsmythen aus unterschiedlichen Kulturkreisen, zumal ich diese als mal mehr oder weniger starke Verzerrungen der universellen Schöpfungslehre erkannte.

Ich sehe es als große Herausforderung an, die Entmythologisierung auf kluge und für ungeübte Leser einfache und verständliche Weise durchzuführen. Dabei ist es mein Anliegen, ihnen auch das überzeugend zu erklären, was sich ohne eigene Dao-Erfahrung nur unvollständig in Worte fassen lässt. Was ich berichte, wäre überzeugender für sie, wenn sie selbst üben und das bestätigen könnten, worüber ich berichte. Probieren geht über Studieren! *The Proof of the Pudding is in the Eating!*

Die Struktur des vorliegenden Buches

Dieses Buch hat 9 Kapitel, viele Anhänge und Fußnoten. Seine äußere Struktur ist dadurch bedingt, dass ich Lesern zügig die Dao-Schöpfungslehre als Vertreterin der universellen Schöpfungslehre erklären möchte. Dies sollte hoffentlich für viele im ersten Durchgang ohne Einbezug der Anhänge und Fußnoten möglich sein. Die Anhänge und Fußnoten helfen dabei gewisse Hürden, die für den einen Leser hoch und für den andern weniger hoch sind, zu überwinden. Das Buch hat aber auch eine innere Struktur, die den drei Themen genügt.

- Erklärung der Dao-Schöpfungslehre unter Bezugnahme auf den Dao-Pfad,
- Aufzeigen, dass es sich dabei – im Einklang mit anderen östlich-westlichen Schöpfungslehren - um die universelle Schöpfungslehre handelt,
- Anwendung der universellen Schöpfungslehre zur Revision

einiger östlich-westlichen Schöpfungsmythen.

Diese Themen werden nicht hintereinander abgehandelt, sondern ich spreche sie immer wieder an und kehre zu jedem immer wieder zurück, denn sie sind untrennbar und können nur Schritt für Schritt erfasst werden! Um sie so abzuarbeiten, sind viele Unterthemen zu bewältigen. Sie alle tragen dazu bei, Bild 2 zunehmend besser zu verstehen, um seine vielfältigen Inhalte aufzudecken.

Diese Vorgehensweise trägt der Struktur aller traditionellen Lehren Rechnung, die auf dem Wuwei-Prinzip basieren: *Alles ist mit allem verbunden.* Hinzu kommt: *Die Wahrnehmung aller Aspekte einer traditionellen Lehre ist abhängig vom Übungsfortschritt.* Je weiter fortgeschritten man ist, umso mehr kommt man zur Erkenntnis: *Alles ist Eins!* Dies sollten selbst ungeübte Leser in der Lektüre des Buches Schritt für Schritt erkennen. Diese Botschaft steckt auch hinter Sixiang (4) und allen übergeordneten Symbolen.

Kommentar zu den Referenzen

Normalerweise zitieren Autoren renommierte Personen, Zeitschriften und Journale, die - bis zu einem gewissen Grad - das absegnen, was die Autoren präsentieren und wovon sie ihre Leser überzeugen wollen. Wer möchte schon seine kostbare Zeit damit vergeuden, etwas zu lesen, das nirgendwo sonst in der Literatur schon ausreichend belobigt und bestätigt wird? Ich konnte jedoch für meine Abhandlung des Themas – man mag es nicht glauben – keine aktuellen Referenzen finden, die es auf ähnliche Weise behandeln. Auch wenn Schöpfungslehren und Mythen seit Jahrtausenden in der Literatur im unüberschaubaren Maß diskutiert und analysiert werden, so ist dieses Buch ein Novum. Wäre es anders, so hätten auch andere schon darüber berichtet, was ich hier zu Papier bringe, was jedoch nicht der Fall zu sein scheint. Dafür gibt es viele Gründe, die man beim Lesen erahnen wird.

Der wichtigste ist, dass die Veröffentlichung der Dao-Schöpfungslehre von Fangfu im Jahre 1980 auch für China ein Novum war, zumal die Dao-Lehre und ihre Praxis dort 1.500 Jahre im Untergrund unterrichtet wurden. Der zweite Grund ist, dass ich hier eine besondere Auslegekunst anwende, die dem Westen seit Untergang der griechischen Schulen verloren ging. Sie setzt die Kenntnis der Übung voraus und das, was damit erreicht wird.

Was ich hier über die Entmystifizierung berichte, hat also nichts damit zu tun, was ungeübte Analysten - oft mit viel Zustimmung von ungeübten Lesern - über die Schöpfung behaupten, auch wenn sie auf die gleichen Originalreferenzen wie ich verweisen. Ich zitiere dennoch einige ihrer Analysen. Dies tue ich einzig und allein aus dem Grund, um – aus der Taiji/Dao-Perspektive meiner Schule – deren Mängel aufzuzeigen und diese zu beseitigen. Ich kann deshalb von ungeübte Analysten, die ich zitiere, gewiss nur wenig Sympathie für meine Revision ihrer Behauptungen erwarten.

Ich zitiere im Buch insbesondere Textpassagen, die in der E-Book Version schnell im Internet zu finden sind. Dabei geht es ausschließlich um verdrehte Darstellungen, die ich nicht akzeptiere, sondern lediglich korrigiere. Dies sollten Leser, die meinen Argumenten folgen können, erkennen. Ich habe mich außerdem bemüht, dieses Buch so zu verfassen, dass es ohne Verweise zu meinen eigenen Büchern verständlich ist. Ich zitiere dennoch immer wieder MWD, TSC, TPC und TLC mit der Absicht, dass einige stark motivierte Leser ihr Wissen dort vertiefen können.

Dieses Buch wäre ohne Zweifel noch wesentlich überzeugender, wenn ich auf die vielen Bücher von Meister Fangfu verweisen und einige ihrer Inhalte zitieren könnte. Seine Bücher sind mir jedoch mangels chinesischer Sprachkenntnisse unzugänglich. Deren Inhalte sind mir nur soweit vertraut geworden, wie ich diese im Unterricht von Fangfu[52] – in chinesischer Sprache mit meist nicht sonderlich beeindruckender englischer Übersetzung – erfahren habe und im Verständnis seiner Unterweisungen hier weitergebe.

---

[52] http://www.taijixue.de/

„Danksagung" an ungeübte Analysten

Ich bin dankbar über die vielen Verzerrungen der universellen Schöpfungslehre, die „kluge" ungeübte Analysten seit Jahrtausenden verursacht haben. Sie haben somit zur Entstehung der Schöpfungsmythen beigetragen. Ohne ihre Verdrehungen könnte ich nicht das aufzeigen, was ursprünglich dahinter steckt. Selbstverständlich mag es Leser geben, die weder die Verzerrungen noch meine angebotene Entzerrung akzeptieren werden. Es ist zu erwarten, dass genügende von ihnen weiterhin die Schöpfungslehren und Schöpfungsmythen wortwörtlich nehmen, so als würden sie aus dem Munde eines Schöpfergottes stammen. Dies war über Jahrhunderte hin gang und gäbe.

Einige Zeitgenossen mögen auch darauf bestehen, dass Worte, die in „heiligen Schriften" zu finden sind, nicht infrage gestellt werden dürfen. Sie mögen es damit rechtfertigen, indem sie betonen: *Am Anfang war das Wort!* Folglich sollte man in ihrer Überzeugung Worten über die Schöpfung *(Genesis)* vertrauen, besonders in biblischen Schriften. Doch könnte dies nicht auch nur ein Mythos sein, der sich wie so viele nach dem Untergang der *philosophía* im westlichen Bewusstsein verankert hat? Schon Goethes hat *Am Anfang war das Wort!* angezweifelt und meinte: *Am Anfang war die Tat!* Doch auch dies ist ein Mythos, wie ich zeige.

Die folgenden neun Kapitel werden Schritt für Schritt erklären, was - aus daoistischer Sicht - am Anfang war und danach geschah. Sie bieten die älteste Antwort der Menschheit an, die heutzutage noch genau so aktuell ist wie vor 7.000 Jahren, als angeblich in China die Dao-Praxis (Praxis des Sterbens) entdeckt wurde.

1.0 Traditionelle Selbst- und Welterkenntnis

Allen Menschen ist zuteil, sich selbst zu erkennen und verständig zu denken.

Heraklit[53]

Menschen haben seit eh und je ein Verständnis darüber gesucht, woher sie kommen, wohin sie gehen und was der Sinn ihres Lebens ist. Dieses Thema, seit eh und je das zentrale Thema der Dao-Lehre und *philosophía,* hat Denker, Wissenschaftler, Künstler und Literaten weltweit immer wieder beflügelt und animiert, nach einer Antwort zu suchen.

Wie ich angedeutet habe und in TPC umfangreich belege, wurden viele Suchende im westlichen Kulturkreis jedoch vielmehr durch die verzerrte (manipulierte) als die wahre *philosophía* inspiriert. Worüber sie berichten, ist – aus der Sicht der Dao-Lehre – folglich ebenfalls verdreht. Es belegt in erster Linie, dass der menschlichen Phantasie keine Grenzen gesetzt sind. Ebenso belegt es: *Gleiches wird durch Gleiches erkannt.* Damit haben sich die Meister jedoch nicht begnügt.

Wie befriedigen die Meister ihre Sehnsucht?

Meister wie Laozi (6. Jhd. vor unserer Zeitrechnung), Buddha (4. - 6. Jhd.), Thales (ca. 624 - 547 v.u.Z.), Pythagoras (ca. 570 - 510 v.u.Z.), Heraklit (520 - 460 v.u.Z.), Empedokles (ca. 495 - 435 v.u.Z.), Parmenides (520/515 - 460/455 v.u.Z.), Sokrates (469 - 399 v.u.Z.), Platon (428/427 - 348/347 v.u.Z.), usw. usw. haben den Weg (Pfad) gesucht, gefunden und erforscht, der ihre Sehnsucht nach einem tiefen Verständnis der Schöpfung befriedigt. Mehr noch, sie haben ihn gelehrt und sich kompetent dazu geäußert. Es ist der Weg (Pfad), der sie in rigoroser meditativer Hinwendung zum Nichtsein das ewig

---

[53]http://de.wikipedia.org/wiki/Heraklit

63

schöpferische Jenseits durch Selbstbeobachtung erfahren lässt. Dabei haben sie die Dao-Lehre (Taijixue)[54] mit deren drei Grundprinzipien und zwei großen Lehraspekten erkannt.

Die drei Grundprinzipien sind: Wuwei (Nicht-Handeln), Ziran (Natürlichkeit) und Fanben (Rückkehr zum Ursprung). Die damit einhergehenden zwei Lehraspekte sind: Wahrheitssuche (Xiuzhen) und Lebenspflege (Yangsheng). Wuwei ist das Übungsprinzip, der Schlüssel zur Erfahrung des Jenseits. Ziran ist die Wirkung und Fanben die Folge!

Wer den Dao-Pfad lehrt, lehrt auch gleichzeitig die Dao-Schöpfungslehre. Schließlich gilt: *Der Weg nach oben und nach unten ist ein und derselbe* (Bild 2). Ohne Dao-Praxis, wird man den Dao-Pfad (Bild 2) und die damit bestätigte Dao-Schöpfungslehre missverstehen, was im großen Umfang geschehen ist. Wer mit dem Dao-Pfad vertraut ist, wird ihn in vielen östlich-westlichen Schöpfungsmythen entdecken. Er wird damit deren wahren Ursprung erkennen. Dieser verbirgt sich hinter allen Äußerungen der oben genannten und vieler anderer Meister, von denen ich einige in diesem Buch zitiere.

Deren Taiji-Wissen (Taijixue, Platon: *gnósis, epistéme;* Suhrawardi: *al-'ilm al-huduri*) verdient es deshalb als wahr bezeichnet zu werden, weil es – als Folge des Übens - in meditativer Selbstbeobachtung aus sich heraus zustande kommt. Es ist – ich wiederhole mich - durch Nichts (Wu) konditioniert! Was könnte natürlicher und wahrer sein, als was keiner Regel folgt? Wie sonst könnte man sich jemals das Neue jenseits des Vertrauten, das in der Gesellschaft nicht zu finden

---

[54] https://www.google.de/#q=Taijixue

ist, erschließen?

Die Rolle des Meisters auf dem Dao-Pfad

Man könnte sich fragen, was die Rolle des Taiji/Dao-Lehrers ist, zumal dieser ja keinerlei Anweisungen zum Üben gibt? Nun, eine seiner wesentlichsten Aufgaben ist es, den Schülern das Wuwei-Prinzip beizubringen und ihnen alle Unterstützung zu geben, es in die Praxis umzusetzen. Dies ist wahrlich eine hohe Kunst, die auf dem Dao-Pfad durch regelmäßiges Üben Schritt für Schritt erworben wird. Man würdigt sie erst dann, wenn man damit eine Zeitlang in Kontakt gekommen ist und mit diesem „seltsamen Geschäft" vertraut geworden ist.

Die Rolle des Schülers auf dem Dao-Pfad

Wer diese Kunst mit Motivation und Talent ausübt, wird als Schüler von Fangfu die Dao-Schöpfungslehre mit Leib und Seele entdecken und bestätigen. Er wird damit - in Funktion seines Übungsfortschritts - zunehmend dem Delphischen *Erkenne dich selbst*[55] einen tiefgründigen Sinn verleihen. Er wird erkennen, was sich, ich wiederhole, hinter vielen östlich-westlichen Schöpfungsmythen verbirgt: Die älteste Schöpfungslehre der Menschheit, von der die moderne westliche Welt nichts weiß und vermutlich nichts wissen will, betrachtet sie doch die Mythen als unwissenschaftlich und die moderne Evolutionslehre als wissenschaftlich.

Doch sowohl Mythen wie Evolutionslehre sind durch Hypothesen konditioniert. Lediglich die universelle Schöpfungslehre, die hinter den Mythen steckt, ist unkonditioniert (hypothesenfrei)! Ich präsentiere im Anhang I.1 vier unterschiedliche Schöpfungslehren und Mythen, von denen alle außer der (nicht verzerrten) universellen Schöpfungslehre in der Literatur anzutreffen sind.

---

[55] http://de.wikipedia.org/wiki/Gnothi_seauton

Alle reden von Wuwei

Auch wenn viele Taiji-Schulen von Wuwei reden und, wie auch immer, in ihre Übungspraxis integrieren, so aktiviert meine Schule (Taijixue) Wuwei in einem so intensiven Maß, wie ich es in anderen Schulen, die formvolle Übungen lehren, bisher nicht kennengelernt habe. Würden diese Schulen Wuwei mit der gleichen Intensität wie meine Schule kultivieren, so müssten auch sie über das berichten, worüber Fangfu unterrichtet und ich hier schreibe. Doch dies ist, meines Wissens, nicht der Fall! Ich würde gerne andere Wuwei-Schulen kennenlernen, die auch das vermitteln, was ich hier zu Papier bringe.

Übung macht den Meister

Es ist noch kein Meister vom Himmel gefallen, auch all das nicht, was über die Rolle des Menschen zwischen Himmel und Erde durch regelmäßiges Taiji-Üben in Erfahrung gebracht wird. Ohne Üben gibt es keinen Meister. Damit erfasst man eine tiefgründige Wahrheit, die sowohl Evolutionstheorie[56] wie auch Kreationismus[57] in den Schatten stellt. Der Grund ist, weil beide Lehren - aufgrund vieler Hypothesen[58] - spekulativ und somit, ähnlich wie die Mythen, durch das Diesseits konditioniert und somit eingeschränkt sind.

Mit Diesseits meine ich die Welt unterhalb A (in Bild 2), die durch die vertrauten fünf Sinne und das sie koordinierende Bewusstsein wahrgenommen wird. Hinter ihr (oberhalb von ihr) verbirgt sich die jenseitige Welt (Taiji-Welten), die übersinnlich wahrgenommen wird. Diese lässt sich durch Üben mit der Zeit immer mehr erfahren, was jedoch ganz und gar nicht leicht ist. Es ist, wie angedeutet, eine hohe Kunst *(techné).* Sie erfordert die Unterstützung des Lehrers und seine Interaktion mit den Schülern, die diese Kunst Schritt für Schritt entwickeln.

An Schöpfungsmythen, Evolutionslehre und Kreationismus zu glau-

---

[56]http://de.wikipedia.org/wiki/Evolutionstheorie
[57]http://de.wikipedia.org/wiki/Kreationismus
[58]Hypothesen sind grundsätzlich nicht beweisbar. Man muss an sie glauben!

ben, ist hingegen ein Kinderspiel! Doch wie ich zeige, kann sich hinter gewissen Schöpfungsmythen, die Kreationisten in der Regel wortwörtlich nehmen, sehr Tiefgründiges verbergen!

Schöpfungsmythen mit tiefgründigem Ursprung

Die tiefgründige Wahrheit, die in den Mythen mal mehr oder weniger stark verzerrt ist, hat sich in der Dao-Lehre (Taiji-Lehre) nicht nur erhalten können, sondern sie hat auch über die Jahrtausende hin die Form einer vollständigen Psycho-Weltformel erlangt, die durch regelmäßiges Taiji-Üben bestätigt werden kann, was nur wenigen stark talentierten und motivierten Taiji-Praktizierenden gelingt. Die Weltformel ist für sie eine nicht infrage zu stellende Wahrheit, weil sie gänzlich unkonditioniert (hypothesenfrei) zustande kam. Was könnte wahrer und natürlicher sein? Was dies im Detail beinhaltet, wird Schritt für Schritt erklärt. Siehe dazu auch Anhang I.2.

Vom konditionierten Diesseits (Sein) zum absoluten Nichtsein

Ich nenne die vertraute Welt unterhalb A (Bild 2) das konditionierte Diesseits (Sein). Es ist für jeden Menschen unterschiedlich. Es ist die Welt, mit der sich Ungeübte identifizieren. Er ist die Welt des Glaubens, die das Selbst oder Ich, die konditioniert sind, vor Übungsbeginn prägt. Je mehr der Übende auf dem Dao-Pfad von A nach D fortschreitet, umso mehr erkennt er sein natürliches (wahres) SELBST oder wirkliches ICH, worauf Sokrates mit *Erkenne dich selbst* verweist.

Der große Pfad zum unkonditionierten vorgeburtlichen Wissen

Fangfu bringt – im Einklang mit Laozi - seine Schüler ohne Sprache, Anweisung und Zielvorstellung auf den großen Pfad (Dadao). Damit erlangen sie ihr Taiji-Wissen (Taijixue, Platon: *gnósis, epistéme)*. Es ist vorgeburtliches Wissen, das nicht durch das Diesseits, das das nachgeburtliche Wissen prägt, konditioniert ist. Es ergießt sich so wie aus einem Füllhorn in rigoroser Stille über Leib und Seele. Es nimmt seinen Ursprung im absoluten Nichtsein (Bild 2). Es ist *reine Natur-*

erkenntnis, weil es unkonditioniert ist und aus sich heraus im Üben – als Wiedererinnerung *(anamnésis)* an Verborgenes - erhalten wird. Dabei werden ebenfalls aus sich heraus die fünf gewöhnlichen Sinne und das sie koordinierende Bewusstsein – in Funktion des Übungsfortschritts – erweckt und erweitert.

Pfad nach oben und Weg nach unten

Der Pfad (I) nach oben von A nach D führt zu mehr Natürlichkeit. Dabei intensiviert sich Wuwei in Funktion des Übungsfortschritts, was einer Reduktion von Youwei entspricht. Der Weg (II) nach unten von D nach A ist das Resultat der Kultivierung des Menschen, der Zunahme seiner intellektuellen Fähigkeiten und Abnahme seiner ursprünglichen Natürlichkeit (psychischen oder übersinnlichen Fähigkeiten). Er resultiert durch Reduktion von Wuwei, was einer Intensivierung von Youwei entspricht. Was der Übende auf dem Pfad (I) von A bis P (in der Pfeilspitze) erfährt, charakterisiert in umgekehrter Richtung den Schöpfungsprozess von D bis P, also die Weltentstehung und Menschwerdung.

Stufenweiser Aufstieg und Abstieg der *psyché*

Der Aufstieg und Abstieg der *psyché* auf beiden Pfaden (Wegen) erfolgt auf Stufen (Bild 2). Sie beschreiben Übergänge von einer Metamorphose der *psyché* (Qi) zur nächsten. Es sind dieselben Stufen auf dem Pfad nach oben und Weg nach unten. Der Pfad nach oben ist ein Weg ins Unbekannte. Ist er zurückgelegt, so ist der Weg nach unten bekannt.

In Platons *Symposium*[59] wird - in guter Übereinstimmung mit der Tai-ji-Lehre - auf die Stufen des Aufstiegs vom Diesseits zu Taiji (oder Wu = Nichtsein) hingewiesen: ....*dass man, von diesem irdisch Schö-nen beginnend, um jenes Schönen willen immer weiter aufsteigt, wie auf Stufen, ... damit man dann schließlich erfahre, was das Schöne selbst ist. Auf dieser Stufe des Lebens, lieber Sokrates lohnt sich, wenn irgendwo, das Leben für den Menschen: im Anschauen des ei-gentlich Schönen.*

Stufenwege (zur Erleuchtung) werden augenscheinlich in unter-schiedlichen Schöpfungslehren und den daraus hervorgegangenen Mythen (Mythologien[60]) erwähnt. Sie sind eins von vielen Indizien dafür, dass sich die Dao-Praxis (Praxis des Sterbens) oder eine sehr ähnliche Praxis dahinter verbergen muss.

Kulturelle Progression = natürliche Regression

Die Dao-Schöpfungslehre akzeptiert durchaus die biologische Evolu-tion kultureller Fähigkeiten, doch für die Dao-Meister geht diese seit eh und je einher mit der Regression der *psyché* bedingt durch den Verlust übersinnlicher Fähigkeiten. Dieser Verlust ist sozusagen der Preis für die Kultivierung (Anpassung an die Gesellschaft, Vergröße-rung des Gehirns). Doch interessanter Weise zeigen die Meister, wie man diesen Verlust rückgängig machen kann, ohne die kulturellen Fähigkeiten zu verlieren. Im Gegenteil, man verfeinert sie sogar. Ich betrachte z.B. das, was ich über die griechischen Meister berichte, als einen kulturellen Beitrag; eine signifikante Revidierung des Ur-sprungs der westlichen Kultur.

Die drei Welten bei Sokrates

Sokrates, der das Wuwei-Prinzip kannte, bezieht sich in *Timaios* (50d) auf die drei Welten (Wu, Wuyou, You), aus denen der psychi-sche *kósmos* von A nach D (Bild 2) zusammengesetzt ist: *Im Augen-*

---

[59]http://www.eh-geisberger.de/dokumente/Vortrag_Platon_Symposion.pdf
[60]Eleonore Bock: *Die Mystik in den Religionen der Welt*, PRINCIPAL VERLAG, Münster, 2011

blick aber müssen wir uns drei Gattungen denken. Das (Gebärende oder) *Werdende* (Wuyou)*, das was daraus wird* (You = Bekanntes) *und das* (Wu = Unbekanntes)*, woraus das Gebärende* (Wuyou) *geboren wird.*

Platon (Sokrates) spricht auch, wie ich noch zeige, psychische Inhalte der drei Welten und vier kreisförmigen Symbole an. Doch nirgendwo ist mir eine kompaktere und vollständigere Beschreibung des (psychischen) *kósmos* (Taiji-Welten) begegnet als bei Fangfu: *Es gibt ein Dao (Dadao), drei Welten und Neun Analytische Ansätze.* Sie ist eine kurze Zusammenfassung der Dao-Weltformel, in der die drei Welten (Sanjie) durch neun Ansätze (Jiuxi) beschrieben werden. Der Inhalt der Formel wird auf dem Pfad von A zu D zunehmend erfasst.

Creatio ex Nihilo

Es gibt in religiöser-mystischer Literatur Hinweise, die den Ursprung gnostisch-christlicher Schöpfungsmythen mit *creatio ex nihilo* (Schöpfung aus dem Nichts)[61] assoziieren. Diese Lateinische Phrase besagt, dass die Entstehung *(creatio)* des Diesseits, die das Selbst oder Ich[62] definiert, aus *(ex)* dem Nichts *(nihilo)* erfolgt. Dies lehrt, wie Bild 2 und Pfeil (II) andeuten, auch die Dao-Schöpfungslehre. Diese ist, wie ich Schritt für Schritt und zunehmend detaillierter zeigen werde, im Einklang mit der Schöpfungslehre *(kosmogonía, kosmología)* der *philosophía,* der Mutter der heutigen Philosophie. Darauf verweist exemplarisch die *Tetraktys* in Bild 1b.

Creatio ex nihilo beinhaltet also eine tiefgründige außergewöhnliche (eidetische) schöpferische Erkenntnis, die erfolgreiche Dao-Praktizierende über Jahrtausende hin mit Leib und Seele verifiziert haben und heute immer noch bestätigen können. Sie ist im Einklang mit der *kosmogonía (kosmología)* der *philosophía,* die durch Konditionierungen gnostisch-christliche Schöpfungsmythen erzeugte. *Creatio ex ni-*

---

[61] http://de.wikipedia.org/wiki/Creatio_ex_nihilo

[62] Das Selbst oder Ich umfasst das, was der Mensch bis zu einem gewissen Zeitpunkt im Laufe seines Lebens erworben hat. Es unterscheidet sich von Person zu Person. Es definiert das konditionierte Diesseits, in dem das Wissen auf konditionierte Weise erworben wurde. Dieses Selbst oder Ich wird auf dem Dao-Pfad transzendiert und stufenweise erweitert.

hilo bedeutet, dass in den Schulen der *philosophía* geübt wurde, was jedoch im Umfeld der daraus entstandenen Philosophie längst nicht mehr der Fall ist. Letztere ist spekulativ und kennt - und dies meine ich nicht abwertend - nur „willentliche (konditionierte) Gedanken-akrobatik".

Eingeschränkte Wissenschaft, Philosophie und Religion

Alle Disziplinen, die sich dem Diesseits zuwenden, sind durch das Diesseits konditioniert! Dazu gehören Philosophie, Medizin, Religion und alle Wissenschaften. Nicht dazu gehört einzig und allein all das, was durch das einzigartige Wuwei-Prinzip - im Einklang mit *creatio ex nihilo* - erlangt und bestätigt wird. Was ich andeute, bedeutet, dass all die genannten Disziplinen die universelle Schöpfungslehre nicht entdecken können. Dies gelingt nur wenn alle Hypothesen, Glaubens-annahmen, Theorien, naturwissenschaftlichen Gesetze, usw. usw., im regelmäßigen Üben über Bord geworfen werden. Wie sonst könnte gänzlich Neues - *creatio ex nihilo* – aus sich heraus zustande kommen?

Ich bin sicher, dass es genügende ungeübte Leser gibt, die darunter etwas gänzlich anderes verstehen, als ich hier erkläre. Meinungen über *creatio ex nihilo* gibt es wie Sand am Meer. Mit der Dao-Praxis (Praxis des Sterbens) als Maßstab gibt es jedoch nur eine einzige Erklärung und diese ist unreligiös und universell. Sie hat mit persönlichem Erfahren und nichts mit Glauben zu tun.

Die äußeren und inneren Wurzeln

Durch regelmäßiges Üben werden zunehmend die sechs inneren (himmlischen) Wurzeln (Yang-Liugen) erweckt, zumal sie in uns allen schlummern. Sie umfassen fünf außergewöhnliche Sinne und das sie koordinierende Bewusstsein. Sie wurden durch die Menschwerdung (Regression in Bild 2), d.h. Kultivierung (Anpassung des Menschen an die Kultur) verschüttet. Denn wie sonst könnten sie (wieder)erweckt werden? Sie ersetzen im Üben die vertrauten sechs äußeren (weltlichen, irdischen) Wurzeln (Yin-Liugen), die die fünf gewöhnlichen Sinne und das sie koordinierende Bewusstsein umfassen. Die sechs inneren Wurzeln sind während und die sechs äußeren außerhalb des Übens aktiv. Die persönliche Erfahrung der Schöpfung geht mit dem Erwecken der Yang-Liugen einher.

Die zwei Erkenntnisprinzipien

Alle vertrauten Ideologien, auf denen Wissenschaften, Religionen, Philosophien, Medizin, Gesellschaftsordnungen, Therapien, Politik, Wirtschaft, usw. und alles damit einhergehende Denken und Handeln basieren, machen sich das Erkenntnisprinzip zu nutzen: *Das Sein bestimmt das Bewusstsein.*[63] Ich nenne es das *zweite Erkenntnisprinzip,* da es die zweite (diesseitige) menschliche Natur beschreibt. Diese wird durch die äußeren Wurzeln (Yin-Liugen) erfasst und prägt diese gleichzeitig.

Dem *zweiten Erkenntnisprinzip* steht das *erste* gegenüber: *Das Bewusstsein lässt sich durch rigorose Weltabgewandtheit* (Abwenden von den weltlichen Wurzeln durch Hinwenden zu dem, was ohne sie erfahrbar ist) *meditativ erweitern.* Ich nenne es das *erste Erkenntnisprinzip,* weil es - mit den durch regelmäßiges Üben wiedererweckten Yang-Liugen - die erste Natur in uns erfahren lässt. Dies ist die ewig schöpferische Natur, die der Dao-Übende auf dem Dao-Pfad von A nach D (Bild 2) – dem Weg zurück zur Natur – damit innig erforscht.

---

[63]Dieses Prinzip ist im *Kommunistischen Manifest* verankert.
http://de.wikipedia.org/wiki/Dialektischer_Materialismus

Platon erwähnt die inneren Wurzeln

Platon bezeichnet den Einsatz der Yang-Liugen mit *sophrosýne* (Gorgias, 491e - 492 c), das mit *richtige Einsicht* (mittels des ersten Erkenntnisprinzips), aber auch fälschlich (durch das zweite Erkenntnisprinzip bedingt) mit *Besonnenheit, Besinnung* oder *besonnene Gelassenheit* übersetzt wird.

Er bezieht in *Charmides* (164a-d) *sophrosýne* auf *gnósis* (selbst beobachtetes Wissen) und in *Protagoras* (332a - 334c) auf *sophía* (Weisheit). Er schreibt in *Critias* (164d - 165a): *Ja, ich würde sagen, dass das selbst beobachtete Wissen die Essenz der sophrosýne ist; und ich stimme mit der Person überein, die in Delphi* (dem bekannten Orakel) *die Inschrift "Erkenne dich selbst" gewidmet hat.*

Die zwei Triebe: Youwei und Wuwei

Die Yin-Liugen gehen einher mit Youwei, Wirkung (Wei) aus dem Diesseits (You). Ich nenne Youwei den gesellschaftlichen Trieb. Er treibt den Mensch an zum zielgerichteten Streben und Handeln. Die Yang-Liugen werden hingegen zunehmend durch Wuwei, Wirkung (Wei) aus dem Unbekannten (Wu), aktiviert (wiedererweckt). Ich nenne Wuwei den natürlichen Trieb. Wuwei wirkt in rigoroser Stille durch Nicht-Handeln. Ohne Wuwei, Wirken (Wei) aus dem Nichts (Wu), ohne *creatio ex nihilo,* gäbe es keine Schöpfung und folglich kein Leben.

Wuwei = *philía* = Aphrodite = Venus

Wuwei = *philía* ist eine der wichtigsten Gleichsetzungen, die mein vergleichendes Studium der Taiji-Lehre und *philosophía* zutage gefördert hat. Dies schließt die Ergänzung Wuwei = *philía* = *Aphrodite* = Venus[64] mit ein. Der immateriellen *Philía*, also dem schöpferischen Trieb, wurden – wie könnte es anders sein in einer Welt, die dem unmittelbar Greif- und Begreifbaren und somit dem Anthropomorphismus[65] zugewandt ist? – in Gestalt der Aphrodite[66] ein menschliches Aussehen[67] verliehen. Dies gilt auch für *sophía*[68] und, wie schon gezeigt, für *philosophía*.

---

[64] Siehe TSC.
[65] http://de.wikipedia.org/wiki/Anthropomorphismus
[66] http://de.wikipedia.org/wiki/Aphrodite. Siehe auch TSC und TPC.
[67] http://de.wikipedia.org/wiki/Philia
[68] http://de.wikipedia.org/wiki/Sophia

Bild 4: Personifizierung der sophía[69]

Anthropomorphismus – sofern man nicht seine allegorische Bedeutung erkennt - und der Glaube an Götter gehören untrennbar zusammen. Sie gehören zum modernen materiellen[70] Weltbild. Es sind menschliche Kreationen! Sie sind das Resultat der Verzerrung der Metaphern der *philosophía,* die überwiegend das formlose Jenseits charakterisieren und deren psychische Inhalte nach ihrem Untergang ins formvolle Diesseits transferiert (projiziert) wurden. Der materiell-orientierte Westen war dafür schon viel früher als der spirituell-orientierte Osten anfällig.

---

[69]Celsus Bibliothek in Ephesus (Türkei)
[70]http://de.wikipedia.org/wiki/Dialektischer_Materialismus

Realisierung des ersten Erkenntnisprinzips durch Taiji-Üben

Das erste Erkenntnisprinzip erfordert die Selbstbeobachtung während der Dao-Praxis, die – als Folge der Anwendung des Wuwei-Prinzips *(Tue nichts im Üben, sodass das Nichtsein wirken kann)* und in Funktion des Übungserfolgs - die Yang-Liugen zunehmend (aus ihrem Dornröschenschlaf) wiedererweckt.

Die zwei Arten des Wissens

Das erste Erkenntnisprinzip liefert - in rigoroser Stille (Weltabgewandtheit) - vorgeburtliches Wissen (Taijixue[71] = *gnósis)*. Es ist durch Nichts konditioniert, also unkonditioniert. Es lässt sich nicht mit den Yin-Liugen erfassen, sondern nur mit den Yang-Liugen erfahren. Die Erfahrung, die Wuwei zu verdanken ist, wird mit Metaphern ausgedrückt und umschrieben.

Das zweite Erkenntnisprinzip liefert - im Zustand der willentlichen zielgerichteten Aktivität (Weltzugewandtheit) - das vertraute nachgeburtliche Wissen. Es ist durch das Diesseits (unterhalb A in Bild 2) konditioniert. Es ist Youwei zu verdanken und lässt sich, im Gegensatz zum Taiji-Wissen, in allgemein verständliche Worte fassen.

Glauben kontra Erfahren

Das nachgeburtliche Wissen erfordert Annahmen (Hypothesen), an die man glauben muss, was das Diesseits zur Welt des Glaubens, Meinens und Für-wahr-haltens macht.

Das vorgeburtliche Wissen basiert hingegen auf persönlichen Erfahrungen, die vom Übenden nicht infrage gestellt und somit als wahr bezeichnet werden können.

---

[71]Taijixue, der Name der Schule, bedeutet auch Taiji-Lehre und Taiji-Wissen

Das vorgeburtliche Wissen (Taiji-Wissen) kann – in Funktion des Übungsfortschritts - genauso umfassend wie das nachgeburtliches werden. Es emaniert (fliest aus) der jenseitigen unvergänglichen Welt (ersten Natur = Taiji-Welten), die mit der Dao-Praxis erkundet wird. Es nimmt seinen Ursprung im absoluten Nichts (oberhalb D in Bild 2), dem sich der Taiji-Übende, in rigoroser Stille während des Übens, ziel- und bedingungslos hingibt. Damit kann er, durch Nicht-Handeln (Nicht-Wirken = Wuwei) die Wirkung (Wei = *creatio*) von Wu *(nihilo)* spontan erfassen.

Vorgeburtliche Wissen = echtes Wissen = ewiges Wissen

Wir lesen[72] in nicht allzu schlechter Übereinstimmung mit dem, was ich im Einklang mit der Taiji-Lehre und Bild 2 berichte: *In den Schriften seiner mittleren Schaffensperiode versucht er* (Platon) *mit seiner Ideenlehre* (die er nie konzipiert hat[73]) *eine zuverlässige Basis für echtes Wissen zu schaffen. Solches Wissen kann sich nach seiner Überzeugung* (Platon vermittelt keine Überzeugung, sondern berichtet über das, was er übersinnlich erfahren hat) *nicht auf die stets wandelbaren Objekte der* (gewöhnlichen) *Sinneserfahrung beziehen, sondern nur auf unkörperliche* (immaterielle)*, unveränderliche und ewige Gegebenheiten einer rein geistigen, der* (gewöhnlichen) *Sinneswahrnehmung unzugänglichen Welt, die „Ideen[74] ", in denen er die Ur- und Vorbilder der* (diesseitigen) *Sinnendinge sieht.*

Dieser Text zeigt, dass ungeübte Analysten selbst mit dem zweiten Erkenntnisprinzip an die Platonische Wahrheit durchaus herankommen. Doch das Wesentliche bleibt ihnen dennoch verborgen, denn sie

---

[72]http://de.wikipedia.org/wiki/Platon
[73]Siehe TSC. Hinter der sogenannten Ideenlehre steckt die Förderung eidetischer Erfahrungen durch Üben!
[74]Ideen sind keine Ur- oder Vorbilder. Hinter ihnen steckt vielmehr das, was die Ideen erzeugt: Die eidetisch erfahrbaren Taiji-Welten oder kurz: Taiji!

77

sind durch ihr nachgeburtliches Wissen zu sehr eingeschränkt. Sie projizieren es in die Meister: *Gleiches wird durch Gleiches erkannt.*

Die größte Fallgrube im Erlangen des vorgeburtlichen Wissens

Je mehr der Dao-Übende vor Übungsbeginn über das Diesseits weiß, umso mehr ist er eingeschränkt, das zu erfahren, was ihm das erste Erkenntnisprinzip durch innige Selbstbeobachtung ermöglicht: Die Erfahrung von *creatio ex nihilo*. Sie erfolgt spontan und wird erst im Nachhinein, also nach der Wirkung (Wei) des Nichtseins (Wu) auf körperlicher, seelischer und geistiger Ebene wahrgenommen. Auf diese Weise wird genauso viel (unkonditioniertes) Wissen (Taiji-Wissen = wahres Wissen) erlangt, wie das (konditionierte), das sich auf das Diesseits (unterhalb A) beschränkt. Ohne unkonditioniertes Wissen lässt sich das konditionierte nicht ausreichend verstehen. Das Sein lässt sich nicht ohne Jenseits vollständig begreifen.

Als Beispiel nehme man das nachgeburtliche Wissen, das ungeübte Analysten aus der *philosophía* extrahiert und in die Lehnworte gekleidet haben. Erst wenn man ihr vorgeburtliches Wissen aufdeckt, das ihre Originalmetaphern ausdrücken, die das Jenseits charakterisieren, lässt sie sich wirklich verstehen.

Die Grenzen der vertrauten Etymologie

Die korrekte Auslegung der *philosophía* erfordert eine Auslegekunst (Hermeneutik[75]), die sich nicht auf die vertraute Etymologie[76] verlassen kann, wonach *kosmogonía* = Weltentstehung, *geometría* = Erdvermessung, *astronomía* = Sternkunde, *theología* = Gotteslehre, *philosophía* = Liebe zur Weisheit ist, usw., usw.. Was diese vertraute aber dennoch falsche Auslegung hervorbringt, sind für Iamblichos (240/245 - 320/325) nicht anderes als alte Weibergeschichten.[77] Die

---

[75]http://de.wikipedia.org/wiki/Hermeneutik
[76]http://de.wikipedia.org/wiki/Etymologie
[77]Siehe TPC und meinen dortigen Verweis auf Iamblichos, *On the Pythagorean Life,* trans. Gillian Clark (Translated texts for Historians 8; Liverpool: Liverpool University Press, 1989), 45-47; cf. Iamblichus, "Life of Pythagoras", in Pythagorean Sourcebook, Ch 23.

korrekte Auslegung erfordert das erste Erkenntnisprinzip. Alles, was aus dem Munde der Meister stammt, sollte damit analysiert werden.

Ich tue es ganz automatisch, doch mein Ziel ist es, auch meinen Lesern diese Auslegekunst beizubringen. Man muss nicht geübt sein, um sie zur Destruktion des „Luftschlosses" einzusetzen, das von ungeübten Analysten über Jahrhunderte über die *philosophía* aufgebaut wurde. Natürlich ist es leichter mit Übungserfahrung die Kunst zu erfassen und einzusetzen als ohne. Zur Kunst gehört als aller erstes, alle Äußerungen der Meister stets mit Bild 2 in Einklang zu bringen und darüber werde ich noch Einiges berichten. Dazu braucht man viele Indizien, um die Gleichsetzung einzelner Metaphern mit Bildinhalten zu rechtfertigen. Diese findet man leichter, wenn man mit dem ersten Erkenntnisprinzip vertraut ist, als wenn man es nicht ist. Als Taiji-Übender ist man es. Doch mir geht es nicht darum Übende, sondern Ungeübte damit vertraut zu machen. Ich hoffe, dass auch sie erkennen, dass hinter der universellen Schöpfungslehre eine beeindruckende logische Struktur (Bild 2) steckt, mit der ich sie Schritt für Schritt vertraut machen möchte.

Der Anfang ist die Hälfte vom Ganzen

Aristoteles (384 – 322) sollte als Platons langjähriger Schüler die Praxis des Sterbens (Dao-Praxis) gekannt haben, worauf das erste Erkenntnisprinzip basiert. Er hat aber, im Gegensatz zu Platon, wohl nicht oder kaum und wenn überhaupt, dann ohne Erfolg geübt. Ja, er hat sogar im fortgeschrittenen Alter seinen Lehrer Platon kritisiert.[78] Er meinte, dessen Lehre sei von keinerlei wissenschaftlichen Nutzen. Dennoch hat er viel von ihm übernommen und publiziert. Er mag sich – so wie Platon[79] - auf den Wissensgewinn durch die Praxis beziehen, wenn er schreibt: *Der Anfang ist die Hälfte vom Ganzen.*[80]

Eine oft zitierte Fehlinterpretation davon liest sich wie folgt[81] : *Das*

---

[78]Siehe TSC
[79]Plato: *Gesetze* 6. 753 E
[80]http://de.wikipedia.org/?title=Liste_griechischer_Phrasen/Alpha
[81]http://www.blueprints.de/erfolge-erreichen/anfangen.html

bewusste Starten ist ein wesentliches Element für das Erreichen von Zielen. Nur wer aus dem "Ich könnte oder wollte" ein "Ich entscheide und handle" macht und beginnt, ermöglicht Erfolg. Diese Analyse basiert, so wie alle Fehlinterpretationen, auf dem zweiten Erkenntnisprinzip.

Hinter dem korrekten Inhalt von *Der Anfang ist die Hälfte vom Ganzen* stecken unkonditionierte Gesetze *(nómoi)*, hinter der Fehlinterpretation eine konditionierte (unbeweisbare) Empfehlung (Meinung, Altweibergeschichte). Wer mehr zum Unterschied zwischen konditionierten und unkonditionierten Gesetzen erfahren will, den ich bereits im Zusammenhang mit der Etymologie von *astronomía* angesprochen habe, findet Information dazu im <u>Anhang I.2</u>.

Wer mehr über die „geheime" Taiji-Lehre und *philosophía* erfahren will, findet weitere Information im <u>Anhang I.3</u>.

1.1 Untergang der Pythagoreischen/Platonischen *philosophía*

Der Dao-Pfad (Weisheitsweg, Weg zurück zur Natur), den Parmenides den *Weg der Wahrheit* nennt, ging dem Westen mit dem Verschwinden der griechischen Meister verloren, was zu dramatischen Verzerrungen der hinterlassenen geschriebenen *philosophía* und ihrer ursprünglichen Metaphern, *arithmétike,* usw. führte. Darauf verweist der weit gereiste und für sein großes Interesse an vorislamischen Kulturen bekannte Philosoph Mas'udi (890 – 956) aus Bagdad in *Die Weiden des Goldes (The Meadows of Gold,* S.4)[82] :

Während unserer Reisen haben wir mit verschiedenen Königen diskutiert. [...]. Peu a peu kamen wir zu Übereinstimmungen, dass alle Spuren der (alten nicht konditionierten) *Wissenschaft verschwunden und ihr Glanz verblasst sind. Das Forschen wurde zu allgemein und hat seine Tiefe verloren. Man trifft nur noch Leute, die von Ehrgeiz und Ignoranz geprägt sind, unvollkommene Gelehrte, die sich mit*

---

[82]Mas'udi; Meadows Of Gold, Routledge, 1989

oberflächlichen Ideen zufrieden geben und die Wahrheit nicht erkennen.

Ebenso schreibt er [S.39-40]: *Die Wissenschaften wurden finanziell unterstützt, überall geehrt, weltweit befolgt; sie waren wie hohe Gebäude, die durch eine starke Basis unterstützt wurden. Danach erschienen die Christen im byzantinischen Reich, und die Lehrzentren wurden eliminiert, ihre Spuren wurden ausgelöscht und das ‚Gebäude der traditionellen griechischen Kultur' wurde wegradiert. Alles, was die alten Griechen ans Licht gebracht hatten, verschwand, und die Entdeckungen der alten Weisen wurden bis zur Unkenntlichkeit verstellt.*

Mas'udi spricht, wie man anhand meiner bisherigen Berichterstattung erkennen sollte, den Paradigmenwechsel von der einstigen Erfahrung des tiefgründigen *Lógos* (Taiji) hin zum oberflächlichen *Mythos* an, der unser heutiges philosophisch-mathematische Verständnis der griechischen Meister prägt. Der Wechsel geht einher mit einer signifikanten Reduktion des Verständnisses der Welt und des Selbst. Es war ein gewaltiger Schritt weg vom persönlichen Erfahren hin zum gesellschaftlichen Glauben (Meinen), der von den verfolgten Meistern heftig kritisiert wurde (Anhang I.4). Doch diese waren ihren aggressiven Verfolgern nicht gewachsen.

Mas'udis Aussage wird jedoch von ungeübten Analysten kaum ernst genommen, sind diese doch davon überzeugt, sie würden die *philosophía* anhand ihrer Schriften gut verstehen. Dies war nicht immer so. In älteren Kommentaren, als ungeübte Analysten noch meinten, die *philosophía* noch nicht „so gut (?) wie heute zu verstehen", wird sie oft als Geheimlehre bezeichnet. Damit wurde aber etwas anderes verbunden, als was ich im Anhang I.3 erkläre.

Wer sich mit der Verfolgung der Meister durch byzantinische Christen vertraut macht, wird erahnen, worauf sich Mas'udi bezieht.

Mangelnde Aufarbeitung der Verfolgung griechischer Meister

Vlassis Rassias[83] hat die Verfolgung der Hellenen und ihrer Meister dokumentiert. Damit bringe ich nicht zum Ausdruck, dass ich mit seiner Interpretation der erschütternden Ereignisse übereinstimme. Der Grund ist, weil er nicht – so wie fast alle ungeübten Analysten - zwischen dem religiösen Volk und den nicht-religiösen Meistern differenziert, so wie ich es tue.

Dazu zwingt mich die gute Übereinstimmung der *philosophía* mit der nicht-religiösen Dao-Lehre. Das griechische Volk glaubte an Götter (Eros, Philia = Aphrodite, Nemesis, usw.), die Meister nicht! Sie kannten noch die immateriellen psychischen Inhalte, die sich hinter den Metaphern (*éros, philía, némesis,* usw.) verbergen.

Sokrates musste ja, wie wir wissen, seine Kritik an der Vielgötterei (Polytheismus) mit seinem Leben bezahlen. Ihm wurde die Verführung der Athenischen Jugend vorgeworfen. Wären er und andere Meister, so wie die griechischen Polytheisten, mit Dogmen an die Erkundung der alten spirituellen (unkonditionierten) Wissenschaft herangegangen, so hätten sie nicht das entdeckt, was sich nur mit dem ersten Erkenntnisprinzip (Wuwei-Prinzip, *Philía*-Prinzip) erfahren lässt und worüber ich berichte.

Das Wuwei-Prinzip ging dem Westen mit Schließung der Pythagoreischen/ Platonischen Schulen im Byzantinischen Reich verloren. Seitdem wird im Westen alles, was einst in diesen Schulen damit entdeckt wurde, wie z.B. die Welten- und Selbstentstehung (*kosmogonía, kosmología),* so erklärt, als sei es konditioniert. Aus dem (psychischen) *kósmos* entstand der (physikalische) Kosmos, aus *sphairós* Sphäre, aus *mousiké* Musik, aus *theoría* Theorie, aus *geometría* Geometrie, usw. und so weiter.

Ungeübte Analysten begannen nach dem Untergang der *philosophía* vom sphärischen Kosmos, sphärischer Musik, Musiktheorie und vielen anderem Hokuspokus zu sprechen, den sie - mangels Kenntnis der Metaphern - nicht als solchen erkannten. Ihre Erkenntnisse sind

---

[83] http://www.rassias.gr/9011.html

rein spekulativ. Sie werden von den meisten Zeitgenossen geglaubt, obwohl das, was ursprünglich hinter den Metaphern steckt, einst mit Leib und Seele erfahren wurde.

Historiker haben – im Gegensatz zu Zerstörungen von materiellen Kulturgütern – bisher den Verlust des immateriellen Wuwei-Prinzips nicht zur Kenntnis genommen. Folglich können sie die weitreichenden Folgen des Verlusts für das Verständnis des unreligiös-spirituellen Ursprungs der westlichen Kultur auch nicht aufarbeiten. Er bewirkte einen signifikanten Paradigmenwechsel im Verständnis der Welt und des Selbst, der ebenfalls bisher kaum zur Kenntnis genommen wurde.

Mas'udi tritt in den Schatten von Platon

Bei einem Besuch in Harran[84] (Türkei) fand Mas'udi folgende Inschrift an einem Türklopfer eines Sabischen Hauses: *Platon sagte: Wer sich selbst erkennt, wird numinos*[85] [86]. Es liegt nahe, dass hiermit Bezug zum Sokratischen *Erkenne dich selbst*[87] genommen wird, was sich auf den Dao-Weg der *philosophía* bezieht. Dieser bekannte Spruch befindet sich gemeinsam mit der Apollonischen Weisheit, *medén ágan* (Nichts im Übermaß), an einer Säule in der Vorhalle des Apollon Tempels in Delphi.[88] Ein ähnliches Zitat findet sich bei Heraklit (Frag: DK 22 B 116): *Allen Menschen ist zuteil, sich selbst zu erkennen und verständig zu denken.*

Vollständig zu denken gelingt jedoch nicht, wenn man sich nur dem Diesseits zuwendet.[89] Das Zitat verweist auf das natürliche unkondi-

---

[84]http://de.wikipedia.org/wiki/Harran

[85]Die moderne Taiji-Lehre kennt das Wort „Gott" und „göttlich" nicht. Ich ersetze „göttlich" durch numinos. Platon glaubte nicht an Gott. Die *theologia* hat ursprünglich auch nichts mit Theologie zu tun, wie ich in TSC zeige.

[86]Numinos stammt ab von *noumenón* = Mischung aus **nous** und **phainómenon** = *nou(s) (phainó)menon,* an die man nicht zu glauben braucht, denn sie lässt sich übersinnlich erfahren.

[87]http://de.wikipedia.org/wiki/Gnothi_seauton

[88]http://de.wikipedia.org/wiki/Delphi

[89]Siehe was ich im Kapitel 8 über die Erweiterung des vertrauten kulturell geprägten Denkens zum natürlichen Taiji-Denken schreibe.

tionierte Denken, dem ich in Kapitel 8 besondere Aufmerksamkeit schenke. Es kommt auf dem Dao-Pfad aus sich heraus zustande.

1.2 Traditionelle Stufenwege

Stufenwege werden, wie ich nun zeige, in unterschiedlichen Kulturen zwischen Ost und West erwähnt. Ich werde einige davon genauer ansprechen. Wer akzeptiert, was ich über den Stufenweg in der Dao-Lehre (Bild 2) berichte, sollte keine Schwierigkeiten haben, die Stufen in den Schöpfungslehren und -mythen in unterschiedlichen Kulturen damit in Verbindung zu bringen. Die Dao-Lehre spricht, wie schon angedeutet, zusätzlich zu den 4 Metamorphosen von 3 und 9 Stufen. Die 3 verweist auf die 3 Welten und die 9 resultiert daraus, dass jede davon in 3 Subwelten (Unterbereiche) aufgeteilt wird. Die 4 Symbole (Bild 2) sind in die 9 Subwelten eingebettet. Die 3 untersten Symbole fallen in die 3 untersten Subwelten und das oberste fällt in die 3 mittleren Subwelten. Ich werde sie erklären. Doch zuvor zitiere ich einige östlich-westlichen Textpassagen, in denen sie erwähnt werden.

Der Stufenweg in der verzerrten Dao-Schöpfungslehre

Das folgende Zitat verweist auf die 9 Stufen (Metamorphosen) der Dao-Lehre[90] :

Die (chinesischen) Weltschöpfungsmythen, die überliefert wurden, handeln z.B. von der Göttin Nü Gua oder dem Urmenschen Pan Gu.[91] Auch Mythen über die Urmaterie in Form eines amorphen Dampfes, eines Welteneis oder des Konzeptes einer urzeitlichen Formlosigkeit Hun Dun finden sich in der überlieferten Mythologie. Die Weltschöpfungsmythen aus China zeigen im Unterschied zu Mythen aus anderen Kulturkreisen weder einen allmächtigen Schöpfer noch einen solchen göttlichen Willen. Viele dieser Mythen existieren in verschiedenen Versionen, z. B. der Mythos von der Trennung von Himmel und

---

[90] http://de.wikipedia.org/wiki/Chinesische_Mythologie
[91] http://de.wikipedia.org/wiki/Pangu

Erde.

In der traditionellen Mythologie wurde dann eine spätere Version zum orthodoxen Schöpfungsmythos: Die <u>Urmaterie</u> hatte die Gestalt eines <u>Hühnereies</u> und teilte sich nach 18.000 Jahren in <u>Himmel und Erde</u>. <u>Das Yang stieg auf und wurde der Himmel und das Yin fiel hinab und wurde zur Erde.</u> Zwischen <u>Himmel und Erde</u> wurde daraufhin der Halbgott Pan Gu <u>(Urmensch)</u> geboren. Nach <u>neun Metamorphosen</u> wurde er so göttlich und <u>weise</u> wie <u>Himmel und Erde</u>. Nach 18.000 Jahren bildeten dann diese drei die <u>Trinität von Himmel, Erde und Mensch</u>, woraus später die drei Herrscher hervorgingen.

Ich habe Begriffe unterstrichen, die sich, mit Verweis auf Bild 2, mit der Dao-Schöpfungslehre, die ich im Folgenden detailliert erkläre, in guten Einklang bringen lässt. Dies gelingt aber nur dann, wenn die Verzerrungen erkannt und rückgängig gemacht werden. Dies ist im vorliegenden Fall einfach, weil sie im Gegensatz zu anderen Mythen, geringfügig sind. Dies sollten meine Leser problemlos akzeptieren, sobald sie ein gutes Verständnis der Dao-Schöpfungslehre erlangt haben. Doch schauen wir uns noch in einigen anderen Kulturen um, die Stufenwege erwähnen.

Stufenwege in östlich-westlichen Kulturen

Buddha[92] wird im Tibetanischen Buddhismus[93] [94] mit Neun Stufen zur Erleuchtung[95] in Verbindung gebracht. Diese werden in verschiedenen Buddhistischen Schriften, z.B. im *Anguttara Nikaya* (IX, Nr.41)[96] , erwähnt.

Ebenso werden im Sufismus[97] neun Stufen und im Vedischen *Asht-*

---

[92] http://de.wikipedia.org/wiki/Buddha
[93] http://www.tibet.de/zeitschrift/archiv/tibet-buddhismus-15-stufenweg-zur-erleuchtung.html
[94] http://de.wikipedia.org/wiki/Lamrim
[95] http://www.alle-religionen-vereint.com/pre/index.php?page=02_Buchdeslichts_01_01_05
[96] http://de.wikipedia.org/wiki/Anguttara-Nikaya
[97] http://de.wikipedia.org/wiki/Sufismus

anga Yoga[98] acht Stufen zum Samadhi (Erleuchtung)[99] angesprochen. Gleichermaßen wird im *Opus Magnum der Alchemie*[100] der Weg zur Herstellung des Steins der Weisen[101] über vier, später drei Stufen beschrieben. Stufen werden in vielen traditionellen Kulturen angesprochen, auch wenn über deren Anzahl keine Übereinstimmung herrschen mag.

Das Wuwei-Prinzip erzeugt neun Stufen, die aus sich heraus zustande kommen. Dies macht den Dao-Pfad zum psychischen Stufenweg. Darauf könnte die Jakobsleiter[102] in Jakobs Traum[103] hinweisen (Bild 5a). Die *Genesis*[104] (28,10ff) erzählt, wie Jakob[105] im offenen Gelände schläft und im „Traum" eine „Himmelsleiter" – so die traditionelle Übersetzung des hebräischen Begriffs סֻלָּם *sullām* – sieht.

---

[98]http://www.spiritwiki.de/Ashtanga_Yoga#Der_Stufenweg_zum_Samadhi
[99]http://de.wikipedia.org/wiki/Samadhi
[100]http://de.wikipedia.org/wiki/Alchemie#Das_Opus_Magnum
[101]http://de.wikipedia.org/wiki/Stein_der_Weisen
[102]http://de.wikipedia.org/wiki/Jakobsleiter_%28Bibel%29
[103]https://www.bibelwissenschaft.de/stichwort/21230/
[104]http://de.wikipedia.org/wiki/1._Buch_Mose
[105]http://de.wikipedia.org/wiki/Jakob_%28Patriarch%29

Bild 5a: Mosaner Psalterfragment (12. Jh.)

Man mag „Traum" und „Himmelsleiter" wortwörtlich nehmen. Man kann sie aber auch als Allegorien auffassen. Ich überlasse die Auslegung meiner Hinweise meinen Lesern. Es wäre jedoch verfrüht, wenn sie schon an dieser Stelle eine endgültige Schlussfolgerung ziehen würden, zumal ich noch viel zum Thema zu berichten habe.

Vokabular in christlichen Mythen?

In christlich-gnostischen Mythen tauchen - im Zusammenhang mit Aufstieg und Abstieg der *psyché* - die Begriffe auf: *Paradies*[106] , *Ver-*

---

[106]http://de.wikipedia.org/wiki/Garten_Eden

treibung aus dem Paradies, Sündenfall[107] *, Fegefeuer*[108] *, in Sünde*[109] *geboren, Erbsünde, Schuld auf sich genommen, usw.* Sie haben absolut nichts mit der universellen Schöpfungslehre zu tun, die sich dahinter verbergen mag und die ich noch gründlich erkläre. Doch unabhängig von der noch ausstehenden Erklärung, ergibt sich schon jetzt die Frage, ob es sich bei ihnen nicht auch um Verzerrungen der universellen Schöpfungslehre handeln könnte. Ich überlasse es Lesern, die Antwort selber zu finden. Zumal ich meine These – *Mythen sind oft Verzerrungen der universellen Schöpfungslehre, die durch die Anwendung des zweiten Erkenntnisprinzips resultieren!* - noch mit weiteren Indizien belege, sollten Leser ihre Schlussfolgerung erneut zurückstellen.

1.3 Äquivalente für Taiji/Dadao in östlich-westlichen traditionellen Kulturen

Taiji bedeutet: *Vor dem allerersten Anfang und nach dem allerletzten Ende.* Dies ist kein Glaubensbekenntnis, sondern die Artikulation vieler Dao-Meister von dem, was sie über Jahrtausende mit der Dao-Praxis erfahren haben und was sich immer noch in der Taiji-Lehre (Taijixue) erfahren lässt: Das unendliche ewige Taiji, das von Laozi auch Dadao (großes Dao) genannt wird.

Es gibt alte Weisheitsschriften zwischen Ost und West, die ähnliches formulieren wie das, was Daoisten über Taiji berichten. So gibt es viele Äquivalente und Umschreibungen in der *philosophía* für Taiji. *Arché* (Anfang, Prinzip, Urstoff)[110] und *ápeiron* (Unbegrenztes, grenzenlose Welt)[111] sind zwei davon, die der obigen Beschreibung von Taiji ähneln. Auch *átomos* (Untrennbares), das fälschlich mit Atom übersetzt wird, ist ein Äquivalent von Dadao oder Taiji.[112] Doch die

---

[107]http://dc.wikipedia.org/wiki/S%C3%BCndenfall
[108]http://de.wikipedia.org/wiki/Fegefeuer
[109]http://de.wikipedia.org/wiki/S%C3%BCnde
[110]http://de.wikipedia.org/wiki/Arch%C3%A9
[111]http://de.wikipedia.org/wiki/Apeiron
[112]Siehe TSC.

88

Beschreibungen einzelner Metaphern reichen nicht aus, um sie als Äquivalente zu betrachten. Erst wenn man sie gemeinsam mit vielen anderen Metaphern, mit denen sie innig zusammenhängen, betrachtet, kann man ihre Gleichheit akzeptieren.

Taiji = Brahman?

Werfen wir nun einen Blick in die indisch-vedische und iranisch-zoroastrische Kultur, die die griechische beeinflussten.[113]

Auch dort finden wir ein Äquivalent für Taiji. Wir lesen über Brahman[114] : *Brahman ist ein unpersönliches Konzept vom Numinosen, das keinen Schöpfer und keinen Lenker beinhaltet, ein Urgrund des Seins[115] , ohne Anfang und ohne Ende. Und doch bildet es den gedacht chronologischen Anfang allen Seins. Denn dies, so die Philosophen der Upanishaden, ist die notwendige Voraussetzung dafür, dass alles Materielle und Geistige überhaupt erst entstehen kann. Obwohl attributlos, wird Brahman doch als Sat-Chit-Ananda* (Sein-Bewusstsein-Glückseligkeit) *beschrieben.*

Das Zitat liefert verzerrte Hinweise für Taiji = Brahman, was auf eine Fehlinterpretation des ursprünglichen Textes hinweist, der ebenfalls durch Üben zustande gekommen sein sollte. Dafür spricht, dass Brahman *attributlos* ist. Dies rechtfertigt Taiji = Brahman, denn auch Taiji ist *attributlos.*

Die Summe vieler Attribute ist attributlos

Wie kann es sein, dass Brahman und Taiji zwar attributlos sind, aber gleichzeitig mit vielen Attributen charakterisiert werden? Wie kann der Widerspruch, das Paradoxon, beseitigt werden? Die Antwort ist: *Die Summe vieler Attribute ist attributlos.* Wie wir wissen ist die Summe aller Richtungen richtungslos! Viele Richtungen entsprechen also keiner Richtung. Viele Attribute entsprechen also keinem Attri-

---

[113]Siehe TSC.

[114]http://de.wikipedia.org/wiki/Brahman_%28Philosophie%29

[115]Ich unterscheide zwischen Sein (Diesseits) und SEIN. SEIN = Taiji = Urgrund des Seins

but.

Dies erklärt: Alles, was über Taiji berichtet (also: mit irgendwelchen Attributen ausgedrückt) wird, kann nicht das wahre Taiji sein, weil es sich nicht mit Worten (Attributen) ausdrücken lässt. Diese sind dem formvollen Diesseits entnommen, während sich Taiji auf das formlose Jenseits bezieht. Dies gilt gleichermaßen für Brahman. Je mehr Attribute ein Begriff hat, umso weniger lässt er sich festlegen und umso tiefgründiger ist er. Nichts ist in der Taiji-Lehre tiefgründiger als Taiji (Dadao).

Was ich anspreche rechtfertigt es, dass Brahman so wie Taiji der Urgrund des Seins (10.000 Dinge) ist, den Anaximander (um 610 – 546 v.u.Z.) mit *ápeiron*[116] bezeichnet. Insofern gilt Taiji = Brahman = *ápeiron*. Dieser Gleichsetzung können, wie ich zeige, noch viele weitere Begriffe und viele Attribute zugefügt werden, was nichts daran ändert, dass Taiji (Brahman, *ápeiron,* usw.) attributlos ist. Man mache sich also keine Vorstellungen davon. Dies wäre ein Hindernis, um Taiji übersinnlich zu erfahren.

Die Beseitigung von Widersprüchen

Wie so oft, erscheint auch obiger Text über Brahman widersprüchlich. Dort steht zwar, Brahman sei ein *unpersönliches Konzept*, doch im Verweis auf *Sat-Chit-Ananda* (Sein-Bewusstsein-Glückseligkeit) wird die persönliche Erfahrung von Brahman angesprochen. Fragen wir: *Gibt es unpersönliche Glückseligkeit?* Ich kenne keine.

Wie kommt der Widerspruch zustande und wie kann er beseitigt werden? Dazu meine Antwort: Das Wort *unpersönlich* irritiert, zumal ja alles, was über das Üben erlangt wird, persönlich (subjektiv) ist. Doch wenn viele Übende unabhängig von Ort und Zeit zu übereinstimmenden persönlichen Erfahrung gelangen, so ist das Resultat auch *unpersönlich* (universell). Hier kommt ein weiteres Indiz für Brahman = Taiji.

---

[116]Die Endung on verweist auf Taiji, wie ich in TSC zeige.

Alles ist Taiji (Brahman)

Es gilt in Taijixue: *Alles ist Taiji!* In den *Chandogya Upanishad* (2.14.1) lesen wir[117] den viel zitierten identischen Ausspruch *sarvam khalvidam brahma* (wahrlich, alles ist Brahman). Wie lässt sich *Alles ist Taiji* oder *Alles ist Brahman* erklären? Dazu ist zu sagen, dass der Inhalt des Taiji-Vokabulars abhängig vom Standpunkt auf dem Dao-Pfad ist.

Für den Standpunkt unterhalb A (Bild 2), also vor Übungsbeginn, existieren – in der Vorschau - die drei Welten. Dann gilt: *Es gibt drei Welten.* Damit sind die drei Metamorphosen der *psyché* (Qi) gemeint, die die Meister auf dem Pfad von A bis D erfahren haben. Alles im Buch bezieht sich auf diesen Standpunkt, denn es ist der Standpunkt der Ungeübten.

Beschreiben die Meister jedoch ihren psychischen Zustand *(héxis)* vom Standpunkt in D, so existiert für sie nur Taiji (oder Dadao), das die drei Welten, zwei Triebe und alles was ich beschreibe hervorbringt. Insofern gilt: *Alles ist Taiji (Brahman)!* Erleuchtete, die D erreicht haben, betonen sogar: *Alles ist Nichts!* Viele Aussagen, die für Ungeübte – mit dem zweiten Erkenntnisprinzip - widersprüchlich erscheinen, sind es nicht für Geübte, die das erste Prinzip zum Verständnis einsetzen.

Weisheitstexte sind voller Metapherfallen

Meine Erklärung der Worte *attributlos* und *unpersönlich* zeigt, dass Weisheitstexte voller Metapherfallen sind, in die man leicht hineintappen kann, wenn man mit dem ersten Erkenntnisprinzip nicht vertraut ist. Ist man es, so sind die Äußerungen der Meister absolut logisch, was ungeübte Analysten jedoch kaum erkennen. Einige behaupten sogar, dass deren Lehren grundsätzlich paradox waren. Dies ist nicht der Fall. Was sie jedoch in die Meister hineindichten ist - aus Sicht der Geübten – unlogisch, auch wenn es aus der Sicht der Analysten logisch erscheint. Man denke nur an den Unsinn, den sie in

---

[117]http://de.wikipedia.org/wiki/Brahman_%28Philosophie%29

philosophía hineingedichtet haben, ohne ihn zu erkennen.

Auch Krishna kannte den Dao-Pfad

Bleiben wir bei der vedischen Schöpfungslehre und lesen wir was Krishna[118] , der von vielen als 'historisch nicht existent' angesehen wird, berichtet. Er charakterisiert in Kapitel 8 (Vers 16) der *Bhagavad Gita* (ca. 300-400 v.u.Z.)[119] vier Typen von Menschen, die 'Wege zum Seelenheil' suchen:

> 1. *diejenigen, die der Welt müde sind und den Schöpfer anbeten, um nach Erleichterung für ihr körperliches-seelisches Leid zu bitten. Auch diejenigen, die sich fürchten und sich von Ängsten befreien wollen.*
> 2. *diejenigen, die ihre Zufriedenheit in weltlichen Dingen suchen, d.h. die den Schöpfer anbeten, um mehr Reichtum, Familienglück, Macht, Anerkennung usw. zu finden.*
> 3. *diejenigen, die nach spirituellem Fortschritt suchen, um sich selbst zu realisieren.*
> 4. *diejenigen, die den ‚Weisheitsweg mit Hilfe des atman' suchen.*

Atman bedeutet Atem, womit auch Qi[120] und *psyché*[121] ausgedrückt werden.[122] Weg des Qi (*atman, psyché)* verweist auf den Dao-Pfad, weil viele vedische Metaphern mit Taiji-Metaphern, wie ich noch zeige, übereinstimmen. Wäre die vedische Lehre nicht unkonditioniert, dann wäre sie im Vergleich zur unkonditionierten Taiji-Lehre spekulativ und somit eingeschränkt.

Ich zähle mich als Taiji-Übender zur vierten Kategorie. Wenn ich meine Überzeugung zum Ausdruck bringe, dazuzugehören, so heißt dies auch, dass ich mich als *Einen unter vielen Tausenden* betrachte, der ein tiefes *Verständnis der Schöpfung* sucht. Auf die damit ver-

---

[118]http://de.wikipedia.org/wiki/Krishna
[119]http://www.bhagavad-gita.org/index-german.html
[120]http://de.wikipedia.org/wiki/Qi
[121]http://de.wikipedia.org/wiki/Psyche
[122]Siehe TSC

bundenen Schwierigkeiten verweist die Fortsetzung obiger Worte aus der *Bhagavad Gita*: *Nur einer unter vielen Tausenden sucht nach einem tiefen Verständnis der Schöpfung. Und unter diesen wird nur einer unter vielen Tausenden es finden.* Dieser Satz trifft auch für die Taiji-Lehre zu.

Ich möchte betonen, dass ich mich nicht zu denen zähle, die das tiefe Verständnis gefunden haben. Dennoch bin ich – dank meines Taiji-Wissens – überzeugt, über das auf dem Weisheitsweg des *atman* erworbene Wissen, das für mich identisch mit Taiji-Wissen ist, genügend zu wissen, um es hier zu vermitteln. Es tut sich kund in: *neti, neti* (Nicht, Nicht), *upanishad* (höchstes Wissen), *advidya* (konditioniertes Wissen) und *vidya* (unkonditioniertes Wissen). Diese Metaphern setzen die Dao-Praxis (Wuwei-Praxis, Qi-Praxis, *Atman*-Praxis) voraus, ebenso die folgenden Äußerungen, die man den *Vedischen Upanischaden*[123] entnehmen kann: *Advidya* fesselt Menschen an das Diesseits *(maya*, Schein) und *vidya* hilft ihnen, es zu transzendieren. Wenn also vedische Meister das Wuwei-Prinzip kannten, so muss deren Schöpfungslehre mit der Dao-Schöpfungslehre identisch und folglich universell sein.

Vedische Schöpfungserfahrung

Wir lesen in der *Uddhavagita,* einem Teil des *Bhagavatapurana* (Kap. 19.42–43) mit religiöser Verzerrung: *Hölle ist das Ausdehnen von Tamas* (Trägheit, geistige Dunkelheit). *Himmel ist das Ausdehnen von Sattva* (innere Harmonie, Einheit mit dem Selbst). Ich habe dem Zitat Kommentare zugefügt. Es wäre im Einklang mit der Dao-Schöpfungslehre, wenn man *Hölle* durch das konditionierte Sein (Diesseits) unterhalb A ersetzt, denn die Dao-Schöpfungslehre kennt keine *Hölle. Himmel* ist eine weit verbreitete Metapher für das (absolute) Nichtsein, die höchste aller Taiji-Welten. Eine *Hölle* lässt sich auf dem Dao-Pfad (Weg der Wahrheit) nicht entdecken. Sie könnte jedoch der Höhle oder dem *Grab der psyché* entsprechen, die für Platon Metaphern für das Diesseits (unterhalb A) sind, auf die ich noch eingehen werde. Dazu zählt auch die von Platon erwähnte Austern-

---

[123]http://de.wikipedia.org/wiki/Upanishaden

muschel.

Äquivalente für Taiji (Brahman) im Iran und Mittleren Osten

Gehen wir nun von Indien in den Iran, der die altgriechische Kultur prägte[124] . Auch dort finden wir Äquivalente für Taiji (Brahman, SEIN, *ápeiron*, etc.). Wir lesen in Strophe (31 / 8) in *Fahravahar*[125] , die Zarathustra[126] zugeschrieben wird[127] : *Oh Mazda, seit ich Dich mit meinen Gedanken als Anfang und Ende der Schöpfung erkannte, habe ich Dich mit dem Auge des Verstandes wahrgenommen.*

Auch dieser Text wäre - in Anbetracht der Taiji-Lehre - verzerrt, wenn man *Auge des Verstandes* mit vertrautem Verstand in Verbindung bringt, der durch das Diesseits konditioniert, also an die äußeren Wurzeln (Yin-Liugen) gebunden ist. Doch auch hier geht es um die inneren Wurzeln (Yang-Liugen), um das „innere Auge"![128]

Gehen wir noch einen Schritt weiter nach Westen. Wir lesen[129] dort Ähnliches wie über Taiji, Brahman und (Ahura) Mazda[130] in der *Offenbarung des Johannes* (22,13) in der lateinischen *Vulgata*-Bibelübersetzung[131] : *Ego sum α* (alpha) *et ω* (omega) *principium et finis* (Ich[132] bin das A und das O, Erste und Letzte, Anfang und Ende).

Diese bekannte Äußerung - mit offensichtlich tiefgründigem Inhalt von universeller Bedeutung - wird umso verständlicher, wenn man sie mit der „Haltung der rechten Hand" von Johannes (links unten im Bild 5b) in Zusammenhang bringt. Siehe dazu den vorderen Buchdeckel und Kapitel 6 von *The Lao Tzu Code,* der Laozi (Lao Tzu) mit

---

[124]Siehe TSC.
[125]http://de.wikipedia.org/wiki/Faravahar, Siehe auch TPC.
[126]http://de.wikipedia.org/wiki/Zarathustra
[127]http://www.zoroaster.net/indexd.htm
[128]Siehe TPC.
[129]http://de.wikipedia.org/?title=Liste_griechischer_Phrasen/Alpha
[130]http://de.wikipedia.org/wiki/Ahura_Mazda
[131]http://de.wikipedia.org/wiki/Vulgata
[132]„Ich" verweist auf Gott. Die Gleichsetzung Gott = Taiji ist nicht gerechtfertigt, da Gott nicht durch Taiji-Üben erfasst wird.

gleicher Handhaltung zeigt, die auf eine Qi-Übertragung hinweist.

Bild 5b: Darstellung von Johannes dem Täufer (links) und Gregor dem Erleuchter (rechts) in Ahtamar (Osttürkei). Man achte auf die rechte Handhaltung.

Ich hoffe, dass einige Leser anhand obiger Zitate und Bilder allmählich ein Gefühl dafür entwickeln, was dahinter stecken mag: **Die universelle Schöpfungslehre!** Es geht dabei um Jenseitiges und nicht um Diesseitiges. Ich überlasse es erneut meinen Lesern, die Ähnlichkeiten in obigen Äußerungen aus unterschiedlichen Kulturkreisen bereits zu akzeptieren oder zu verwerfen. Ich will niemanden missionieren. Die Taiji-Lehre ist keine Religion. Sie ist für alles offen und ein Wegweiser für diejenigen, die ein tiefes Verständnis der Schöpfung suchen. Ich gehe davon aus, dass meine Leser nicht bevormundet werden, sondern ihre eigenen Schlüsse aus meinen Äußerungen ziehen wollen.

Voreilige Schlussfolgerungen sind – ich wiederhole mich - aber noch nicht angebracht, denn es gibt noch viel mehr über die mögliche Universalität der christlich-gnostischen Schöpfungslehre zu berichten. Besonders aufschlussreich sind dafür das *Evangelium des Johannes* und das *Evangelium* des Thomas, der ebenfalls in Ahtamar (Akdamar) unweit von Johannes und Gregor zu finden ist. Beide Evangelien lassen die altgriechische *philosophía* erkennen.

1.4 Die wahre Natur der Dinge ist verborgen

Dao-Praktizierende ignorieren während des Übens alle Hypothesen, Erwartungen, Glaubensvorstellungen, Gebote, Wünsche, Ziele und Anweisungen. Nur so lässt sich Wuwei erfahren und die Dao-Schöpfungslehre bestätigen. Ungeübte mögen deren Erkenntnisse infrage stellen, was Geübte jedoch wenig beeindruckt, so wie Sehende auch Blinde nicht ernst nehmen können, die ihnen das Sehen erklären wollen.

Dazu Heraklit (B 55): *Was man* (persönlich übersinnlich) *sehen, hören, erfahren kann* (und nicht das was andere berichten)*, dem gebe ich den Vorzug*. Auch betont er (B 123): *Die Natur liebt es, sich zu verbergen* (d.h. für die Yin-Liugen versteckt zu halten). *Sehen, hören und erfahren* und *Natur* nehmen bei ihm Bezug auf das erste und nicht, wie man meinen mag, auf das zweite Erkenntnisprinzip, was jedoch von ungeübten Analysten in der Regel angenommen wird. Dafür liefert Heraklit viele Indizien im Einklang mit Taijixue.

Dies tun auch andere Meister, auch wenn sie ihre tiefgründigen Erfahrungen mit für Ungeübte paradox erscheinenden Worten beschreiben. Nehmen wir Suhrawardi. Er beschreibt in *Hikma al Ishraq*: *Den ,Himmel* (Wu)' *kann man hören ohne Ohren, sehen ohne Augen, riechen ohne Nase.* Ebenso betont er: *Nie habe ich einen ,schöneren Klang' gehört als von mahabba* (Wuwei = *philía*).[133] Dies alles sind Indizien für die übersinnliche (psychische, eidetische) Erfahrung der Schöpfung (*génesis*) durch Wuwei (*philía*). Was ich hier anspreche, lässt erahnen, dass mit der sphärischen Musik, die man Pythagoras andichtet, etwas nicht stimmen mag, was in der Tat so ist, wie ich noch zeige.

Kurzum, die Meister, die einst – in welchem Kulturraum auch immer - den Dao-Pfad lehrten und somit die Dao-Schöpfungslehre erkannten, würden gewaltig ihre Nase darüber rümpfen, was ihnen – in unserer „rational denkenden fortschrittlichen Zeit" - von ungeübten Analysten angedichtet wird und was ihnen „aufgeklärte Zeitgenossen" problemlos abnehmen. Kein Wunder, dass Platon das vertraute Diesseits eine Höhle (der „Befangenen") nennt.

1.5 Die allgegenwärtige universelle Schöpfungslehre in den Mythen

Die universelle Schöpfungslehre, die sich in der Dao-Schöpfungslehre offenbart, ist für Geübte absolut logisch und nachvollziehbar. Hinter ihr steckt eine Logik, die vom Übungsfortschritt abhängt. Der grundlegende Unterschied zwischen ihr und den Schöpfungsmythen ist: *Die universelle Schöpfung wird mit dem ersten Erkenntnisprinzip erfahren. Die Mythen[134] kommen dadurch zustande, dass die erfahrbare Schöpfung mit dem zweiten Erkenntnisprinzip[135] analysiert und die daraus resultierenden Spekulationen folglich geglaubt werden müssen.*

---

[133]Für Wuwei = *philía* gibt es viele Indizien, die ohne das erste Erkenntnisprinzip nicht zu finden sind.

[134]Unter Mythen verstehe ich nicht nur religiöse, sondern auch wissenschaftliche Mythen. Als Beispiel nehme man die Pythagoreische/Platonische *kosmogonía (kosmología)*, die heutzutage durch philosophische und naturwissenschaftliche Vorstellungen verzerrt ist.

[135]Zur Erinnerung: Das zweite Erkenntnisprinzip basiert auf (unbeweisbaren) Hypothesen, das erste nicht.

Bei Kenntnis der universellen Schöpfungslehre lässt sich deren Verzerrung, die zu den Mythen führte, erkennen und rückgängig machen, sofern die Mythen nicht zu verdreht sind. Dies gelingt jedoch nur mit dem ersten Erkenntnisprinzips, denn was durch Üben erfahren wird, kann nicht ohne Übungserfahrung vollständig erfasst werden. Schließlich ist der Mensch nicht das Maß aller Dinge, besonders dann nicht, wenn er sich auf das zweite Erkenntnisprinzip beschränkt.

Ich möchte keiner Institution angehören, die mich zwingt an dies oder jenes zu glauben. Ich möchte kein Analyst sein, der sich durch seinen Glauben bestärkt fühlt und dadurch einbildet, er sei das Maß aller Dinge. Auch dann nicht, wenn es darum geht, die Mythen zu analysieren und ihren Ursprung zu rekonstruieren! Anhang I.5 erklärt die Einschränkung, die der Glauben für die Erkenntnis des Daseins – damit meine ich Diesseits und Jenseits – mit sich bringt.

Schöpfungsmythen mit und ohne Gott

Während man griechisch-mittelöstliche Schöpfungsmythen, die der universellen Schöpfungslehre entsprungen sind, einen Schöpfungsgott (Gott) andichtet, ist weder ein Gott in der Dao-Schöpfungslehre noch den daraus hervorgegangenen chinesischen Mythen zu finden. Zumal viele Mythen, egal ob mit oder ohne Gott, bestens durch die Dao-Schöpfungslehre erklärt werden können, sollte auch diejenigen Mythen, die auf Gott verweisen, ebenfalls einen gottlosen Ursprung haben. Dies gilt nicht nur für alte religiöse Mythen, sondern auch für moderne wissenschaftliche (Anhang I.6), die durch Falschinterpretation der universellen Schöpfungslehre (*kosmogonía*) zustande kamen.

Mythen beflügeln die Kunst

Ungeübte Analysten verhalten sich wie Elefanten im Porzellanladen, wenn sie sich mit alten Schriften und den daraus hervorgegangenen Mythen auseinandersetzen. Es ist nicht leicht aus den Scherbenhaufen, den sie über Jahrhunderte hin erzeugt haben, das zu rekonstruieren, was sie zertrümmert haben und was für viele von uns attraktiver als das Original erscheint.

Vielleicht hilft dem einen oder andern Leser das Bild von Salvatore Rosa (1615-167)[136] mit dem Titel *Pythagoras taucht aus der Unterwelt auf,* um zu erkennen, was ich mit Scherbenhaufen meine. Das Bild zeigt, was für eine seltsame Interpretation dabei herauskommt, wenn man das zweite anstelle des ersten Erkenntnisprinzips einsetzt, um die Metapher Aufstieg der *psyché* zu interpretieren. Die sakrale Kunst ist voll mit derartigen Verdrehungen[137] , die von vielen Kunstkritikern nicht erkannt und in den Himmel gelobt werden.

Bild 6: Pythagoras taucht aus der Unterwelt auf

Leser mögen sich fragen: *Versteht Rosa Pythagoras? Kommt Pythagoras wirklich aus einer Unterwelt in diese Welt* (in der sich Leute wie Rosa als Maß aller Dinge betrachten)*? Oder stieg Pythagoras von dieser Welt, die Platon eine Höhle nennt, in höhere Welten auf?* Es gibt viele derartige Bilder[138] , die bestens dokumentieren, wie sehr doch die westliche Kultur (Kunst, Literatur, Philosophie, Wissenschaft, Musik, usw.) durch dramatische Fehlinterpretationen der schriftlichen Hinterlassenschaften der griechischen Meister beflügelt wurde.

---

[136]http://de.wikipedia.org/wiki/Salvator_Rosa
[137]Siehe TPC.
[138]Ich widme mich diesem Thema in TPC.

Bewusste oder unbewusste Verzerrung?

Ich wurde von Lesern meiner Bücher immer wieder gefragt, ob die traditionellen Lehren bewusst oder unbewusst verdreht (manipuliert) wurden? Dazu meine Antwort: *Es ist durchaus möglich, dass die alte heidnische Lehre der Meister in einigen post-traditionellen religiösen Kulturen bewusst verdreht wurde, zumal die daraus hervorgegangenen Glaubenslehren darauf fußen.* Doch wir müssen auch zur Kenntnis nehmen, dass die alte Wissenschaft ganz automatisch verdreht wird, wenn man sie mit dem zweiten Erkenntnisprinzip aus den ursprünglichen Schriften zu extrahieren sucht. Insofern ist es viel wichtiger zu fragen: *Warum ging die ‚alte Lehre' in so vielen Kulturen außerhalb von China verloren, während sie sich dort bis heute erhalten hat?*

Ich bin sicher, dass der eine oder andere Leser am Ende des Buches seine Antwort auf die Frage gefunden haben wird. Ich möchte meine niemanden aufzuzwingen. Deshalb tue ich sie nicht kund. Das Buch soll lediglich dazu anregen, sie selber zu finden. Was ich darin – so wie in allen andern Büchern - berichte, ist nur die Spitze des Eisbergs. Dieser verbirgt den tiefgründigen Ursprung der westlichen Kultur, deren Geschichtsschreiber sich einbilden, er wäre ihnen längst vertraut.

Vom *Mythos* zum *Lógos*[139]

Was im Aufstieg der *psyché* von A nach D (Bild 2) mit dem ersten Erkenntnisprinzip zunehmend erfasst wird, ist der *Lógos* (Taiji, Brahman). Was jedoch in das Erfasste mit dem zweiten Erkenntnisprinzip hineininterpretiert wird, ist *Mythos* (Mythologie), hinter dem sich die ursprünglichen Metaphern der *philosophía* verbergen.[140] In diesem Buch geht es darum, aus dem Mythos den *Lógos* (Taiji) zu rekonstruieren.

Dahinter stecken außergewöhnliche Erfahrungen, die durch die Pra-

---

[139]http://www.tattva.de/logos-und-mythos-3/
[140]Siehe TSC.

xis des Sterbens (Dao-Praxis) entdeckt wurden. Diese haben nichts mit spekulativen (mystischen) Anfängen im Verständnis der Welt und des Selbst zu tun. Was einst mit den Yang-Liugen erfahren wurde, kann nicht mit den Yin-Liugen der Ungeübten erfasst werden. Sektion 1.7 setzt dieses Thema fort. Dort geht es um die Rekonstruktion des *Lógos* vom Mythos. Dazu ein Beispiel:

Bettany Hughes schreibt[141] : *Wir denken so wie wir denken, denn Sokrates dachte so wie wir denken.* Viele Zeitgenossen wie sie sind der Überzeugung, das moderne Denken und daraus hervorgegangene Verständnis der Welt und des Selbst sei den griechischen Meistern zu verdanken. Einige Analysten behaupten, die Meister hätten ihr Denken aus mystisch-spekulativen Anfängen in altgriechischer Zeit zunehmend in das „logische" Denken unserer moderne Zeit entwickelt. Dies unterstellen sie ihnen, da sie sich angeblich mit Astronomie, Geometrie, Mathematik, usw. befassten.

Diese Behauptung ist eindeutig falsch.[142] Es ist Mythos, so wie alles was auf dem zweiten Erkenntnisprinzip zur Erklärung des ersten beruht. Doch dies erkennen die Analysten nicht. Ihnen ist es fremd, dass die griechischen Meister, so wie Daoisten, in der „guten alten Zeit" vielmehr Muße und Zeit als heutige Analysten hatten, um über Generationen hin Tiefgründiges über sich selbst und die Welt zu erkunden. Wie sonst hätten sie den universellen Dao-Pfad und die universelle Schöpfungslehre entdecken können?[143]

In anderen Worten, das Denken, das uns heute prägt, ist keiner Entwicklung vom *Mythos* zum *Lógos* geschuldet, sondern umgekehrt. Es war ein Wandel vom *Lógos* zum *Mythos*. Dieser ging einher mit dem Wandel vom persönlichen Erfahren hin zum gesellschaftlichen Glauben, der die Schöpfungsmythen erzeugte, die seit dem Ursprung der Religionen für Gläubige zu wesentlichen Aspekten ihres Glaubens

---

[141]Hughes, B; *The Hemlock Cup,* Jonathan Cape, London, 2010: Aus dem Englischen: *We think the way we do as Socrates thought the way he did. His aphorism 'The unexamined life is not worth living' is the founding principle of modern life.*

[142]Siehe TSC und TPC.

[143]Die Entdeckung fand, Fangfu zufolge, vor 7.000 Jahren statt. Ich beschreibe ihren Ursprung in TSC.

geworden sind. Die Mythen geben nicht das wieder, was dahinter steckt. Sie sind ungeübten Analysten geschuldet. Ich könnte auch sagen, dass sie durch den Glauben derer bedingt sind, die ihnen die Mythen ohne zu hinterfragen problemlos abnahmen.

Doch es besteht Hoffnung, zumindest für einige wenige Weisheitssucher, zu denen ich mich zähle, denn der Spieß lässt sich umdrehen. Das was verloren ging, kann auf dem Dao-Pfad wieder entdeckt werden. Wäre es nicht so, so hätte ich dieses Buch nicht geschrieben.

Glauben heißt nicht wissen wollen, was wahr ist

Friedrich Nietzsche (1844 – 1900)[144] konstatiert: *Glaube heißt nicht wissen-wollen, was wahr ist.* Demokrit (460 – 370 v.u.Z.)[145] beklagte schon zuvor die Einschränkung, die der Glauben mit sich bringt: *Da flehen die Menschen die Götter (theói) an um Gesundheit und wissen nicht, dass sie* (durch Üben) *die Macht darüber selber besitzen. Durch ihre Unmäßigkeit arbeiten sie ihr* (der Gesundheit) *entgegen und werden so selber durch ihre Begierden zu Verrätern an ihrer Gesundheit.* Geistiges, seelisches und körperliches Gesunden gelingt für ihn über Üben und nicht dadurch, dass man Götter und Heilige anfleht.

1.6 Die verdrehte Dao-Lehre und *philosophía*

Fangfu zufolge sind 99 Prozent aller chinesischen Analysen der Dao-Lehre verzerrt. Warum sollte die Situation bei der griechischen *philosophía* anders sein?

Das verzerrte *Daodejing*

Wir lesen folgende Meinung über das *Daodejing,* die nichts damit zu tun hat, was Laozi darin zu vermitteln versucht[146] : *Das Buch stellt*

---

[144]http://de.wikipedia.org/wiki/Friedrich_Nietzsche
[145]http://de.wikipedia.org/wiki/Demokrit
[146]http://de.wikipedia.org/wiki/Daoismus

jedoch keine logisch aufgebaute Konstruktion einer Weltanschauung dar, sondern erscheint vielmehr als eine ungeordnete Sammlung mystischer Aphorismen, die zu eigener, subjektiver Interpretation anregen. Daher entstanden im Lauf der Zeit auch mehrere hundert Kommentare als Auslegungen des Texts sowie hunderte Übersetzungen.

Dazu mein Kommentar, der auf Äußerungen von Fangfu über Laozi fußt, der als Altmeister der Taiji-Lehre gilt: Das *Daodejing* beinhaltet nur für diejenigen Menschen *mystische Aphorismen*, die es nicht zu interpretieren wissen, weil sie das erste Erkenntnisprinzip (Wuwei-Prinzip) nicht kennen. Das *Daodejing* berichtet über keine *Weltanschauung,* sondern über die erfahrbare persönliche Selbst- und Weltenentstehung (Bild 2) auf dem Dao-Pfad. Es ist daher unkorrekt zu behaupten, es gäbe *keine logisch aufgebaute Konstruktion,* die sich hinter der *ungeordneten Sammlung*[147] verbirgt. Im Gegenteil, das *Daodejing* ist *logisch aufgebaut,* was man mit zunehmender Übungserfahrung immer besser erkennt. Die Logik ist jedoch erfahrungsabhängig. Dazu braucht man die Hilfe des Dao-Lehrers. Nur dann merkt man immer mehr, dass das *Daodejing* nicht *zu eigener, subjektiver Interpretation anregen* soll, sondern die einzigartige persönliche Erfahrung der Schöpfung vermittelt, die nicht infrage gestellt werden kann.

Zumal – besonders im Westen, wo Meinungsfreiheit als hohes Gut angesehen wird - die *subjektive Erfahrung von Laozi im Daodejing* ungeübte Analysten immer wieder dazu *angeregt hat,* ihre Meinung *zum Daodejing* zu äußern, darf es nicht verwundern, dass dort *mehrere hundert Kommentare als Auslegungen des Texts sowie hunderte Übersetzungen* entstanden sind. Das ist mit den *Auslegungen* der Meister der *philosophía* noch tausendmal schlimmer. Warum ist dies so? Die Antwort ist: *Welcher Analyst möchte nicht sein Ansehen durch Hinwenden zu „berühmten Personen" erhöhen? Welcher Analyst möchte nicht das über sie äußern, was bei der großen Menge*

---

[147]Die Sammlung ist in der Tat ungeordnet, zumal das *Daodejing* auf Bambusstäbchen verfasst war, die mit Fäden zusammengehalten waren. Da sie verrotteten, fand man die Bambusstäbchen nicht in der ursprünglichen Reihenfolge vor.

(Masse) *Anklang findet?* Doch damit kommt man der Wahrheit nicht auf den Grund!

Eine übereinstimmende Meinung ist kein Kriterium für Richtigkeit

Je mehr Menschen die gleiche Meinung über die Schöpfung äußern, umso mehr werden die von ihnen erzeugten Mythen als wahr empfunden und akzeptiert, was jedoch kein Kriterium für ihre Richtigkeit ist. Auf diese Weise wurde viel Mystisches erzeugt. Dazu ist folgendes zu sagen: *Ich habe in all den Jahren, in denen ich mit Fangfu in Kontakt bin, kein einziges Mal das Wort Mystik von ihm im Zusammenhang mit Taijixue gehört.* Wer es zur Analyse von Laozis *Daodejing* benutzt, weiß nicht um was es dort geht. Mystisch ist das, was man ins *Daodejing* hineindichtet.

Nur die eigene Erfahrung zählt

Ich habe vor Übungsbeginn versucht, das *Daodejing* - anhand unterschiedlicher Übersetzungen - zu verstehen. Ich habe mir sogar immer wieder ein Verständnis eingebildet, von dem ich jedoch - in Funktion meiner Taiji-Übungserfahrung - zunehmend abkam. Wenn ich heutzutage eine Übersetzung des *Daodejing* lese, so erkenne ich schon nach ein paar Sätzen die Verzerrungen und lege das Buch zur Seite. Bei den Analysen der *philosophia* geht es mir nicht anders. Ich bin überzeugt, die Meister wären schockiert, wenn sie zur Kenntnis nehmen müssten, was man ihnen andichtet.

Es gibt nur eine einzige richtige Erklärung des *Daodejing*

Alles im *Daodejing*, auch wenn es ihm ohne erstes Erkenntnisprinzip kaum zu entnehmen ist, bezieht sich auf die formlose Taiji-Übung (Wuwei-Praxis). Ohne sie macht das *Daodejing* für Dao-Praktizierende keinen Sinn, auch wenn Ungeübte und Praktizierende stilvoller Taiji-Schulen meinen, sie könnten ihm den wahren Sinn verleihen. Eins der vielen Bücher von Fangfu – sie sind alle in Chinesischer Sprache verfasst - liefert die Interpretation des *Daodejing*, die sich seit Laozi in der ununterbrochenen Genealogie von Meistern von Tai-jixue (Taijimen) erhalten hat.

Ihr stehen unzählige durchaus plausible, aber verzerrte Auslegungen gegenüber. Der Unterschied zwischen der Originalinterpretation und den Verzerrungen wird von den meisten ungeübten Zeitgenossen nicht erkannt, was ebenso für die Schriften und Fragmente der *philosophía* zutrifft. Was wir von ungeübten Analysten darüber erfahren ist *Mythos* und kein *Lógos*.

Die verdrehte *philosophía*

Ich habe nachdem ich, dank der Taiji-Lehre, mit dem *Daodejing* zunehmend vertrauter wurde, nach Analysen der *philosophía* gesucht, die dem ersten Erkenntnisprinzip genügen. Ich habe, seitdem deren Meister ein für alle Mal von der Weltbühne verschwunden sind, keine gefunden. In allen Analysen wurde das zweite Prinzip angewandt. Die daraus resultierten Verzerrungen erscheinen für viele von uns plausibler, als was ich hier präsentiere. Lügen, die oft genug wiederholt werden, werden früher oder später als wahr empfunden.

Verdrehte *philosophía:* Ein Exportschlager

Die verdrehte *philosophía* ist zum „Exportschlager" vom Westen in den Fernen Ost geworden. Damit meine ich, dass immer mehr östliche Analysten sich ihr zuwenden, sind sie doch beeindruckt von der „Klugheit der alten Griechen" und all dem, was man der *philosophía* über Jahrhunderte (fälschlich) entnommen hat.

Übersetzer sind Verräter

Was von ungeübten Analysten in die *philosophía* hineingedichtet wurde und immer noch wird, bestätigt denen, die ihre Originaltexte mit dem ersten Erkenntnisprinzip erfassen, das italienische Sprichwort: *traduttore traditore* (Übersetzer sind Verräter). Platon liefert die Ursache für den Verrat: *Der Körper* (die vertraute körperliche Welt) *ist das Grab der psyché*. Sie ist ebenso: *Das zweite Erkenntnis-*

prinzip kann nicht zur Erklärung des ersten benutzt werden! Oder: *Was mit den Yang-Liugen erfahren wird, lässt sich nicht über die Yin-Liugen erfassen!* Die Grenze, die uns *Gleiches wird durch Gleiches erkannt* setzt, lässt sich nicht spekulativ, sondern nur durch Üben überschreiten.

1.7 Die Rekonstruktion des *Lógos* vom Mythos

Der Mythos, den ungeübte Analysten über Jahrhunderte in den *Lógos* (Taiji) - die griechische Taiji/Dao-Lehre[148] - hineingedichtet haben, lässt sich rückgängig machen. Ich habe mich dieser Herausforderung in all meinen Büchern inklusive diesem gestellt. Dabei geht es mir darum, ungeübten Lesern das Taiji-Wissen (*gnósis, epistéme, sophón*) zugänglich zu machen.

Ich hoffe, sie damit – allegorisch gesprochen - aus der „Platonischen Höhle" herauszuführen, so wie sie Platon im *Höhlengleichnis*[149] beschreibt (Anhang I.7). Er charakterisiert darin den „Pfad aus der Höhle". Es geht dabei - was anderes könnte es sein? - um den Aufstieg der *psyché* (Bild 2). Es geht um die Regression, den Weg zurück zur schöpferischen Natur *(phýsis)*.[150]

„Höhle" ist eine Metapher für die Welt, in der man die Dinge verdreht wahrnimmt, so wie es uns die ungeübten Analysten ausgiebig demonstrieren. Sie hat die Eigenschaft, dass diejenigen, die in ihr leben, nicht erkennen, dass sie „Höhlenbewohner" sind. Zu ihnen zählen viele „kluge aufgeklärte Höhlenforscher".

Man mag das Höhlengleichnis schon an dieser Stelle lesen, doch das Verständnis darüber sollte am Ende des Buches tiefgründiger als hier sein, zumal ich noch mehr über die Dao-Lehre und *philosophía* berichte. Es intensiviert sich nicht nur in Funktion des Übungsfort-

---

[148]Die *philosophía* wurde ursprünglich *theologia* genannt, wie ich in TSC zeige!

[149]http://de.wikipedia.org/wiki/H%C3%B6hlengleichnis

[150]*Phýsis* ist nicht die Natur im heutigen Sinn, sondern die Natur, die auf dem Dao-Weg – dem Weg zurück zur Natur – durch die Dao-Praxis zunehmend durch Selbstbeobachtung erfasst wird.

schritts, sondern auch durch wiederholtes Lesen der Theorie. Das Verständnis erhöht sich im Wechselspiel zwischen Theorie und Praxis. Beide befruchten sich einander. Dies lässt uns Fangfu verstehen: *Der Inhalt eines jeden Satzes über die Taiji-Lehre vertieft sich in Funktion des Übungsfortschritts.*

Dies sollten sich ungeübte Analysten zu Herzen nehmen, denn sie haben ein Dilemma, dessen sie sich nicht bewusst sind (Anhang I.8). Es besteht darin, dass sie meinen, die geschriebene *philosophía* reiche aus, um zu verstehen, um was es bei der *philosophía* geht. Sie erkennen nicht ihr Kognitionsproblem. Sie befinden sich – allegorisch gesprochen - im platonischen „Höhlendelirium[151] ". Den Weg daraus zeigt *philía* (Wuwei).

---

[151]Auch Suhrawardi benutzt den Begriff Delirium im gleichen Sinn wie ich. Siehe: Shihabuddin Yahya Suhrawardi (Author), Jr. W. M. Thackston (Translator): *The Mystical & Visionary Treatises of Shihabuddin Yahya Suhrawardi*, The Octagon Press, 1982.

Philosophía = mit *philía* (Wuwei) zur *sophía* (Weisheit)

Empedokles (Frag. 128) berichtet oft über *philía* und umschreibt sie mit *Königin Cypris* (Aphrodite[152] , Venus), was darauf hinweist, dass *philía* eine tiefgründige Bedeutung hat. Auch Wuwei gilt in der Taiji-Lehre als das höchste Prinzip. Beide Aussagen liefern eins von vielen Indizien[153] für Wuwei = *philía*[154] und *philosophía* = Taiji-Lehre.[155] Mehr noch, sie sorgen dafür, dass *philosophía* nicht, wie immer wieder behauptet wird, mit „Liebe zur Weisheit" zu übersetzen ist, sondern mit: *Philosophía* = mit *philía* (Wuwei) zur *sophía* (Weisheit)

Wuwei (*philía*) ist: Wirken (Wei) aus dem Unbekannten (Wu). Wuwei (*philía*) agiert in der Weltabgewandtheit (Loslassen, Geschehen-lassen, Nicht-tun)! Ich nenne es den (schöpferischen) natürlichen Trieb. Er ist ein Attribut von Taiji und die Basis für das erste Erkenntnisprinzip. *Philía* wird mit Liebe übersetzt. Das ursprüngliche Wort verweist direkt auf die *philía*-Praxis (Praxis des Sterbens).

---

[152]http://de.wikipedia.org/wiki/Aphrodite

[153]Weitere Indizien sind in TSC und TLC aufgeführt

[154]Diese Gleichung ist nur gültig unter der Voraussetzung, dass der Taiji-Übende eine Qi-Übertragung vom Meister erhalten hat, die ich in TLC erkläre. Ohne die Übertragung kann Wuwei, das Wirken (Wei) aus dem Unbekannten (Wu), negative Auswirkung auf den Übenden haben.

[155]Diese Gleichung setzt voraus, dass die Praktizierenden beider Traditionen eine Qi-Übertragung erhalten haben. Ich belege ausgiebig in TLC, dass dies auch in den Schulen der *philosophía* der Fall war.

Youwei ist das Gegenteil von Wuwei. Es ist Wirken (Wei) aus You (Sein = Diesseits). Youwei wirkt in der Weltzugewandtheit (willentliches Streben, Handeln, Wollen, Kontrollieren, Agieren, Durchführen von Ritualen, formvollen Übungen, usw.). Ich nenne es den gesellschaftlichen Trieb. Er ist ein Attribut des Diesseits und die Basis für das zweite Erkenntnisprinzip.

Die Griechen bezeichnen Youwei mit *neíkos,* das mit *Streben* aber auch fälschlich mit *Hass* übersetzt wird. Youwei = *Streben* ist eine akzeptable Übersetzung und somit ein Indiz dafür, dass das Gegensatzpaar (*philía, neíkos*) dem Gegensatzpaar (Wuwei, Youwei) entspricht.

Wuwei ist der Schlüssel zu allen traditionellen Lehren inklusive der *philosophía,* wie ich im Anhang I.9 zeige. Wuwei (*philía*) vermindert die Weltzugewandtheit und Youwei (*neíkos*) vermehrt sie. Ohne Wuwei (*philía*) gibt es keinen Aufstieg in höhere Welten (Bild 2). Laozi: *Der Weise erfasst ohne Abstraktion, und erreicht alles ohne Aktion.* Er erlangt also alles absichtslos mit Wuwei (*philía*) und nicht absichtsvoll mit Youwei (*neíkos*).

Youwei wirkt Wuwei entgegen und umgekehrt. Beide Triebe brauchen einander. Mehr noch, sie erzeugen einander. Sie stehen in dialektischer Interaktion. Wuwei (*philía*) „treibt" - im Zustand der Weltabgewandtheit - das Unbekannte (Wu), oberhalb der Pfeilspitze (P) in Bild 2, ins zunehmend Bekannte (You) unterhalb P, das mit den wieder erweckten Yang-Liugen erfasst wird. Alles Neue kommt so im Üben, dank Wuwei (*philía*), aus sich heraus zustande. Es basiert auf der Regel, dass es keine Regel (Hypothese, Theorie, Lehre, Annahme, Konditionierung) gibt.

Wuwei (*philía*) vermehrt (intensiviert) sich im Aufstieg, während sich Youwei (*neíkos*) dabei vermindert (reduziert). Somit kommt es zur Wiedererinnerung *(anamnésis)* an archaisch Verborgenes (Vorge-burtliches), aus dem das Taiji-Wissen *(gnósis, sophón)* zusammenge-setzt ist. Es ergießt sich peu à peu aus Taiji so wie aus einem Füll-horn *(pléroma)*.

„Liebe" im *Symposium*

Ich komme erneut im nächsten Kapitel auf Platons Stufenweg im *Symposium*[156] zu sprechen. Dort werden wir mit den wirren Überset-zungen *Weihen der Liebe* und *Ziel des Liebesweges* konfrontiert. Analysiert man mit dem ersten Erkenntnisprinzip die sich dahinter verbergenden Metaphern, so nehmen diese Bezug auf *Éros* (Wuwei-Qi) und somit auf *philía* (Wuwei), die beide untrennbar sind. Wuwei wird mittels des Wuwei-Qi (Taiji-Qi) erfasst. Qi ist, so wie Taiji und Wuwei, für Ungeübte schwer zu verstehen. Es ist für Übende jedoch eine Realität, die sie nicht infrage stellen können.

Philía hat nichts mit der uns vertrauten Vorstellung von Liebe zu tun (Anhang I.9). Schließlich bezieht sich alles in der *philosophía*, so wie in Taijixue, auf den Dao-Pfad (Parmenides: Weg der Wahrheit), was nicht oft genug betont werden kann. Dies gilt auch für *Éros* (Wuwei-Qi) und *philía* (Wuwei). Hätten die griechischen Meister kein Qi ge-kannt, so wäre sie nicht das, was ich ihnen unterstelle.

Buddha lehrte Wuwei

Für die Implementierung von Wuwei bedarf es eines Lehrers (Taiji-Lehrers oder Dharma-Lehrers), so wie es Buddha in der *Diamant Su-tra*[157] zum Ausdruck bringt:

---

[156]http://www.magedanz-online.de/platon3.htm
[157]http://maitreyatestament.blogspot.de/2012/06/diamond-sutra.html

Der Dharma-Lehrer lehrt kein Dharma, was gleichbedeutend ist, dass er das Dharma (Methode) *lehrt* (SHUO FA ZHE, WU FA KE SHUO, SHI MING SHUO FA).

Das *Dharma* eines Dharma-Lehrers, so wie Buddha, beinhaltet also keine Methode, keine Anweisung, keine konditionierte Lehre oder Instruktion, an die man glauben muss. Wie könnte man damit jemals Neues aus dem Jenseits erfahren? Wie könnte etwas neu geboren werden, wenn man an Hypothesen (Konditionierungen) festhält? Wir lesen in der *Diamant Sutra*[158] über all das, was konditioniert zustande kommt:

Alle konditionierten Wege (Lehren = Dharmas) *sind wie Träume, Illusionen, Schatten, Tautropfen und Blitze, und sollten so gesehen werden* ('YI QIE YOU WEI FA, RU MENG HUAN PAO YING, RU LU YI RU DIAN, YING ZUO RU SHI GUAN').

Diese Worte deuten an, warum Platon das konditionierte Diesseits als

---

[158]http://maitreyatestament.blogspot.de/2012/06/diamond-sutra.html

„Höhle (der eingeschränkten Erkenntnis)" allegorisiert, der es zu entfliehen gilt, so wie er es im *Höhlengleichnis* (Anhang I.7) beschreibt.

Üben, üben, üben

Ich, ein leidenschaftlicher Kopfmensch, konnte Fangfus Empfehlung formlos zu üben anfänglich kaum, jedoch nach vielen Übungsjahren nun umso besser verstehen. Heute akzeptiere ich: Regelmäßiges Taiji-Üben ist die *conditio sine qua non* (uneingeschränkte Voraussetzung), um die Meister und den *Lógos* (Taiji, Dadao) zunehmend besser zu verstehen. Dies kann bei den Griechen nicht anders gewesen sein.

Warum formlos üben?

Der gebärende Ursprung von allem Neuen ist formlos, denn was Form hat ist bereits festgelegt (konditioniert, ausgerichtet). Es gehört schon zum Diesseits. Formlosigkeit ist hingegen ein Attribut des gebärenden Taiji, was viele Attribute und Umschreibungen hat, was gleichbedeutend damit ist, dass es unbeschreiblich (attributlos) und somit tiefgründig ist. Es stellt folglich eine Herausforderung dar, ergründet zu werden, was nur durch formloses Üben möglich ist.

Die beste Haltung für Übende ist die formlose Taiji-Stehposition. Fangfu: *Stehen ist besser als Sitzen und Sitzen ist besser als Liegen!* Stehen ohne Absicht ist offen für alle Bewegungsrichtungen und somit für alles Neue, was selbstbewegt zustande kommt. Daraus ist das Taiji-Wissen (*gnósis, epistéme*) zusammengesetzt. Es ist insofern eine Wiedererinnerung *(anamnésis)* an Verborgenes, weil sie von allen Meistern zwischen Ost und West bestätigt wird.

Das Stehen bei Sokrates

Platon erwähnt im *Symposium* das „Stehen des Sokrates". Doch leider wird von ungeübten Analysten, denen die ungeschriebene Lehre *(agrapha dogmata)* nicht vertraut ist, verkannt, was es bewirkt. Dies entnehme ich z.B. der Textstelle aus dem *Symposium* (220 d)[159] : *Nämlich in tiefes Nachdenken über irgendeinen Gegenstand versenkt, blieb er* (Sokrates) *von frühmorgens an auf demselben Flecke stehen und wich, da er das Gesuchte nicht finden konnte, nicht von der Stelle, sondern verharrte in unablässigem Nachsinnen.* Sein „Stehen" hat nichts mit zielorientiertem (bewusstem) *unablässigem Nachdenken* (Kontemplieren) *über irgendeinen Gegenstand* zu tun. Es geht genau um das Gegenteil.

Es geht darum, in rigoroser Weltabgewandtheit – ohne Abstraktion und Aktion - Wuwei (*philía*) und Qi (*psyché, éros*) zu aktivieren, um die Wiedererinnerung zu ermöglichen, die uns die vertraute Weltzugewandtheit nun einmal nicht anbietet. Sie dient der Selbst- und Welterkenntnis. Sie ist die Essenz der Wahrheitssuche (Xiuzhen) und Lebenspflege (Yangsheng).

Üben in Jerusalem im 2. Jhd. v.u.Z.

Wir lesen in meiner Übersetzung[160] : *Im 2. Jhd. v.u.Z. gab es Juden, die ernsthaft davon überzeugt waren, sie seien Verwandte der Spartaner, die die sprichwörtliche Tugendhaftigkeit des Gesetzes der Spartaner mit dem Gesetz Moses gleichzusetzten hätten. ... Gymnasien wurden gebaut, wo sich die Jugend der Stadt (mit „Priestern" unter ihnen) – auf die griechische Weise - nackt austoben konnten.*

Weil sie wegen ihrer Beschneidung von griechischen Beobachtern ausgelacht wurden, haben sich viele dieser jungen Männer in Jerusalem einer kleinen improvisierten Chirurgie unterworfen, um ihre Identität zu verbergen (1 Mace. 1.15); *dies war eine Operation, die noch zu Jesus' Zeiten unter den Juden der Diaspora im 1.Jhd n.u.Z.*

---

[159]http://platon-heute.de/die-gleichnisse.html

[160]Aus dem Englischen (http://www.american-buddha.com/lit.porphyryagainstchristians.e-pi.htm):
By the second century B.C.E., there were Jews who earnestly believed that they were the kinsmen of the Spartans, and who equated the proverbial fairness of Spartan law with the law of Moses. ....Ridiculed for the "mark" of their circumcision by Greek spectators at these games, masses of the young men of Jerusalem underwent an improvised piece of surgery to create a new penile foreskin to disguise their identity (1 Mace. 1.15), an operation still performed in Jesus' day and among the Jews of the diaspora in the first century C.E.

vorgenommen wurde (1 Cor. 7.18). Der Text ist wie üblich verzerrt. Ich erkläre einige seiner Metaphern in TLC.

Nichts ist natürlicher (wahrer), als was persönlich unkonditioniert erfahren wird

Die Taiji-Lehre, die die Dao-Schöpfungslehre hervorbringt, ist eine säkulare-spirituelle Lehre, so wie Psychologie, Psychotherapie und viele anderen Lebenswissenschaften. Sofern diese sich auf die Yin-Liugen verlassen, sind sie durch das Diesseits konditioniert, was für die Taiji-Lehre nicht zutrifft. Diese eröffnet Übenden durch Wuwei die Möglichkeit, wesentlich tiefgründiger in die Taiji-Welten einzudringen, als dies konditionierte Disziplinen (Techniken, Meditationen) heutzutage können.

Die Tiefgründigkeit von *Gleiches wird durch Gleiches erkannt*

Ich habe schon die Rekonstruktion des *Lógos* vom Mythos angesprochen und betont, dass sie nur durch Üben möglich ist, was nicht bedeutet, dass sie Ungeübten nicht erklärt, von ihnen nachvollzogen und bis zu einem gewissen Grad sogar selbst zur Auslegung der Weisheitsschriften eingesetzt werden kann. Je fortgeschrittener man ist, umso besser gelingt dies.

Kein Geübter kann jedoch seine übersinnliche Dao-Erfahrung Ungeübten vermitteln. Ja, er kann sie sogar auch nicht Geübten mitteilen, die noch nicht so weit wie er auf dem Dao-Pfad fortgeschritten sind. Es gilt für jede Entwicklungsstufe: *Gleiches wird durch Gleiches erkannt.* Nur Geübte, die dieselbe Entwicklungsstufe erreicht haben, können sich über ihre eidetischen Erfahrungen austauschen.

Dies heißt – ich wiederhole mich - aber nicht, dass man die „trockene Theorie" Ungeübten nicht erklären könnte, die der Dao-Pfad und die damit einhergehende Dao-Schöpfungslehre hervorbringen. Wäre dies nicht der Fall, so hätte ich dieses Buch nicht verfassen können, obwohl ich meine persönliche übersinnliche Erfahrung darin nicht vermitteln kann. Dennoch hoffe ich, dass auch die „trockene Theorie" genügend Leser anspricht, wird sie doch in unzähligen Schriften in verdrehter Form angeboten.

Mit *philía* zu *sophía*

Ich kann in diesem Buch nicht noch einmal die Entzerrung vieler wichtiger Lehnworte der *philosophía* durchführen, die in TSC systematisch vorgenommen habe. Ich betrachte hier nur exemplarisch die beiden Metaphern *philía* und *sóma,* da sie für dieses Buch besonders wichtig sind. *Philía* wird mit Liebe übersetzt und ist eine Metapher für Wuwei (Anhang I.9). Sóma wird mit Leib übersetzt, ist aber auch eine Metapher für das vertraute Diesseits, die körperliche Welt. Es geht in der *philosophía* darum, *sóma* (körperliche Welt) zu verlassen und durch Üben mit *philía* in die psychischen Taiji-Welten aufzusteigen (Anhang 10).

Viele ungeübte Analysten meinen, Platon hätte eine geringschätzige Meinung für seinen Leib gehabt und sich intellektuellen (geistigen, mentalen) Dingen hingeben, denn wie sonst hätte er (die ihm angedichtete) Astronomie, Geometrie, Arithmetik, usw. betreiben können? Er war jedoch ein Protagonist des ersten und sein Schüler Aristoteles des zweiten Erkenntnisprinzips. Mit aristotelischem Denken lässt sich das platonische Denken nicht erfassen. Mehr über beide Männer findet man in Anhang I.11 und über deren unterschiedliche Denkweisen in Kapitel 9.

1.8 Das Dao wird in Metaphern ausgedrückt

Fangfu: *Das Dao kennt keine Sprache.* Dies bedeutet für den Dao-Übenden: *Alles was auf dem großen Pfad* (Dadao) *spontan durch Wuwei* (philía) *in zunehmenden Maß erworben wird, wird weder durch sprachliche Anweisungen des Lehrers, noch durch eigene erlangt.* Es wird dadurch erlangt, dass der Übende in der Praxis von allem Vertrauten loslässt, das er über die Sprache erfasst hat. Dies klingt einfacher als es ist, denn es lässt sich nicht ohne kompetente Hilfestellung des Lehrers realisieren.

Es ist für das Verständnis dieses Buches nicht notwendig zu wissen, was im Detail die Hilfestellung beinhaltet. Sie dient einzig und allein dem Zweck, im Schüler Wuwei zu erwecken und Schritt für Schritt zu intensivieren. Auf diese Weise dringt er – bei genügend Talent und Motivation - zunehmend in die höheren Taiji-Welten von A nach D (Bild 2) ein und erfasst die Metaphern, die deren Wirkung auf ihn beschreiben.

Metaphern sind dem Diesseits entliehen

Kein normaler Mensch würde „Ich habe die Nase voll" wortwörtlich nehmen, was Analysten der *philosophía* hinsichtlich *arithmétike, astronomía,* usw., die sich auf das Jenseits beziehen, jedoch umfangreich getan haben, ohne zu merken, dass sie damit „auf den Bauch gefallen" sind. *Astronomía* hat z.B. nichts, wie schon angesprochen, mit der Gesetzmäßigkeit der Sterne *(astra), geometría* nichts mit Erdvermessung (Geometrie) und *philosophía* - mit *philía* (Wuwei) zur *sophía* (Weisheit) - nichts mit Philosophie zu tun. Kein Schüler von Platon hätte diese und alle anderen Metaphern wortwörtlich genommen. Dies gilt ebenso für das Vokabular in den Schöpfungsmythen.

Worte vermitteln nur die halbe Wahrheit

Worte sind nicht nur zur Erfahrung des Jenseits, sondern auch zur Beschreibung des Diesseits mit einer Unschärfe behaftet, worauf Werner Heisenberg (1901-1976), der Entdecker der Unschärferelation[161] hinweist: *Jedes Wort und jeder Begriff, so klar er uns auch erscheinen mag, hat nur einen begrenzten Wert.* Herman Hesse (1877-1962) äußert sich ähnlich: *Alles was in Worte gefasst werden kann, ist nur die halbe Wahrheit. Worten fehlt die Vollständigkeit und Einheit.* Ebenso schreibt Hesse: *In jeder Wahrheit steckt das Gegenteil.*

---

[161]http://de.wikipedia.org/wiki/Heisenbergsche_Unsch%C3%A4rferelation

2.0 Dadao: Stufenweiser Aufstieg der *psyché*

Auf dieser Stufe des Lebens, lieber Sokrates, erklärte die Freundin Diotima aus Mantinea, ist, wenn irgendwo, das Leben für den Menschen erst lebenswert, da er das Urschöne schaut, ...

Platon

Ich erkläre nun den stufenweisen Dao-Pfad (Dadao = großer Pfad). Wer sein Ende in D (Bild 2) erreicht hat, hat die Schöpfung – Welt- und Selbstentstehung *(kosmogonía)* - ohne Hypothesen (Theorien, Mathematik, Geometrie, Physik, Glaubenssätze, Gebote, usw.) mit Leib und Seele vollständig erfahren. Der Grund ist, weil alles, was auf dem Dao-Pfad nach oben – im Aufstieg - erfahren wird, den Weg nach unten – im Abstieg - beschreibt. Darüber haben erleuchtete Meister in unterschiedlichen traditionellen Kulturen seit Jahrtausenden berichtet. Es wird das Thema der nachfolgenden Kapitel sein. Dabei ist für die westliche Kultur von besonderem Interesse, was die Meister der *philosophía* darüber berichten, zumal es deren Schöpfungslehre und die daraus hervorgegangen Schöpfungsmythen prägt.

Der große Pfad (Dadao) zurück zur Natur

Der Dao-Pfad wird in Taijixue als *Weg zurück zur* (ersten, unkonditionierten) *Natur* angesehen. Er entspricht bei Heraklit (Frag.60) dem Weg nach oben: *Der Weg nach oben und Weg nach unten ist ein und derselbe.*

Der *Weg nach oben* lässt die *psyché* aufsteigen (Qi-Blockaden beseitigen) und erweitert die Yang-Liugen. Der *Weg nach unten*, d.h. der Schöpfungsprozess *(kosmogonía)* oder Welt- und Selbstentstehung, beschreibt hingegen den Abstieg (Verminderung, Reduktion, Regression) der *psyché* und allmählichen Verlust der Yang-Liugen. Für Parmenides ist der Aufstieg der Weg vom Nicht-SEIN (Diesseits) zum

117

SEIN (Taiji). Er nennt ihn Weg der Wahrheit. Weitere griechische Beschreibungen dafür findet man in TSC.

Der Zweck der Taiji-Lehre ist es nicht, nur das Jenseits (Taiji-Welten, Dao), sondern auch das Diesseits zu verstehen. Fangfu: *Der Dao-Pfad ist kein diesseitiger Pfad. Es hat aber viele positive Auswirkungen auf das Diesseits.* Die Meister erkundeten also das Jenseits nicht des Jenseits wegen, sondern um das Diesseits damit besser zu verstehen. Fast alles, was ich im Buch berichte, ist dieser Erkundung zu verdanken.

Zumal das Jenseits den meisten von uns unvertraut ist, darf man sich nicht wundern, dass so viel Wirres darüber und folglich auch über das Diesseits berichtet wird, auch wenn es nur von wenigen Menschen als wirr (verzerrt, verdreht) erkannt wird. Ich hoffe, dass dieses Buch dazu beiträgt, Verdrehungen zu enthüllen und rückgängig zu machen.

Es gibt nur einen einzigen unkonditionierten Erkenntnispfad

Daoisten erkannten, dass es unendlich viele konditionierte Wege (Lehren, Methoden, Ideologien, Theorien) gibt, die die Vielfalt des Diesseits erzeugen und prägen. Sie erkannten ebenso, dass – im Gegensatz dazu - eine einzige unkonditionierte Methode, der Dao-Pfad, existiert. Er resultiert aus dem einzigartigen Wuwei-Prinzip, das in daoistischen und buddhistischen Schulen auf unterschiedlich Weise in die Praxis umgesetzt wird. Dies erfolgt in Taijixue durch die lockere formlose Stehübung (Bild 1a), die die Griechen *gymnastiké techné*[162] nennen. Sie wird in rigoroser Stille realisiert. Sie bringt Selbstbewegungen aus sich heraus auf körperlicher, seelischer und geistiger Ebene hervor. Sie führt damit schrittweise die Dao-Praktizierenden aus dem vertrauten Diesseits zunehmend in die höheren Taiji-Welten (Bild 2).

Anhang II.1 charakterisiert das vertraute Diesseits, dass das zweite Erkenntnisprinzip prägt und dadurch erfasst wird. Der Anhang lässt

---

[162]Siehe TSC.

den Leser erahnen, warum es in der Taiji-Lehre heißt: *Das Diesseits, das auf dem kleinen Weg* (damit sind alle konditionierten Wege, alle Youwei-Methoden gemeint) *erkundet wird, kann nicht ohne Kenntnis der Taiji-Welten ausreichend verstanden werden.*

In Anhang II.2 gehe ich der Frage nach: *Ist das Buch der Natur in der Sprache der Mathematik geschrieben?* Dies wird ja immer wieder behauptet. Wer sich auf den kleinen Weg (Xiaodao) beschränkt, mag die Frage mit Ja beantworten. Wer sich jedoch dem großen Weg (Dadao) öffnet, muss sie mit Nein beantworten.

Interessanter Weise gehen die oft wirren (unnatürlichen) Vorstellungen vom Diesseits der Ungeübten mit dem Glauben an ein übernatürlichen Jenseits Hand in Hand. Wer, so wie die Meister, auf gänzlich natürliche Weise, tiefgründige Erfahrungen, wenn auch übersinnliche, über das Jenseits gesammelt hat, kann sich dafür nicht erwärmen, denn ihnen ist alles Übernatürliche fremd. Anhang II.3 zeigt einige wirre Vorstellungen vom Jenseits auf, die man bei „klugen Analysten" immer wieder antrifft.

Tabula rasa: **Das Erlangen neuer Einsichten**

Das vertraute Diesseits, mit dem wir uns identifizieren, entsteht im Bewusstsein erst allmählich. Es ist bei Geburt noch inexistent, das Gedächtnis ist noch leer. Es ist eine *Tabula rasa* (leere Tafel), die nach der Geburt allmählich aufgefüllt („beschrieben") wird, sodass dies Aufgeschriebene zurecht als nachgeburtliches Wissen bezeichnet werden kann.

Schon Aischylos spricht davon, dass sich die Erlebnisse "in die Tafeln der Sinne" eingraben.[163] Platon vergleicht das Gedächtnis im *Dialog Theaitetos*[164] mit einer Wachstafel:…. *und wessen wir uns erinnern wollen von dem Gesehenen oder Gehörten oder auch selbst Gedachten, das drücken wir in diesen Guss ab, indem wir ihn den Wahrnehmungen und Gedanken unterhalten, wie beim Siegeln mit*

---

[163] http://de.wikipedia.org/wiki/Tabula_rasa
[164] http://de.wikipedia.org/wiki/Theaitetos

dem Gepräge eines Ringes. Was sich nun abdrückt, dessen erinnern wir uns und wissen es, solange nämlich sein Abbild vorhanden ist. Hat sich aber dieses verlöscht oder hat es gar nicht abgedruckt werden können, so vergessen wir die Sache und wissen sie nicht. Damit drückt er auch aus, dass – im Gegensatz was Analysten behaupten – auch Selbstgedachtes (Ideen) – vergänglich sind. Ja, alles im Diesseits ist – im Gegensatz zum Jenseits - vergänglich.

Wiedererinnern an Verborgenes

Das alltägliche Denken greift auf die Tafel zurück, jedoch nicht das, was neu hinzukommt. Dies ist das Thema in Kapitel 8. Dort bekommen wir einen Einblick in die uralte Erkenntnis der Taiji-Lehre: *Das Herz denkt und steuert. Das Gehirn ist nur sein Werkzeug. Alles was wir tun, tun wir, um unser Herz zu beruhigen. Wir haften an, weil das Herz unruhig ist. Erst ohne Anhaften kommt das Herz zur Ruhe. Es sind die gewöhnlichen Sinnesfunktionen, die trennen. Diese sind bedingt durch das* (am Diesseits) *anhaftende Ich.*

,Ohne Anhaften' verweist auf Wuwei *(philía),* das, in Interaktion mit dem Lehrer, mobilisiert wird, und Neues spontan ans Licht bringt, was uns Platons tiefgründige Worte verstehen lässt[165] : *Denn dieses Wissen ist nicht etwas, was man in Worte fassen kann. Aber nach einer lang anhaltenden Interaktion zwischen Lehrer und Schüler werden Einsichten in gemeinsamer Suche plötzlich (spontan) wie ,Lichtblitze beim Anzünden eines Feuers'* in der *psyché* geboren, wo sie sich *,selbst weiter ernähren'?*

Ich zeige in Kapitel 8, warum sich mit Wuwei *(philía)* das alltägliche (gesellschaftliche) Denken - in Funktion des Übungsfortschritts – in natürliches Denken (Taiji-Denken, Platonisches Denken) erweitert, das mit Wiedererinnern an Verborgenes einhergeht, das sich aus sich heraus ernährt. Dort sollte Lesern bewusst werden, dass der Bereich (die Welt), der die Wiedererinnerung bewirkt, die Mischung Wuyou

---

[165]Übersetzung aus dem Englischen: *For this knowledge is not something that can be put into words like other sciences; but after long-continued intercourse between teacher and pupil, in joint pursuit of the subject, suddenly, like light flashing forth when a fire is kindled, it is born in the soul and straightway nourishes itself.* -- Epistle VII, 34Ic (Morrow).

(Taiji) aus Bekanntem (You) und Unbekanntem (Wu) ist.

Wuyou (Taiji) übersetzt Wu in You. Ihm ist das sich durch Üben intensivierende Verständnis des Selbst und der Welt (*kosmogonía*), worüber ich berichte, zu verdanken. Die schöpferische Kraft, die in Wuyou agiert, ist Wuwei *(philía)*. Sie treibt – in Funktion des Übungsfortschritts - nicht nur die *Naturalisierung des Denkens*, sondern auch die Heilung (Kapitel 9) voran. Kein Wunder, warum *philía* (Wuwei) der *philosophía* den Namen gegeben hat, was mich zur Wiederherstellung ihres ursprünglichen etymologischen Inhalts veranlasste.

Philosophía = Mit *philía* zu *sophía* (Weisheit)

Philosophía - mit *philía* zu *sophía* (Weisheit) - ist die Basis für das erste Erkenntnisprinzip. Es geht dabei darum, mit Leib und *psyché* an der Schöpfung teilzuhaben und ihre Wirkung durch regelmäßiges Taiji-Üben zu intensivieren, um mit ihr im Einklang zu leben. Dies erfordert, dass keine willentlichen Übungen eingesetzt werden, sondern unwillentliche Bewegungen spontan wie Lichtblitze zustande kommen. Davon können jedoch ungeübte Beobachter nur die äußerlichen (körperlichen), aber nicht die inneren Bewegungen (Selbstbewegungen) wahrnehmen.

Dies ist gleichbedeutende damit, dass der Leib selber die Bewegungen steuert. Er ist der wahre Lehrmeister. Er weiß am allerbesten, was ihm gut tut oder nicht. Er will nicht bevormundet werden! Er will frei sein. Fangfu: *Freiheit liegt im Nichtwollen!* Aus der anfänglichen Formlosigkeit dieser Bewegungen entwickeln sich allmählich Formen – z.B. formvolle Übungsstile (Metamorphosen). Dies erfolgt stufenweise in Funktion des Übungsfortschritts (Aufstiegs der *psyché)* und zwar auf allen Ebenen, der körperlichen, psychischen und geistigen. Damit sind wir beim stufenweisen Aufstieg der *psyché* angelangt, den ich nun in immer mehr Details beschreibe, liefert er doch die universelle Schöpfungslehre.

2.1 Der stufenweise Aufstieg von Pythagoras und Platon

Pythagoras und Sokrates haben nichts für die Nachwelt zu Papier gebracht. Es gibt jedoch genügend mehr oder weniger verlässliche Analysen von Anhängern, Bewunderern und Geschichtsschreibern für ihre meisterlichen Fähigkeiten. So liefert uns der Pythagoreer Iamblichos, in Bezug auf die Pythagoreer, Hinweise, die sich sehr gut mit der modernen Taiji-Lehre in Übereinstimmung bringen lassen.

Iamblichos' Hinweise zum Stufenweg des Pythagoras

Wir lesen in *De Vita Pythagorica* (Über das pythagoreische Leben) von Iamblichos, dass man die *philosophía* des Pythagoras nicht "plötzlich" zu "erschauen", sondern nur langsam und vorsichtig, Schritt für Schritt, mit Unterstützung eines Führers (Lehrers), erfahren kann. Was er anspricht, jedoch von ungeübten Analysten missverstanden und religiös verzerrt wurde, könnte aus dem Munde von Fangfu stammen, sofern man die Verzerrungen, die man mit ausreichender Taiji-Erfahrung leicht erkennt, rückgängig macht. Dann ist die Übereinstimmung zwischen der *De Vita Pythagorica* und Taiji-Lehre zu groß, als dass man von zwei unterschiedlichen Lehren sprechen könnte.

Ich kommentiere in <u>Anhang II.4</u> eine Analyse der *De Vita Pythagorica*, die eine messianische Botschaft vermittelt, die – aus der Perspektive der Dao-Lehre - nichts mit Iamblichos zu tun haben kann.

Man wird bei Iamblichos' tiefgründigen Worten auch an das *Höhlengleichnis* (Republik 7. 514a – 517a) erinnert, das vom Aufstieg der *psyché* handelt (vgl. 517b - 4f; vgl. 532b6 - c8), die mit der Platonischen *paideía* einhergeht. *Paideia*[166] bezeichnet die Wiederherstellung außergewöhnlicher eidetischer Fähigkeiten (eines Kindes), die durch die Dao-Praxis - im Sinne der Rückkehr zu mehr Natürlichkeit – ermöglicht wird. Die Wiederherstellung ist Übenden jeden Alters

---

[166]Das Wort wird fälschlich mit Erziehung von Kindern übersetzt. Siehe TSC.

bis zu einem gewissen Grad möglich. Sie hängt von deren Talent, Motivation und Übungserfolg ab.

Platons Hinweise zum Stufenweg

Ähnlich wie in *De Vita Pythagorica* klingt auch die Schilderung im *Symposium* (210a–212a), wo der „Schritt für Schritt vom Lehrer Geführte" nach einem langen, mühevollen, stufenweisen Aufstieg der *psyché* am Ende das ewig und wahrhaft seiende Schöne "plötzlich erschaut". Wir lesen im guten Einklang mit dem Aufstieg auf dem Dao-Pfad[167] :

Wer nämlich bis an diesen Punkt gelangt ist als Zögling in den Weihen der Liebe, der wird nach stufenweiser und richtiger Betrachtung des mancherlei Schönen, endlich, am Ziel des Liebesweges angelangt, plötzlich ein Schönes von wunderbarer Art erblicken, eben das, mein Sokrates, auf das alle früheren Bemühungen hinzielten.

Zum ersten ist es ein ewig Seiendes, weder entstehend noch vergehend, und weder zunehmend noch abnehmend, sodann nicht in dieser Weise schön, in jener hässlich, auch nicht bald schön, bald wieder nicht, auch nicht in dieser Beziehung schön, in jener hässlich, auch nicht hier schön, dort hässlich, so dass es für die einen schön, die anderen hässlich wäre.

Auch wird sich dies Schöne dem Beschauer nicht darstellen als ein Gesicht oder in der Gestalt von Händen oder sonst etwas Körperhaftem, ebenso wenig aber auch als irgendeine Art von Rede oder Wissenschaft, auch nicht als etwas, das in irgendeinem anderen ist, sei es in einem lebenden Wesen oder sei es auf Erden oder im Himmel oder sonst in irgendetwas anderem, sondern rein für sich und ewig in einer (formlosen) *Gestalt. ....*

Das ewig Seiende (SEIN = Taiji) ist Mischung aus allen Gegensätzen, Mischung aus Yin und Yang. Es ist weder entstehend noch vergehend, weder zunehmend noch abnehmend, usw., ... *Weihen der*

---

[167]http://www.magedanz-online.de/platon3.htm

Liebe ist ein Verweis auf die Qi-Übertragung[168] , die notwendig ist, um *philía* (Wuwei) zum Wohl des Übenden zu aktivieren. *Rein für sich* verweist auf das, was im Üben aus sich heraus zustande kommt.

Astronomía: Nach „oben schauen"

In Platons *Politeia* (Buch VII 529) lesen wir: *Die astronomía zwingt die psyché ‚nach oben zu schauen' und führt uns von diesem kósmos* (Diesseits) *in einen anderen* (SEIN = ewig Seiendes = Immerseiendes = Taiji). Weil Analysten, seit dem Untergang der *philosophía*, „nach oben schauen" wortwörtlich nehmen, *kósmos* als Kosmos auffassen und nicht die tiefgründige Bedeutung beider und vieler anderer Metaphern erkennen, haben sie den Schluss gezogen: *astronomía* = Astronomie und *kósmos* = Kosmos. Auch Johannes Kepler (1571–1630) akzeptierte, wie so viele „große Denker" vor und nach ihm, diese unsinnigen Gleichsetzungen.

Mit *astronomía* charakterisieren die Meister eine Entwicklungsstufe auf dem Dao-Pfad, ebenso wie mit *geometría*. Beide sind an die Metamorphosen der *psyché* gebunden, die mit unterschiedlichen Übungsstufen einhergehen.

Dies erklärt, warum Plato auch schreibt (Republik VII, 530b-c): *Wir sollten die astronomía auf dieselbe Art und Weise in Angriff nehmen wie die geometría*. Dies gilt auch für *arithmétike* und *mousiké*. Ungeübten bleiben die damit verbundenen übersinnlichen Wahrnehmungen verborgen. Diese haben *arithmétike* fälschlich mit Arithmetik und *mousiké* mit Musik in Verbindung gebracht. Beide Metaphern haben jedoch, so wie alles worüber Platon schreibt, mit der Dao-Praxis (Praxis des Sterbens) zu tun.

Der Dao-Weg beinhaltet neun Stufen, worauf die Pythagoreer und Gnostiker verweisen (Anhang II.5). Damit wurde die natürliche Dekade auf unkonditionierte Weise entdeckt, die zur Basis des Dezimalsystems (Anhang II.6) geworden ist, was offenbar niemand im Westen bisher erkannt hat. Die meisten Analysten sehen den Ursprung in

---

[168]Siehe TLC.

den 10 Fingern der Hände.

3.0 Daoistische und altgriechische *kosmogonía*

*Diese Weltordnung, die selbige für alle Wesen, hat kein Gott und
kein Mensch geschaffen, sondern sie war immerdar und ist und wird
sein ein ewig lebendiges Feuer, nach Maßen erglimmend und nach
Maßen erlöschend.*

Heraklit

Der Taiji-Übende dringt auf dem Dao-Pfad immer tiefer in die Taiji-
Welten ein. Punkt P (Bild 2) in Pfeil (I) bewegt sich in Funktion seiner Fähigkeit, Wuwei (*philía*) zu intensivieren, stufenweise nach
oben. Alles neu Wahrgenommene unterhalb P offenbart sich als Ausfluss (Emanation) des ewig schöpferischen SEINS (*eón* = Taiji). Er
erweitert somit die persönliche Erfahrung der Schöpfung.

Parmenides nennt den Dao-Pfad (großen Pfad) den Weg (Pfad) vom
Sein (*mè eón* = Nicht-SEIN) zum SEIN *(eón)*. Er bezeichnet ihn auch
als „Weg der Wahrheit *(alétheia)"* und trennt ihn von den (vielen)
konditionierten Wegen ab, die er als „Weg der Meinung (*dóxa*)" bezeichnet. Auch ihm waren also das große (unkonditionierte) Dao und
das kleine (konditionierte) Dao vertraut.

Ein Hinweis zur weiteren Lektüre des Buches

Der Leser ist aufgerufen, alles was ich im Folgenden über die Schöpfung berichte, mit der Regression, also dem nach unten gehenden
Pfeil (II) in Bild 2 in Verbindung zu bringen. Dabei gilt, dass alles
was die Regression beschreibt, in der Progression, symbolisiert durch
den nach oben gehenden Pfeil (I), erfahren wird.

Ich beginne mit einfachen Zitaten, die die Regression – Welt- und
Selbstentstehung (*kosmogonía*) - charakterisieren. Danach präsentiere
ich inhaltsvolle Zitate. Alles, was ich über die Dao-Schöpfungslehre
(Dao-*kosmogonía)* berichte, ist dem Unterricht von Fangfu entnom-

men, der mit Laozi und Zhuangzi und anderen Dao-Meistern übereinstimmt. Was Fangfu unterrichtet lässt sich durch eigenes Üben bestätigen. Damit unterscheidet sich seine Unterweisung von all dem, was
von ungeübten Analysten in die alte Dao-Literatur hineingedichtet
wird.

3.1 Das SEIN erzeugt das Sein

Parmenides unterscheidet, so wie die Dao-Lehre, zwischen (jenseiti-
gem) SEIN (*eón*) und (diesseitigem) Sein (*mè eón* = Nicht-SEIN).
Für ihn ist das SEIN die eigentliche (ewige schöpferische) Welt, der
er das Sein (Diesseits) unterordnet. Das SEIN erzeugt für ihn das
Sein. Auch Dao-Übende erfahren früher oder später durch ihr regelmäßiges Üben, dass das SEIN (*eón* = Taiji = *Mutter der 10.000 Dinge*) das Sein (*mè eón* = Nicht-SEIN) erzeugt, das Laozi die *10.000
Dinge* nennt.

Valentinus (? – 160) nennt die unterste Welt *kénoma* (Diesseits =
Nicht-SEIN = *mè eón* = Leere)[169] und das sie erzeugende schöpferische SEIN (ewig Seiendes = *aion* = *eón* = Taiji) *pléroma* (Fülle, Füll-
horn).[170] Der dahinter steckende Trieb (Schöpfungstrieb, Erzeugungs-
trieb) ist Wuwei (*philía*). Ohne Wuwei gäbe es keinen Ausfluss
(Emanation) des Seins (Diesseits) aus dem SEIN (ursprüngliche
Quelle des Seins). Er erfolgt, so wie der Aufstieg der *psyché* stufenweise. Darauf verweist der bekannte *Pythagoreische Eid*[171] : ... *der
unsere psyché der Tetraktys*[172] *übergeben hat, welche die Quelle und
Wurzel der ewig strömenden Natur (phýsis)*[173] *enthält.*

Dieses Zitat – eine Beschreibung der Pythagoreischen/ Platonischen
kosmogonía - ist im Einklang mit Bild 2, also der Dao-Schöpfungs-

---

[169]http://en.wikipedia.org/wiki/Kenoma
[170]http://en.wikipedia.org/wiki/Pleroma
[171]http://de.wikipedia.org/wiki/Tetraktys
[172]http://www.tetraktys.de/home.html
[173]*Phýsis* ist nicht die Natur im heutigen Sinn, sondern die Natur, die auf dem Dao-Weg –
dem Weg zurück zur Natur – durch die Dao-Praxis zunehmend durch Selbstbeobachtung erfasst wird.

lehre *(kosmogonía)*, die am Ende des Dao-Pfads (I) von A nach D komplett erfasst ist.

Die sich aus einem Samen ergießende Schöpfung

Porphyrios (233 - 305)[174] formuliert - im besten Einklang mit der Dao-Lehre - seine schöpferische Erfahrung mit[175] : *…. der Schöpfer* (Dadao = Universalgesetz) *erschaffe die Welt einschließlich der Materie* (Diesseits) *aus sich selbst durch sein bloßes SEIN, er wirke wie ein Samen des* (psychischen) *kósmos.*

3.2 Ursprung des Qi *(psyché)*

Das Nichtsein wird von Wuyou (SEIN, Taiji) übersetzt ins Sein, was gleichbedeutend ist, dass das Sein aus dem SEIN emaniert (herausfließt). Es muss folglich eine Substanz existieren, die diesen Fluss beschreibt. Daoisten nennen sie Qi. Sie ist im Schöpfungsverlauf von D nach A Metamorphosen unterworfen.

Entdeckung des Qi

Fangfu zufolge ist die Entdeckung des Qi – in einigen traditionellen Kulturen auch mit *Licht, Wasser* und *Feuer,* usw. allegorisiert - alles andere als mysteriös: *Unsere Vorfahren haben das Qi im Zustand tiefster Stille entdeckt. Dabei haben sie weder ihren Leib willentlich bewegt noch ihren Willen eingesetzt. Nachdem sie das Qi erkannt hatten, analysierten sie es und begannen es zu benutzen.*

Erfahrung des Qi

Die Erfahrung des Qi ist eine aufregende Angelegenheit für Dao-Praktizierende. Sie geht einher mit deren Wuwei-Erfahrung. Sie ist Ungeübten unzugänglich. Dazu Aristoteles *(Metaphysik)*[176] : *Denn es*

---

[174]http://de.wikipedia.org/wiki/Porphyrios
[175]http://de.wikipedia.org/wiki/Demiurg
[176]http://www.pinselpark.org/philosophie/t/thales/texte/auszug.html

muss eine gewisse Substanz vorhanden sein, entweder eine einzige oder mehrere, aus denen alles Übrige entsteht, während sie selber erhalten bleibt. Über die Anzahl und die Art eines solchen Urgrundes (arché) haben freilich nicht alle dieselbe Meinung, sondern Thales, der Begründer solcher Philosophie, erklärt als Urgrund das ‚Wasser' [...].

Aristoteles hat nicht erkannt[177], dass es hier nicht um Meinungen geht, sondern um das, was übersinnlich erfahren wird. Wer Meistern irgendwelche Meinungen andichtet, versteht nicht, dass sie immer nur von ihren Erfahrungen und nicht von Spekulation sprechen. Das Wasser des Thales ist eine Metapher für Qi. Auch in der Dao-Lehre wird Qi mit Dampf (Wässrigkeit) ausgedrückt.

Qi = *psyché*

Ein bekanntes griechisches Äquivalent für Qi ist *psyché*. Es wird mit den Yang-Liugen erfahren. Es ist Mischung aus Xing (Materie) und Shen (Geist). Es ist ein Attribut von Taiji, der Mischung (Wuyou) aus Wu und You! Was von ungeübten Analysten über die *psyché,* die mit Seele übersetzt wird, berichtet wird, ist spekulativ. Dies ist ein Dilemma, denn alle Taiji/Dao-Begriffe sind an die Übung gebunden und erfahrbar. Ihre griechischen Äquivalente sind es auch. Jedoch, was man in sie hineindichtet, ist es nicht. Wer die *psyché* verstehen will, sollte sich für Qi interessieren

Relevant für das Verständnis vieler Zitate ist Folgendes: Nachdem der Dao/Taiji-Übende aus dem Diesseits (unterhalb A) ausgetreten und in die unterste aller Taiji-Welten (oberhalb A) eingetreten ist, ist seine Wahrnehmung von Xing (*sóma*) am stärksten und von Shen (*pneuma*) am schwächsten. Im stufenweisen Aufstieg nimmt seine Erfahrung von Shen (*pneuma*) zu und von Xing (*sóma*) ab. Hat er das Ende des Dao-Pfads erreicht, ist Xing (*sóma*) inexistent und nur noch Shen (*pneuma*) existent. Am Anfang des Dao-Pfads war es umgekehrt. Für weitere Details siehe Anhang III.1.

---

[177]Die Textpassage mag auch falsch übersetzt worden sein, was ich nicht überprüft habe.

Am Anfang war Qi (*psyché,* Licht, Wasser, Feuer)

Auf dem Dao-Pfad lässt sich viel Unerwartetes spontan entdecken, aber nicht Alles. Damit nimmt man - in Funktion des Übungsfortschritts - das Qi zunehmend detaillierter in Form von Qi-Feldern (*daímones, theoí*) war. Ebenso akzeptiert man es als Ursache aller spontanen Bewegungen (Selbstbewegungen). Der Dao-Pfad erklärt aber nicht, warum Qi existiert. Insofern ist es gerechtfertigt zu sagen: *Am Anfang war Qi (psyché, Licht, Wasser, Feuer).* Oder: *Alles ist beseelt.* Ebenso: *Die psyché* (Qi *Licht, Wasser, Feuer) ist ungeboren und unsterblich.*

Wir lesen im besten Einklang mit dem, was die Taiji-Lehre dem Qi zuweist[178] : *Platon besagt, dass die psyché* (Qi) *die Quelle aller Bewegung ist. Als Träger der Fähigkeit, immer von sich aus bewegt* (selbstbewegt) *zu sein und anderes zu bewegen, muss die psyché* (Qi) *ungeworden* (ungeboren) *und daher unsterblich sein.*

Obige Aussagen zum Ursprung des Qi (*psyché*) resultieren aus der Artikulierung der Selbstbeobachtung am Ende des Dao-Pfads. Sie bestätigt weder Urknall noch einen Schöpfergott, was sich bei Heraklit wie folgt liest: *Diese* (psychische) *Weltordnung, die selbige für alle Wesen, hat kein Gott und kein Mensch geschaffen, sondern sie war immerdar und ist und wird sein ein ewig lebendiges Feuer, nach Maßen erglimmend und nach Maßen erlöschend.*

Es ist unmöglich das stets selbstbewegte Qi *(psyché, Licht, Wasser, Feuer)* mit den sechs Wurzeln (Liugen) zu erfassen. Dies gelingt nur

---

[178]http://de.wikipedia.org/wiki/Platon, Siehe auch TSC für weitere Details.

durch Üben, Üben, Üben.

Die inneren Organe für (Xing, Qi, Shen) oder *(sóma, psyché, pneuma)*

Xing in Bild 2 wird dem Gehirn, Qi dem Herzen (Xin) und Shen dem Perineum zugeordnet. Philolaos (470-399) betont Ähnliches (Frag. 13): *Vier Prinzipien gibt es bei dem vernunftbegabten Geschöpf: Gehirn, Herz, Nabel und Schamglied. Kopf (Gehirn) ist das Prinzip des Verstandes, Herz das der psyché und Empfindung, Nabel das des Anwurzelns und Emporwachsens des Embryo, Schamglied das der Samenentleerung und Zeugung.*

Zumal alles Neue aus der Mischung (Taiji, Qi) entsteht, ist verständlich, warum Rumi betont: *Wenn es 'Wissen des Herzens (Xin)' ist, ist es ein Freund. Wenn es 'Wissen des Körpers (Xing)' ist, ist es eine Last.* Das erste ist das unkonditionierte vorgeburtliche und zweite das konditionierte nachgeburtliche Wissen. Das zweite intensiviert sich auf dem Dao-Pfad (Weg des Herzens). Da es latent in uns schlummert, kann es durch Üben wiedererweckt werden. Auf diese Weise offenbart sich die Schöpfung.

3.3 Die Entstehung der Zweiheit aus der Einheit

Schaut man sich die vier Symbole in Bild 2 an, so erkennt man, dass das Taiji-Symbol (Taijitu) durch das Eine (Monade, Heraklit: *tó hèn*[179]) repräsentiert ist, während den drei darunter liegenden Symbolen die Zahlen 2,3,4 zugeordnet werden. Taiji = Wuyou = Eins (1) = *tó hèn*[180] = *lógos*[181] = *kósmos noetós*[182] ist also in Bild 2 durch den leeren (oberen) Kreis, präsentiert. 1,2,3,4 beschreibt den Schöpfungsprozess, dessen vier Zahlen ich im Kapitel 4 erkläre.

---

[179]z.B. bei Heraklit
[180]ibd.
[181]ibd.
[182]bei den Neuplatonikern

Es gibt in der Weisheitsliteratur viele Hinweise, die auf den Übergang von der Einheit (Monade) zur Zweiheit (Dyade) oder die Emanation der Zweiheit aus der Einheit verweisen. Dazu zählen folgende Äußerungen:

Hesiod (ca. 700 v.u.Z.)[183] : *Zu allererst wahrlich entstand das ‚Chaos', aber dann die ‚breitbrüstige Gaía'.*

Chaos ist identisch mit dem kreisenden (wirbelnden) Chaos (Taiji), von dem Laozi in Kapitel 25 spricht. Die *breitbrüstige Gaía* ist eine Metapher für das, was Laozi mit *Himmel und Erde* oder meine Schule mit Liangyi (2) = Zwei (2) bezeichnet.

Kugelmenschen

Die Trennung der Einheit in die Zweiheit nimmt manchmal kuriose Formulierungen an:

---

[183]Hesiod: *Theogonie* 116ff. (Übersetzung: Karl Albert)

Aristophanes[184] *erzählte den nachmals berühmten Mythos von den Kugelmenschen. Ihm zufolge hatten die Menschen ursprünglich kugelförmige Rümpfe. Später wurden sie vom Göttervater Zeus zur Strafe für ihren Übermut in zwei Teile entzweigeschnitten*

Ich kommentiere diese Textpassage, indem ich sie mit eingefügten Kommentaren wiederhole: *Aristophanes erzählte den nachmals berühmten Mythos von den Kugelmenschen* (Dao-Lehre: Qi-Ball). *Ihm zufolge hatten die Menschen ursprünglich kugelförmige Rümpfe. Später wurden sie vom Göttervater Zeus* (Zeus ist, so wie Prometheus, eine Metapher für Monade oder Taiji; *Götter* ist eine Fehlübersetzung von Qi-Feldern[185]) *zur Strafe für ihren Übermut* (der angeblich durch ihre Menschwerdung, den Abstieg der *psyché* zustande kommt) *in zwei Teile* (Dyade) *entzweigeschnitten* (wie der Übergang von Taiji (1) zu Liangyi (2) in Bild 2 andeutet).

Das Äquivalent bei Laozi für Kugel(mensch)[186] ist sein Hinweis auf das *Chaos*, denn es *befindet sich in einem Zustand einer ‚aus sich selbst heraus' ernährenden kreisenden Bewegung!* Daraus entstand die Zweiteilung, die er *Himmel und Erde* nennt.

Eine seltsame Darstellung des Schöpfungsprozesses erscheint auf der Vorderseite von *The Plato Code*.[187] Es zeigt den Übergang von der

---

[184]http://de.wikipedia.org/wiki/Symposion_%28Platon%29

[185]Siehe TSC, TPC und TLC.

[186]Siehe auch: http://de.wikipedia.org/wiki/Gottesbild

[187]http://www.amazon.de/The-Plato-Code-misconceived-philosoph%C3%ADa-ebook/dp/B00MFRRK6Ih

Einheit (Monade) im Hinterteil der Skulptur zur Zweiheit (Dyade) im Vorderteil. Es symbolisiert somit den Schöpfungsprozess in einer einfacheren Weise als es die vier Symbole in Bild 2 tun. Löwin und Stier symbolisieren die Dualität des Diesseits, auf die ich noch zu sprechen komme.

Bild 7: Bronzeskulptur von 1.500-1.000 v.u.Z. aus dem nordwestlichen Iran

Was – im Schöpfungsverlauf von hinten nach vorn - die Trennung der Einheit in die Zweiheit bewirkt, ist Youwei *(neikos)*. Was – auf dem Dao-Pfad von vorn nach hinten - die Zusammenführung der Zweiheit in die Einheit bewirkt ist Wuwei *(philia)*.

Die Trennung erfolgt im Abstieg, die Zusammenführung im Aufstieg! Das Positive des Abstiegs ist, dass Menschen damit die Möglichkeit gegeben wird, nach Höherem zu streben und es eventuell zu finden. Insofern ist der Abstieg ein Geschenk des Himmels. Wie sonst könnte der Mensch aufsteigen (Qi-Blockaden beseitigen)?

Die Schöpfung ist sowohl Eins wie Alles

Die unterste aller Welten ist nicht nur zweigeteilt. Sie ist auch die vielfältige Welt. Sie ist das Viele, das Laozi die 10.000 Dinge und Heraklit *pánta* nennen. Dies kommt im folgenden Zitat zum Ausdruck:

Altindische RIGVEDA (8, 58, 2): *Fürwahr das Eine hat sich zu dieser ganzen Welt* (10.000 Dinge, *pánta*) *entfaltet.*

Die ganze Welt (10.000, *pánta)* und das was sie erzeugt, das Eine (*hèn* = Monade) sind außerdem ein und dasselbe, denn es gilt: Die Wahrnehmung des vertrauten Diesseits, also *pánta* (Vieles), ist die (reduzierte) Wahrnehmung von *hèn* (Eins = Monade) mit den Yin-Lügen. Darauf verweisen die folgenden Zitate:

Heraklit (B.50): *Nicht auf mich, sondern auf den Lógos hörend ist es weise, dem zuzustimmen: dass alles (pánta) eins (hèn) ist.*

Darauf verweist auch Sharastani im 12. Jhd., wenn er die Harraner (Osttürkei) zitiert: *Die Harraner waren davon überzeugt, dass die Schöpfung sowohl als das ,EINE (hèn)' wie auch als das ,Viele (pánta)' wahrgenommen werden kann.*

Die Harraner haben nicht, so wie man es ihnen unterstellt, an den Inhalt dieser paradox erscheinenden Worte geglaubt. Sie haben ihn vielmehr mit Leib und Seele erfahren.

Trennung von Licht und Finsternis

Auch Heraklid sollte sich darüber bewusst gewesen sein[188] , dass die Einheit (Monade, Taiji, Chaos) die Zweiheit[189] erzeugt, zumal er Äquivalente für Yin-Yang anbietet, die er mit *hell-dunkel* und *Tag-Nacht*[190] ausdrückt, so wie es die alten Perser[191] taten, die von *Licht und Dunkelheit* sprachen. Jeder Meister, der von *Licht und Dunkelheit* berichtet, verweist damit implizit darauf, dass die Zweiheit (Yin-Yang) aus dem Einen (Taiji, *Lógos*) entstanden ist. Es ist der zentrale Begriff schlechthin, den Parmenides SEIN nennt.[192]

Gegensätze werden in der Taiji-Lehre durch Yin–Yang oder Sixiang (4) symbolisiert. Das Symbol beschreibt, wie die Gegensätze im Diesseits miteinander agieren („streiten"), worauf sich Heraklit mit seinen bekannten Worten bezieht: *Pólemos patèr pánton*[193] (Der „Streit" ist der Vater aller Dinge). Sixiang (4) ist von großer Bedeutung. Ihm ist Kapitel 5 gewidmet. Was ich bis dahin angesprochen habe, ist von Nutzen, wenn ich in Kapitel 6 über die Entmythologisierung von Schöpfungsmythen berichte.

3.4 Dao-*kosmogonía* und Pythagoreische/Platonische *kosmogonía*

Ich präsentiere nun mehr detaillierte daoistische und griechische Schlüsselzitate, die den Schöpfungsverlauf (*kosmogonía)* in gut übereinstimmender Weise im psychischen *kósmos* beschreiben. Beide Traditionen betrachten das Eine (Monade) als Ursprung der Schöpfung.

---

[188]Es sei denn, er zitiert Dinge, die er nicht erfahren hat.

[189]Seite 73-83 in Martin Heidegger und Eugen Fink, *Heraklit,* Klostermann Vitoria, 1996

[190]Seite 12 in Katharina Schenk-Mair; *Die Kosmologie Eugen Finks: Einführung in das Denken Eugen Finks und Explikation des kosmischen Weltbegriffs,* Verlag Königshausen u. Neumann, 1997

[191]Siehe meine Kommentare zu Suhrawardi in TSC und TPC.

[192]Siehe TPC.

[193]Das Zitat wird übersetzt mit **Der Krieg ist der Vater aller Dinge,** womit Kriege fälschlich legitimiert werden.

Das Eine (*hèn, Lógos,* SEIN, Taiji, Chaos, Mutter der 10.000 Dinge), das der Monade (1) der Pythagoreer entspricht, entfaltet sich – im Einklang mit Bild 2 - zur Zwei (Dyade), Drei (Triade), usw.. Die Entfaltung (Schöpfung) überdeckt den (psychischen) *kósmos* vom Nichtsein zum Sein. Sie umfasst alle Taiji-Welten von D nach A. Sie erzeugt das konditionierte Diesseits unterhalb A, das Heraklit *pánta* (Vieles = 10.000 Dinge) nennt.

Detaillierte Beschreibungen der Welt- und Selbstentstehung

Ich präsentiere und kommentiere nur kurz die Zitate. Ihre Erklärung erfolgt erst in Kapitel 6 nachdem ich die Beschreibung der Dao-Schöpfungslehre abgeschlossen habe. Ich beginne mit Laozi (Kapitel 1):

Das Dao erzeugt Eins, Eins gebärt Zwei, Zwei die Drei und Drei die 10.000 Dinge.

Es ist eins von vielen Zitaten aus dem *Daodejing,* das der persönlichen Dao-Schöpfungserfahrung zuzuordnen ist, die der Dao-Pfad bestätigt. Es wird umso verständlicher, wenn es gemeinsam mit folgendem Zitat (Kapitel 25) analysiert wird, womit ebenfalls die Dao-Schöpfungserfahrung artikuliert wird.

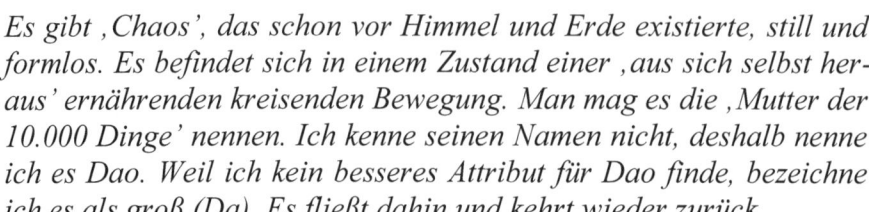

Es gibt ‚Chaos', das schon vor Himmel und Erde existierte, still und formlos. Es befindet sich in einem Zustand einer ‚aus sich selbst heraus' ernährenden kreisenden Bewegung. Man mag es die ‚Mutter der 10.000 Dinge' nennen. Ich kenne seinen Namen nicht, deshalb nenne ich es Dao. Weil ich kein besseres Attribut für Dao finde, bezeichne ich es als groß (Da). Es fließt dahin und kehrt wieder zurück.

Die vier Zahlen entsprechen, sofern man 10.000 Dinge = Vier setzt, den 1 bis 4 Feldern in den vier Symbolen (Bild 2). Es sind keine arithmetischen Zahlen, sondern Metaphern, die psychische Dao-Erfahrungen beschreiben, die – wie alles auf dem Dao-Pfad – spontan in der Selbstbeobachtung aus sich selbst heraus erfahren werden. Jeder Taiji-Schüler kann – mit Unterstützung von Fangfu – bei genügend Motivation und Talent sie durch regelmäßigen Üben bestätigen, doch nur wenige erfüllen die Vorrausetzung.

Dao-Schöpfungslehre: Maßstab für anderer Schöpfungslehren und Mythen

Wer den Dao-Pfad zu Ende bringt, jedoch beide obigen Laozi Zitate nicht kennen würde, müsste seine persönliche Dao-Erfahrung ähnlich wie Laozi (und andere Meister) artikulieren, ist seine Erfahrung doch die Folge der Anwendung des Wuwei-Prinzips und somit allen Übenden gemein.

Was ich hier anspreche, gilt auch für die Übenden anderer Wuwei-Schulen, zu denen die Pythagoreische/ Platonische Schule zählt. Letztere ist eine *philía*-Schule. Ihre *kosmogonía* ist für den Westen und Mittleren Osten von besonderem Interesse, weil sie - im ehemaligen Wirkungsbereich der *philosophía* - zum Ursprung westlicher und mittelöstlicher Schöpfungsmythen, also verdrehter Schöpfungslehren, geworden ist. Der Bereich, in dem sie einst etabliert war, reichte von Indien – oder sollte ich sagen: von China - bis Griechenland.

Zumal ihre *kosmogonía,* wie der Vergleich von Zitaten zeigt, identisch mit der mir vertraut gewordenen Dao-Schöpfungslehre ist, muss auch die *kosmogonía,* so wie die Dao-Schöpfungslehre, hypothesenfrei (unkonditioniert) sein. Beide Lehren können also nicht durch Glaubensannahmen konditioniert sein. Somit ergibt sich die Frage: *Was ist überzeugender und tiefgründiger? Irgendein konditionierter Ursprung* – eine Glaubensannahme - *oder der einzigartige unkonditionierte universelle, dem die Dao-Schöpfungslehre ihre Existenz verdankt?*

Für mich ist die Antwort klar, doch auch Leser sollten sich – so ist es meine Hoffnung - die Antwort darauf selber geben können. Dies sollte jedoch erst am Ende des Buches geschehen, denn bis dahin gibt es noch einiges über die universelle Schöpfungslehre zu berichten, die sie gänzlich als unkonditionierte Erfahrungslehre erkennen lässt. Und dazu zählen nicht nur die Pythagoreische/ Platonische *kosmogonía,* sondern auch die Schöpfungsmythen, die durch Verzerrungen aus ihr hervorgegangen sind.

Was deren Entmythologisierung erschwert, sind die Verzerrungen der ursprünglichen Schriften, die von ungeübten Analysten – im Einklang mit *Übersetzer sind Verräter* – schon vor Jahrhunderten vorgenommen wurden, bevor die Mythen sanktioniert wurden. Ich hätte die Verzerrungen ohne eigene Dao-Erfahrung nicht erkannt und rückgängig machen können. Sie ist für mich der einzige verlässliche Maßstab. Ich setze ihn in diesem Buch zur Rekonstitution aller verzerrten Schöpfungslehren und Mythen ein. Dabei gilt mein besonderes Interesse der pythagoreischen/ platonischen *kosmogonía* und deren Mythen, zumal diese die westliche Kultur geprägt und ihren wahren Ursprung verdreht haben.

139

Pythagoreische/platonische *kosmogonía*

Wir lesen bei Waterfield (S.56) in *The Theology of Arithmetic (Die Theologie der Arithmetik)*[194] , der ersten englischen Übersetzung von *theologumena arithmeticae,* die Iamblichos zugewiesen[195] wird:

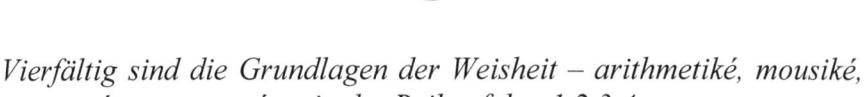

Vierfältig sind die Grundlagen der Weisheit – arithmetiké, mousiké, geometría, astronomía – in der Reihenfolge 1,2,3,4.

Dieses Zitat ist im besten Einklang mit beiden obigen Zitaten von Laozi, für den, so wie auch für die moderne Taiji-Lehre, die Vier (4) die höchste Zahl ist, die alle höheren Zahlen 5, 6, 7 usw. beinhaltet, was die Gleichsetzung Vier (4) = 10.000 Dinge rechtfertigt.

Wir lesen weiter bei Waterfield (S.55), ebenso im Einklang mit der Taiji-Lehre: *Alles im Universum*[196] (im psychischen *kósmos,* d.h. in den Taiji-Welten) *erweist sich* (von oben nach unten in Bild 2) *als abgeschlossen in der natürlichen* (unkonditionierten) *Entwicklung bis hin zur Tetrade ...* Weiterhin lesen wir (S. 60), erneut im besten Einklang: *Die Tetrade ist die Basis der natürlichen Vielfalt und des Zuwachs.* Dies heißt, die Vier (Tetrade) ist der Generator[197] aller Zahlen höher als Vier, die Laozi allegorisch mit 10.000 Dingen umschreibt.

---

[194]http://arcaneknowledgeofthedeep.files.wordpress.com/2014/02/theologyarithmetic.pdf
[195]Sie wird auch anderen Autoren zugewiesen.
[196]Universum verweist heutzutage auf den physikalischen Kosmos, was eine Einschränkung (Verzerrung) des ursprünglichen psychischen *kósmos* ist, der den physikalischen mit einschließt.
[197]Ich werde nur andeuten, aber nicht genau erklären, was damit gemeint ist.

Zumal sich Laozi, so wie auch die moderne Taiji-Lehre, mit den vier Zahlen und deren Symbolen (Bild 2) auf den großen Pfad (Dadao) bezieht, sollte auch Iamblichos in *theologumena arithmeticae* darauf verweisen.[198] Es gibt zu viele Übereinstimmungen zwischen der Taiji-Lehre und was darin berichtet wird. Man erinnere sich auch an das, was Iamblichos über den Stufenweg (Kapitel 2) äußert.

Übereinstimmung von Laozi und Iamblichos

Wer die vier Zahlen in den Zitaten von Laozi und den Pythagoreern als arithmetische Zahlen betrachtet und *arithmetiké, mousiké, geometría, astronomía* mit Arithmetik, Musik, Geometrie und Astronomie assoziiert, weiß nicht um was es geht. Er akzeptiert die seit 15 Jahrhunderten verbreitete Falschinterpretation, die von einer Heerschar von ungeübten Analysten erdichtet, akzeptiert und tradiert wird, was die Interpretation aber dadurch noch lange nicht richtig macht. Er fördert und erhält damit Mythen über die Schöpfung (*kosmogonía)* aufrecht, so wie es die Analysten getan haben, die nicht erkannt haben, worum es geht: Die Artikulierung der persönlichen Dao/Taiji/*hèn/Lógos/Brahman*-Erfahrung auf dem Großen Pfad (Dadao)!

Die gute Übereinstimmung vieler Hinweise, wie die von Laozi und Iamblichos, spricht dafür, dass beide Schulen (Traditionen) über dieselbe hypothesenfreie Schöpfungslehre berichten. Dafür sprechen weitere Äußerungen. Anhang III.2 liefert weitere beeindruckende Beweise von Platon und Empedokles für die Gleichheit der Dao-Schöpfungslehre und griechischen *kosmogonía.*

Wäre die Übereinstimmung nicht vorhanden, so müsste man sich fragen, warum die Pythagoreer, Vorsokratiker, Platoniker und Neoplatoniker ein eingeschränkteres Welt- und Selbstverständnis hatten als ihre damaligen und heutigen Kollegen im Fernen Osten. Natürlich kann man sich auch fragen: *Warum ging dieses Verständnis dem Westen verloren und warum konnte es sich in China bis heute erhalten?*

---

[198]Siehe TSC und TPC.

Theoretische und praktische Übereinstimmung der Lehren

Wenn ich von einer Übereinstimmung rede, so kann ich nur von der berichten, die sich durch den formellen Vergleich von Zitaten und Textpassagen offenbart, denn es ist unmöglich, die sich dahinter verbergende Übungserfahrung zu vermitteln, die letztendlich die Rechtfertigung für den Vergleich liefert. Ohne sie gäbe es keine platonische Bildung *paidèia*[199] , die mit der heutigen nicht zu vergleichen ist (Anhang III.3). Sie allein ermöglicht es, so wie die Dao-Lehre, die universelle Schöpfung zu erfahren.

Es gibt nur eine einzige hypothesenfreie *kosmogonía*

Auch die *kosmogonía* des Thales von Milet (um 625 - 546 v.u.Z.), Anaximander (um 610 - 546 v.u.Z.), Anaximenes (585 - 525 v.u:Z.) und Anaxagoras und vielen anderen Meistern verweisen - mit teilweise unterschiedlichen Metaphern - auf die einzigartige universelle *kosmogonía*. Kein Wunder, denn schließlich waren sie alle Meister der *philosophía*. Sie kamen zur selben Erkenntnis, auch wenn sie diese unterschiedlich formulierten. Aus ihren allegorischen Beschreibungen haben jedoch ungeübte Analysten – auf der Basis von *Gleiches wird durch Gleiches erkannt* - den Schluss gezogen, jeder von ihnen hätte eine andere Meinung über die Weltentstehung (*kosmogonía)* gehabt. Dies lässt uns verstehen, warum Platon das Diesseits im *Höhlengleichnis*[200] eine Höhle nennt. Sie ist ein einziger Meinungsbrei!

Auch die alten Inder kannten, so wie die Griechen und schon erwähnten Harraner, den Weg aus der Höhle (Anhang III.4) hin zum Verständnis der *kosmología*. Sie haben sie noch mit Leib und Seele erfahren und nicht nur daran geglaubt, so wie heute. Sie wussten noch, dass Alles Eins ist und zwar unabhängig von der Stufe, auf der man sich befindet. Das EINE existiert immer und ewig. Es wird lediglich unterschiedlich wahrgenommen; am Anfang des Pfads ohne und mit zunehmenden Fortschritt mit immer umfangreicheren Yang-Liugen.

---

[199]Siehe TSC.
[200]http://de.wikipedia.org/wiki/H%C3%B6hlengleichnis

3.5 Die Evolutionslehre im Vergleich zur Dao-Schöpfungslehre

Charles Darwin (1809 - 1882)[201] schreibt über die von ihm begründete Evolutions- oder Entwicklungstheorie, die das Diesseits angeblich in biologischer – heutzutage ergänzt durch geologisch/geophysikalischer - Evolution hervorgebracht hat[202] : *Ich glaube, dass die Entwicklungstheorie absolut versöhnlich ist mit dem Glauben an Gott. Die Unmöglichkeit des Beweisens und Begreifens, dass das großartige über alle Maßen herrliche Weltall ebenso wie der Mensch zufällig geworden ist, scheint mir das Hauptargument für die Existenz Gottes.*

In seinen wenigen Worten spricht er, so wie andere „große Denker" (unbeweisbare) Hypothesen an. So behauptet er, dass das *Beweisen und Begreifen des herrlichen Weltalls unmöglich sei.* Dies trifft zwar für „normale Menschen", jedoch nicht für die Meister zu. Sie haben diese Hypothese schon vor Jahrtausenden widerlegt, wie vieles andere was Darwin behauptet.

Hätte Darwin Recht, so wäre die universelle Schöpfungslehre nutzlos. Diese bestätigt nicht nur die Inexistenz eines Schöpfergottes, sie kommt auch zu gänzlich anderen Schlussfolgerungen über die Schöpfung als die Evolutionslehre[203] , die sich der „reinen" Naturwissenschaften, inklusive der „exakten" Mathematik bedient. Damit wurde sie für viele „aufgeklärte Zeitgenossen" die einzig akzeptable Schöpfungslehre. Dies gilt besonders für diejenigen, die – vom Fortschrittsglauben angetrieben - in alten Schöpfungsmythen, die weltweit über Jahrtausende hin viele Glaubenslehren prägten, keine überzeugende Alternative sehen. Wenn man die Evolutionslehre mit Schöpfungsmythen vergleicht, kann ich ihnen nur zustimmen, doch nicht wenn man sie mit der universellen Schöpfungslehre vergleicht, aus der die Mythen hervorgegangen sind.

Einige Leser möchten sicherlich gerne wissen, was nun wahrer ist,

---

[201] http://de.wikipedia.org/wiki/Charles_Darwin
[202] http://www.hjcaspar.de/gldateien/glauwizit1.htm
[203] http://de.wikipedia.org/wiki/Evolutionstheorie

die universelle Schöpfungslehre oder Evolutionstheorie? Ja man mag sich fragen: *Gibt es gar Lehren oder Mythen, die noch wahrer als das eine oder andere sein könnten?* Dazu ist Folgendes zu sagen: Sowohl Mythen wie Evolutionstheorie sind durch Hypothesen (Glaubensannahmen) konditioniert, d.h. sie sind menschengemacht. Die universelle Schöpfungslehre ist jedoch gänzlich unkonditioniert. Sie ist natürlich.

Um zu verstehen, was menschlich (konditioniert) heißt, muss man verstehen, was natürlich (unkonditioniert) ist. Ich fasse die Antwort kurz zusammen: *Alles ist konditioniert (menschlich), was nicht unkonditioniert (natürlich) ist!* Einzig und allein was „aus sich selbst heraus" mit Wuwei zustande kommt, ist unkonditioniert. Daraus ergibt sich die Frage: *Sollen wir Menschen unseren Glauben schenken, oder – wie es Heraklit sagt – auf den Lógos (Taiji) „horchen"?*[204] Ich vergleiche beides im Anhang III.5.

Die ungeborenen *psyché* ist nicht im Einklang mit dem Urknall

Alles was durch menschliche Vorstellungen und zielorientierte Absichten resultiert, ist konditioniert (Es ist Youwei). Alles was einzig und allein aus sich selbst heraus bewegt wird ist unkonditioniert (Es ist Wuwei). Dabei ist die ungeborene *psyché* die Quelle aller spontanen Bewegungen (Selbstbewegungen).

Die universelle Schöpfung geht selbstbewegt vonstatten. Sie kennt weder Anfang noch Ende, was somit den Urknall infrage stellt. Er wird auf dem Dao-Pfad, der die Dao-Schöpfungslehre hervorbringt, nicht bestätigt. Dazu äußere ich mich im Anhang III.6.

3.6 Entstehung und Entschlüsselung der Schöpfungsmythen

Die universelle Schöpfungslehre, die dem ersten Erkenntnisprinzip

---

[204]Horchen ist eine Metapher für Wahrnehmung mit den Yang-Liugen.

genügt, war vielen traditionellen Kulturen zwischen Ost und West vertraut.[205] Daraus haben ungeübte Analysten unterschiedliche Schöpfungsmythen extrahiert und publik gemacht. Anhang III.7 konfrontiert Leser mit der Bewunderung, die Menschen seit eh und je für Mythen haben. Er zitiert Äußerungen zur Schöpfung aus dem *Buch Mose*[206] und aus biblisch-gnostischer Literatur, die als Verzerrung der tausendjährigen altgriechischen (besser: universellen) Schöpfungslehre[207] aufgefasst werden können.

Willkommener Code zur Entschlüsselung der Mythen?

Man könnte erwarten, dass mein Code zur Entschlüsselung der Mythen mit Freude von denen aufgenommen wird, die sich zu ihnen hingezogen fühlen, oder den Kreationismus befürworten. Doch dies muss nicht so sein. Henrik Ibsen[208] : *Nehmen Sie einem Durchschnittsmenschen die Lebenslüge, und Sie nehmen ihm zu gleicher Zeit das Glück.* Je mehr man sich an das gewöhnt hat, was – so wie die Mythen - über Jahrtausende einen Heiligenschein besessen und die eigene Kultur stark geprägt hat, umso schwerer fällt es Menschen, davon loszulassen und sich gänzlich Neuem (eher: dem alten Ursprünglichen) zu öffnen. Insofern sind „Entdeckungen", die etablierte Dogmen infrage stellen, in der Regel unerwünscht. Sie wurden über Jahrhunderte vom Klerus[209] als Häresie[210] betrachtet.

Baron von Münchhausen[211] weiß um das Schicksal, das *Wahrheitssuchern* widerfahren mag: *Wahrheitssucher werden weltweit verfolgt, notorische Lügner verehrt.* Doch fragen wir uns: *Wer möchte einer Kultur angehören, deren Gründungsväter unlogische Mythen konzipierten, an die man glauben soll, während sie doch viel klüger waren und das mit Leib und Seele erfahren haben, was dahinter steckt?*

---

[205]Siehe TPC.

[206]http://de.wikipedia.org/wiki/1._Buch_Mose

[207]Damit meine ich, dass die (altgriechische) Schöpfungslehre in östlichen Schulen schon Jahrtausende zuvor bekannt war.

[208]http://de.wikipedia.org/wiki/Henrik_Ibsen

[209]http://de.wikipedia.org/wiki/Klerus

[210]http://de.wikipedia.org/wiki/H%C3%A4resie

[211]http://de.wikipedia.org/wiki/Hieronymus_Carl_Friedrich_von_M%C3%BCnchhausen

Es gibt Zeiten in denen sich Kulturen für das öffnen, worüber ich berichte. Es gibt aber auch andere, in denen dies absolut unmöglich ist. Dazu Suhrawardi, dem ein ähnliches Schicksal wie Sokrates widerfuhr: *Das übelste Zeitalter ist das, in dem der Teppich des Strebens nach Weisheit zusammengerollt ist, in dem die Gedankenfreiheit unterbrochen ist, die Tür der Einsichten verriegelt ist, der 'Pfad der inneren Visionen' blockiert ist.* Was er mit *Gedankenfreiheit* ausdrückt, ist nicht die Freiheit, die wir heute in der „freien (und erst recht nicht in der unfreien) Welt" damit verbinden. Sie ist wesentlich tiefgründiger.

Vorschau auf die folgenden Kapitel

Kapitel 4 erklärt die geheimnisvolle Zahlenfolge 1, 2, 3, 4 von Laozi und Pythagoras. Kapitel 5 schenkt der Zahl 4 besondere Beachtung, da sie aufzeigt, wie man mit der Schöpfung – auch ohne Übungserfahrung - im Einklang leben kann. Kapitel 6 benutzt die universelle Schöpfungslehre zur Entmystifizierung östlich-westlicher Mythen. Kapitel 7 erörtert die Folgen der Missachtung der natürlichen Gesetze der Schöpfung. Kapitel 8 behandelt die Naturalisierung des Denkens und Kapitel 8 die Förderung der Gesundheit. Alles in Kapiteln 4-8 ist ein Geschenk der Schöpfung, ein Resultat von Wuwei!

Es fällt aber nicht vom Himmel in den Schoß. Es erfordert körperlichen und geistigen Einsatz. Wuwei im Taiji-Üben in die Praxis umzusetzen ist eine hohe Kunst. Sie fordert Konzentrationskraft (Dingli). Wir lesen[212] in *Lives of Eminent Philosophers* (Biographien eminenter Meister), dass Antisthenes (ca. 445-365 BCE)[213] darauf bestand, dass die Tugend *(aréte)* durch Üben *(askésis)*[214] erlernt werden kann, was eine größere Anstrengung *(pónos)* erfordert.

Wer meint, Wuwei sei einfach nur „Nichts-Tun", weiß nicht, um was es geht. Um einen Begriff zu verstehen, sollte man ihn vom Gegenteil

---

[212]Siehe TLC.
[213]http://de.wikipedia.org/wiki/Antisthenes
[214]Nicht zu verwechseln mit Askese. Siehe http://en.wikipedia.org/wiki/Asceticism

abgrenzen. Dies tut der China Experte John Needham:[215] *Wei* (You-wei) *als Gegensatz zu Wuwei bedeutet ,handeln gegen die Natur', Wuwei entsprechend ,handeln gemäß der Natur'.* Doch auch diesen Worten kann man nicht entnehmen, was Wuwei im Taiji-Üben bedeutet. Dennoch sind die Worte von Needham ein Wegweiser für die folgenden Kapitel.

---

[215]http://en.wikipedia.org/wiki/Joseph_Needham, Siehe auch TSC.

4.0 Die geheimnisvollen Zahlen von Laozi und Pythagoreern

Alles im Universum (psychischen kósmos) erweist sich als abgeschlossen in der natürlichen Entwicklung bis hin zur Tetrade.

Iamblichos

Ich vertiefe nun die Erklärung der universellen Schöpfungslehre dadurch, dass ich mich der geheimnisvollen Zahlenfolge 1, 2, 3, 4 von Laozi und Pythagoras zuwende und deren Inhalt beleuchte, soweit es mit Worten möglich ist, hinter denen sich psychische Erfahrungen verbergen. Die Zahlenfolge verweist darauf, dass beide Männer über identische Schöpfungserfahrungen berichten. Mehr noch, sie müssen das einzigartige Wuwei *(philía)*-Prinzip gekannt haben, wofür es viele Indizien gibt.[216] Es ist der Schlüssel, der Praktizierenden den Zugang zu außergewöhnlichen Erfahrungen der Schöpfung ermöglicht. Alles, was Laozi und die Pythagoreer ansprechen, bezieht sich immer darauf. Fangfu: *Ein Dao-Meister lehrt nur eine einzige Methode.* Dies gilt auch für die Meister der *philosophía*.

Ohne Wuwei *(philía)*-Prinzip gibt es keinen Dao-Pfad (Weg der Wahrheit) und keine daraus resultierende Schöpfungslehre. Ungeübte Analysten erwecken jedoch, mangels Verständnis der Metaphern, den Eindruck, die Meister der *philosophía* hätten mit unterschiedlichen Disziplinen (Musik, Arithmetik, Astronomie, Geometrie, usw.) und arithmetischen Zahlen zu tun gehabt. Dies ist eine Illusion!

Was hinter 1, 2, 3 der vier Zahlen 1, 2, 3, 4 steckt, ist geheim (unveröffentlicht), was nicht heißt, dass es sich nicht bis zu einen gewissen Grad beschreiben lässt, was im Folgenden geschieht. Lediglich was hinter der 4, also Sixiang (4), steckt, ist der Öffentlichkeit zugänglich. Ich habe ihr das Kapitel 5 gewidmet, womit die Beschreibung

---

[216]Siehe TSC, TPC und TLC.

der universellen Schöpfungslehre abgeschlossen ist.

Das Geheimnis der Schöpfung

Die übersinnliche Erfahrung der Schöpfung lässt sich meiner Beschreibung nicht entnehmen. Sie ist ein Geheimnis (*mystérion*), das sich nur den wenigen offenbart, die sich *eón* (Taiji) innig hinwenden, um die Mysterien von *eón - mystéria* - innig zu erfahren. Dies kann man dem bereits zitierten *Zweiten Brief* (314b-c) entnehmen: *Verteranen, mit nicht weniger als 30 Jahren Praxis, betonen, dass das was ihnen anfänglich* (vor Übungsbeginn) *als höchst unglaublich erschien nun äußerst klar und begreifbar sei und was sie einst für richtig hielten sich nun in das Gegenteil verwandelt hätte.*

Die *mystéria* sind, auch wenn es ungeübte Analysten nicht erkennen, den Yin-Liugen unzugänglich. Sie sind Proklos[217] (Einheit, §§121-123) zufolge, geheim (*kruphion*), unfassbar (*alepton*), unsagbar (*arreton*) und unerkennbar (*agnoston*). Alle vier Attribute verweisen auf *eón* (SEIN = Taiji = *lógos),* wie man ihrer Endung entnimmt. Darauf beziehen sich auch die folgenden Worte aus den *Goldenen Versen des Pythagoras* (63-66)[218] :

Doch sei guten Mutes; Die Menschen sind göttlicher (numinoser) *Abstammung. Die heilige* (heilende) *Natur enthüllt ihnen die verborgensten Geheimnisse. Wenn sie Dir gewährt ihre Geheimnisse zu schauen, so wirst Du alle Dinge mit Leichtigkeit vollbringen können, in die ich Dich zuvor eingeweiht habe. Und durch die Heilung deiner psyché, wirst Du sie* (die *psyché) von allen Übeln und von allem Leid befreien.*

Diese Worte sind an Übende (Anfänger) gerichtet, denn sie betonen die Notwendigkeit eines Lehrers, einer Qi-Übertragung (Einweihung) und die daraus resultierende Heilung der *psyché.* Diese ist ein wesentlicher Aspekt der griechischen Schöpfungslehre (*kosmogonía).* Diese war zu ihrer Zeit gewiss noch nicht so umfassend erforscht,

---

[217]http://12koerbe.de/pan/proklos1.htm
[218]http://de.wikisource.org/wiki/Goldene_Verse

wie es die Dao-Schöpfungslehre heute ist.

Konfuzius' kurze Beschreibung der Dao-Schöpfungslehre

Konfuzius, der von Daoisten nicht als Daoist angesehen wird, schreibt, Fangfu zufolge, in seinen *Kommentaren zum I Ying* (I Ching): *Taiji ist die Mutter von Lianyi (2), das wiederum zu Sixiang (4) und das wiederum zu Bagua wird.* Damit charakterisiert er Taiji (1) und das was daraus entsteht.

Ich habe Taiji (1) schon umfangreich beschrieben, auch wenn es sich mit Worten nicht erfassen lässt. Ich spreche in diesem Kapitel Liangyi (2) und Sancai (3) nur kurz an und gehe auf Bagua nicht ein, das durch die 8 Trigramme des You-Symbols (Youtu = Symbol für das Diesseits unterhalb A) dargestellt ist, das links in folgender Textzeile auf der Website von Taijixue[219] zu finden ist. Ich erkläre nicht seinen Inhalt.

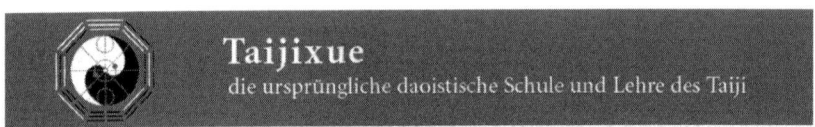

Was ungeübte Analysten inklusive Sinologen jedoch darüber und über sehr ähnliche Symbole verfasst haben, hat wenig mit dem zu tun, was Taiji-Übende mit Leib und Seele auf fortgeschrittenen Stufen darüber erfahren und folglich nicht infrage stellen können.

Alles (im Diesseits) ist Eins (in Taiji)

Hinter dem Diesseits, den getrennten 10.000 Dingen, steckt die jenseitige Eins (Taiji, *hén*), in der alle Dinge zusammenfallen. Insofern ist es gerechtfertigt zu sagen, so wie es Kant und Nietzsche tun: *Alles ist Eins.* Doch es ist ein großer Unterschied, ob man dies nur so einfach dahinplappert, weil man daran glaubt, oder den Inhalt mit Leib und Seele auf dem Dao-Pfad bestätigt und alle Details dahinter ent-

---

[219]http://www.taijixue.de/

deckt hat.

Dazu Zhuangzi: *Das Wirken der Natur zu erkennen, und zu erkennen, in welcher Beziehung das menschliche Wirken dazu stehen muss: das ist das Ziel.* Ich werde seinen Worten in der Beschreibung von Sixiang (4) in Kapitel 5 Folge leisten, denn diese ist auch an Ungeübte gerichtet.

4.1 Die geheimnisvollen Zahlen des Laozi

Ich erkläre nun - mit Verweis auf Bild 2 - in mehr Detail als bisher Laozi (Kapitel 42):

Das Dao erzeugt Eins, Eins gebärt Zwei, Zwei die Drei und Drei die 10.000 Dinge.

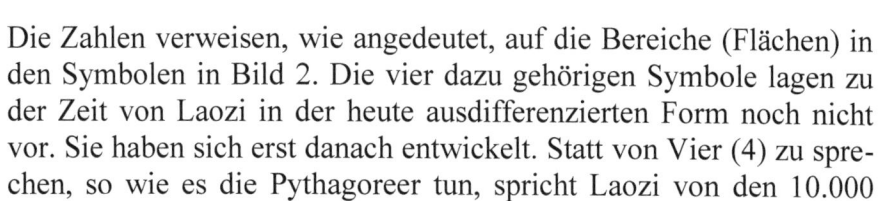

Die Zahlen verweisen, wie angedeutet, auf die Bereiche (Flächen) in den Symbolen in Bild 2. Die vier dazu gehörigen Symbole lagen zu der Zeit von Laozi in der heute ausdifferenzierten Form noch nicht vor. Sie haben sich erst danach entwickelt. Statt von Vier (4) zu sprechen, so wie es die Pythagoreer tun, spricht Laozi von den 10.000 Dingen. Es ist deshalb gerechtfertigt, die Vier (4) mit den 10.000 Dingen gleichzusetzen, zumal sie der Generator aller höheren Zahlen ist, die die 10.000 Dinge beinhalten.

Jede höhere Taiji-Welt beinhaltet alle niederen

Es nützt wenig, jede Zahl und ihr Symbol für sich alleine zu erklären und zu erfassen. Viel wichtiger ist der sich dahinter verbergende und „aus sich heraus" erfolgende Schöpfungsverlauf, der durch ihre Reihenfolge 1, 2, 3, 4 und die entsprechenden Symbole charakterisiert wird.

Zumal jede höhere Taiji-Welt (Bild 2), also jeder umfassendere Bewusstseinszustand, alle niederen beinhaltet, folgt: *Die Eins gebärt Zwei, Zwei die Drei und Drei die Vier* (10.000 Dinge). Die vier Zahlen beschreiben die vier Metamorphosen der *psyché*.

Die Schachtelung der Zahlen

Alle höheren (oberen) Welten (Bewusstseinsebenen) resultieren, im Vergleich zu den jeweils niederen (unteren), aus Erweiterungen der Yang-Liugen. Je höher die Welten, umso inhaltsvoller ist die Wahrnehmung des Qi (*psyché*). Zumal jede höhere Welt alle niederen enthält, beinhaltet auch jede kleinere Zahle alle höheren. Dies bedeutet, dass jede kleinere Zahl alle nachfolgenden größeren erzeugt und jede größere in allen kleineren enthalten ist. Dies ist gleichbedeutend mit: *Die Eins (1) ist in jeder höheren Zahl enthalten.*[220]

Dies gilt auch für die Symbole (Bild 2) und deren Beschreibungen, die sogenannten analytischen Prinzipien.[221] So lässt sich z.B. Sixiang (4) mit drei analytischen Prinzipien erklären, was im Kapitel 5 geschieht. Anhang IV.1 erklärt die vier Symbole und deren Schachtelung auf formelle Weise.

Großes und kleines Yin-Yang

Liangyi (2) wird „großes Yin-Yang" oder „Himmel (Yang)-Erde (Yin)" genannt. Es entsteht aus Taiji (1), das Mischung aus Yin-Yang genannt wird. Sixiang (4) wird als „kleines Yin-Yang" bezeichnet. Es entsteht aus Sancai (3), das Himmel-Erde-Mensch genannt wird.

---

[220]Die Eins wurde von den Pythagoreern als Ursprung aller Zahlen aufgefasst. Es gibt Analysten, die versuchen dies arithmetisch zu erklären, was keinen Sinn macht, sind die Zahlen doch keine arithmetischen Zahlen, sondern Allegorien.

[221]Dies sind Formulierungen, die die jeweiligen Welten und deren Zahlen mit Worten beschreiben

Was steckt hinter den geheimnisvollen Zahlen?

Die Frage, die sich stellt, ist: *Was genau charakterisieren die Zahlen, also die Felder in den Symbolen, wie z.B. die zwei Fische und deren zwei Augen in Sixiang (4)?* Dazu ist Folgendes zu sagen: *Die* (hypothesenfreien) *Gesetzmäßigkeiten (nómoi), mit denen die höheren Welten mit den wiedererweckten Yang-Liugen erfasst werden, lassen sich nicht mit denen der niederen Welten, wie z.B.* den vertrauten *konditionierten* (mathematisierten) *Gesetzen des Diesseits – auf der Basis der Yin-Liugen - ausdrücken.*

Diese Aussage mag den einen oder anderen Leser enttäuschen. Doch es ist nun mal so: *Was auf dem Dao-Pfad mit zunehmend uneingeschränkten Yang-Liugen erfahren wird, lässt sich nicht mit den eingeschränkten Yin-Liugen erkennen.* Dies heißt, dass die (allegorischen Inhalte der) Zahlen bis zu einer gewissen Stufe im Aufstieg – inklusive ihrer Symbole (Bild 2) und analytischen Prinzipien – nur von den Übenden erfahren werden, die bis zu dieser Stufe vorgedrungen sind. Nur durch Üben können die psychischen Inhalte der Symbole (Bild 2) und analytischen Prinzipien als Wiedererinnerung *(anamnésis)* an Verborgenes verifiziert werden.

Dieses außergewöhnliche Taiji-Wissen wird also vom Taiji-Lehrer nicht an die Schüler vermittelt. Schließlich sollen sie es durch Üben selbst entdecken. Dies ist ein Grundprinzip der Taiji-Lehre, das erklärt, warum gewisses Wissen geheim ist. Jeder Hinweis darüber, würde dem Wuwei-Prinzip widersprechen. Er wäre ein Hindernis, Neues aus sich heraus zu entdecken. Heraklit (B 18): *Wenn das Unerwartete nicht erwartet wird, wird man es nicht entdecken, da es dann unaufspürbar ist und unzugänglich bleibt.* Das geheime Wissen ist Übenden nur bis zu der Entwicklungsstufe zugänglich, die sie erreicht haben. Was Fangfu seinen Schülern darüber erzählt, ist nur das Gitter (der Vorhang oder Schleier), hinter dem sich die persönlichen eidetischen Erfahrungen verbergen.

Sixiang (4) = Yin-Yang-Symbol = Tetrade (4)

Ich hoffe, einige Leser akzeptieren, dass meine Äußerungen in diesem und besonders im nächsten Kapitel über Sixiang (4), dem Yin-Yang-Symbol, wesentlich inhaltsvoller und hilfreicher sind, als was man z.B. in wikipedia[222] darüber findet. Dort wird Sixiang (4) als Taiji-Symbol, Taijitu, bezeichnet, was nicht im Einklang mit dem ist, worüber ich berichte.

Sixiang (4) und Tetrade (4) genießen unter den vier Zahlen (Symbolen) eine Sonderstellung aus zwei Gründen. Der erste Grund ist, weil ihr Inhalt Ungeübten mit den drei offenen Prinzipien (Sanxi) verständlich gemacht werden kann, was für alle „höheren Symbole" – oder kleinere Zahlen - nicht zutrifft. Deren Inhalte bleiben Ungeübten geheim, auch wenn in der Literatur, wie z.B. in Robert Waterfield´s *The Theology of Arithmetic,* darüber berichtet wird. Doch was dort vermittelt wird ist unakzeptabel, wenn man weiß um was es dabei geht.

Der zweite Grund ist, weil der Taiji-Lehre zufolge Sixiang (4) alle höheren Zahlen inklusive der 10 erzeugt, was auch der „erzeugenden Tetrade (4)" zugeschrieben wird (Anhang II.6). Wir lesen in *The Theology of Arithmetic* (S. 63): *Die Pythagoreer verehrten sie* (Tetrade) *als Vater der Dekade.* Wir lesen (S. 60): *Die Tetrade ist die Basis der natürlichen Vielfalt und des Zuwachs ....* Wir lesen (S.55) erneut im besten Einklang mit Laozi und der Taiji-Lehre: *Alles im Universum* (psychischer *kósmos) erweist sich als abgeschlossen in der natürlichen Entwicklung bis hin zur Tetrade...*

Auch die Pythagoreer erkannten in der Tetrade (4) den Generator der Vielheit (des Seins)[223] , was Laozi damit zum Ausdruck bringt, dass Sixiang (4) für ihn die höchste Zahl ist, die er mit den 10.000 Dingen gleichsetzt. Dies ist ein weiteres Indiz für die Übereinstimmung beider Lehren.

Was für die Zahlen und deren Symbole zutrifft, gilt auch für die neun

---

[222]http://de.wikipedia.org/wiki/Yin_und_Yang
[223]http://www.tattva.de/die-tetraktys-als-geheime-essenz-gottlicher-schopfung-3/

analytischen Ansätze (Jiuxi), die die stufenweise Verwandlung der *psyché* (Qi) im Aufstieg wie auch im Abstieg beschreiben. Sie liefern, gemeinsam mit den drei Welten (Sanjie), die Dao-Weltformel, d.h. die komplette Beschreibung des *kósmos*.

4.2 Die neun (Jiu) analytischen Ansätze (Xi) für die drei (San) Welten (Jie)

Während sich Naturwissenschaftler bemühen, ein stets vollständigeres Verständnis des Diesseits, inklusive des physikalischen Kosmos, zu erlangen, haben Dao-Meister den psychischen *kósmos* bereits komplett erforscht.

Ihrer Erkenntnis kann, Fangfu zufolge, nichts hinzugefügt werden. Sie ist vollständig in der Dao-Welt(en)formel (Dao-Weltformel) zusammengefasst. Diese charakterisiert die drei Welten (San Jie) durch neun analytische Ansätzen (Jiu Xi) und wird folglich Sanjie Jiuxi genannt. Die neun Ansätze sind auf die drei Welten (You, Wuyou, Wu) in Bild 2 verteilt. Für You gibt es fünf, für Wuyou drei und für Wu einen Ansatz. Die Ansätze für jede höhere Welt beinhalten die für die niederen, d.h. auch sie sind, so wie die Zahlen und Symbole, geschachtelt.

Ihre Inhalte werden Übenden - in Funktion ihres Fortschritts auf dem Dao-Pfad zunehmend zugänglicher. Die Formel ist – meines Wissens – in keiner traditionellen Kultur so klar und eindeutig wie in der Taiji-Lehre formuliert. Viele Meister haben zu ihrer Entwicklung beigetragen. Sie hat nichts mit einer physikalisch-mathematischen Weltformel (Formel für Alles) zu tun, worüber Physiker berichten (Anhang IV.2).

4.3 Die geheimnisvollen Zahlen des Pythagoras

Die Pythagoreer verweisen auf die gleichen vier Zahlen wie Laozi und somit auf die persönliche Erfahrung der Schöpfung (*kosmo-*

gonía), was ich ohne Taiji-Erfahrung nicht erkannt hätte. Sie folgten also dem Dao-Pfad (Weg der Wahrheit), was ungeübte Analysten bisher nicht erkannt haben. Dies soll nicht heißen, dass die Pythagoreer die Theorie und Praxis von Dao-Meistern übernommen hätten. Wer von wem und wenn überhaupt etwas übernommen hat, ist nicht das Thema des Buches. Die schöpferische Vergangenheit ist, so wie auch Taiji, konfus.

Ich wiederhole nun, was in *The Theology der Arithmetic* (S.56) - im Einklang mit dem Laozi Zitat (Kapitel 42) - über die vier Pythagoreischen Zahlen zu lesen ist:

... *arithmetiké* ist der Pythagoreischen Monade (1), *mousiké* der Dyade (2), *geometria* der Triade (3) und *astronomía* der Tetrade (4) zugewiesen, so wie im Text *Über die Götter* (*On the Gods*) Pythagoras auch zwischen diesen Begriffen wie folgt unterscheidet: *Vierfältig sind die Grundlagen der Weisheit* (*sophía* erlangt durch *philía* = Wuwei) - *arithmetiké, mousiké, geometría, astronomía – in der Reihenfolge 1, 2, 3, 4.*

Die den Metaphern *arithmetiké, mousiké, geometría, astronomía* zugeordneten Zahlen 1, 2, 3, 4 sind nicht arithmetisch, sondern allegorisch. Sie haben absolut nichts mit den Lehnworten, Arithmetik, Musik, Geometrie, Astronomie, zu tun. Auch dahinter verbergen sich übersinnliche Erfahrungen, die aus sich heraus entstehen und die sich wandelnde Übungspraxis *(techné)*[224] charakterisieren. Sie beschreiben also die stufenweise Entwicklung der Übung, der die Zahlen 1, 2, 3, 4 zugeordnet sind. Diese charakterisieren also die Welt- und Selbstent-

---

[224]http://www.taijixue.de/inhalt_e.htm

stehung (*kosmogonía, kosmología*) oder Menschwerdung (Regression, Abstieg).

Auch Empedokles (Anhang III.2) und andere Meister verweisen darauf mit den vier „Elementen", in die, so wie in alle Metaphern der *philosophía* (mit *philía* zu *sophía*), viel Unsinn hineingedichtet wurde und immer noch wird.

Monade: Höchstes Symbol der Schöpfung

Das Symbol der Monade ist ein Kreis mit zentralem Punkt (Bild 1c). Es unterscheidet sich vom Taiji-Symbol (Taijitu), dem „leeren Kreis". Der Punkt könnte das absolute Nichts (besser: das nicht Erfassbare am Ende des Pfads) symbolisieren, aus dem die Monade (Taiji) hervorgeht. Ihr werden folgende Attribute zugewiesen[225] :

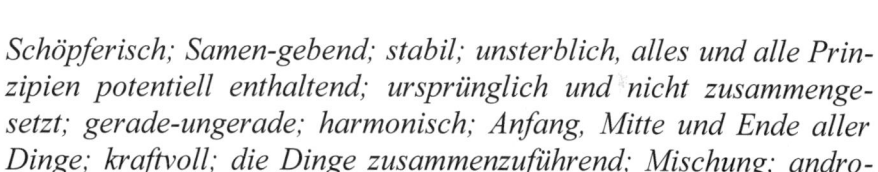

Schöpferisch; Samen-gebend; stabil; unsterblich, alles und alle Prinzipien potentiell enthaltend; ursprünglich und nicht zusammengesetzt; gerade-ungerade; harmonisch; Anfang, Mitte und Ende aller Dinge; kraftvoll; die Dinge zusammenzuführend; Mischung; andro-gyn (Mischung aus weiblich und männlich, Mischung aus Yin und Yang)*; Sammelbecken von Allem; Chaos; matrix* (Gebärmutter)*; eón* (SEIN)*; Ursache der Wahrheit; das „Jetzt" im Zeitverlauf,* etc.

Die vielen Attribute sind ein Indiz dafür, dass die Monade eine sehr tiefgründige Metapher ist und sich nicht mit Worten beschreiben lässt. Viele Worte legen, so wie viele Richtungen, keine Richtung fest. Nur was nicht gerichtet ist, kann Neues selbstbewegt gebären.

---

[225]*The Theology of Arithmetic* (S.35-40)

Es ist für alles noch offen! Die Charakterisierungen der Monade (1) gilt ebenso für Taiji (*hén*), was dafür spricht, dass Monade (1) = Taiji (1).

Pythagoreische Symbole

Den Pythagoreischen Zahlen werden, so wie den Zahlen der Dao-Lehre, ebenfalls Symbole zugewiesen, die schon seit langem als mathematische und geometrische Zeichen (Objekte) dem angeblich „großen Mathematiker" Pythagoras angedichtet werden. Falls die Symbole auf diese Weise zu interpretieren wären, sollten sie nicht auf Pythagoras und die Pythagoreer zurückgehen. Dann würde nämlich alles, was ich über ihre Schule berichte nicht stimmen. Dann würden sie - im Vergleich zur Taiji-Schule - nur „kleine Brötchen backen". Insofern muss ich folgern, dass die Behauptung, die Pythagoreer wären Mathematiker, das Resultat von Gedankenunfällen von ungeübten Analysten ist infolge von: *Gleiches wird durch Gleiches erkannt!* Wer mathematisch und geometrisch denkt, erkennt beides in den Symbolen[226] wieder. Das ging mir ebenso, bis ich anfing Taiji zu üben. Doch die Zeichen (Objekte) symbolisieren psychische Inhalte. Ich verzichte, abgesehen von der Monade (1) auf ihre Darstellung.

Wir lesen in den *Goldenen Versen des Pythagoras* (47):

Das schwöre ich bei dem, der unseren Seelen die Heilige (besser: heilende und Selbsterkenntnis bringende)[227] *Vierheit der Tetraktys eingepflanzt hat, der Quelle der Natur, deren Ursache ewig ist.*

---

[226]http://tetraktys.de/einfuehrung-1.html
[227]Siehe Kapitel 8 und 9.

Die *Tetraktys* (Bild 1b) ist das Pythagoreische Äquivalent der vier Symbole in Bild 2. Letztere sind jedoch viel aussagekräftiger (detaillierter) als deren Punkte auf vier Ebenen. Die *Tetraktys* wurde von den Pythagoreern sehr verehrt (Waterfield, S.57). Sie drückt aus, dass die Monade (1) die Dyade (2), diese wiederum die Triade (3) und diese die Tetrade (4) erzeugt, usw. so wie ich es für die Zahlen von Laozi erklärt habe. Sie sind Allegorien für psychische Entwicklungsstufen und folglich, so wie die Zahlen von Laozi, geschachtelt. Dies beinhaltet, dass die Monade alle höheren Zahlen erzeugt. Wenn Taiji (1) = Monade (1), so gilt notwendigerweise auch Liangyi (2) = Dyade (2), Sancai (3) = Triade (3) und Sixiang (4) = Tetrade (4).

Es gibt – durch die Taiji-Brille betrachtet - enorm viele verzerrte Darstellung der Pythagoreer. Diese gehen schon zurück auf Aristoteles und vermutlich früher (Anhang IV.3). Dazu gehört das *quadrivium*,[228] das die westliche Kultur stark geprägt hat.[229]

Die Pythagoreer kannten kein *quadrivium*

Arithmetiké, mousiké, geometría und *astronomía,* die der Pythagoreischen Monade (1), Dyade (2),Triade (3) und Tetrade (4) zugeordnet werden, haben nichts mit dem *quadrivium* (Arithmetik, Musik, Geometrie, Astronomie) zu tun, das man den pythagoreischen Meistern unterstellt.[230] Das *quadrivium* ist – so wie alles andere über die *philosophía* auch - nichts weiter als „Dichtkunst" der ungeübten Analysten, die uns in das Schlammassel gebracht haben, in dem sich die heutige Interpretation der „Gründungsväter der westlichen Kultur" befindet.

Die „Dichtkunst" ist die Folge davon, weil die *psyché* in *sóma* begraben ist, also nur auf das Diesseits (10.000 Dingen) hin ausgerichtet ist. Kein Wunder, dass es so viele eigenartige Interpretationen der Pythagoreer gibt. Dazu zählt, dass einigen Analysten die Zahlen mit

---

[228]http://de.wikipedia.org/wiki/Quadrivium
[229]Siehe TPC.
[230]Siehe TSC.

Zahlenmystik[231] verbinden. Schon Aristoteles hat zur „Dichtkunst" beigetragen (Anhang IV.3).

4.4 Platon: Das Auge aus dem Schlamm der *psyché* ziehen

Platon betont in *Politeia 7,* dass es die Aufgabe der *philosophía* sei, *das Auge aus dem ‚barbarischen*[232] *Schlamm' der psyché zu ziehen.* Auch betont er, dass es das *in Wahrheit im ‚barbarischen Schlamm' vergrabene ‚Auge der psyché'* sei, das das Vermögen besitzt, uns in die Ideenwelt[233] zu führen.

Unter dem, was er mit diesen Worten ausdrückt, verstehe ich zum einen, dass man dem Augenscheinlichen im Diesseits misstrauen sollte, so wie ich es anhand der vielen Verzerrung belege, ist doch die *psyché* eingeschränkt. Zum anderen verstehe ich, dass man für tiefgründige ‚Einsichten ins Jenseits (Platon: *idéai)'* die *philosophía* einsetzten sollte. Wie sonst könnte man sich vom barbarischen Schlamm (Meinungsbrei) befreien, den ungeübte Analysten seit Jahrhunderten über die *philosophía* vermitteln? Während früher überwiegend Schriftgelehrte das Schlamassel erzeugten, so sind es heute auch Naturwissenschaftler (Anhang IV.4).

Von Cleverness zur Weisheit

Viele von uns – Philosophen, Politiker, Wissenschaftler, Theologen, Ökonomen, usw. - sind überzeugt, sie könnten mit Cleverness und Rhetorik alles in den Griff bringen. Doch beides ist keine Weisheit. Sie erfordert es, im Einklang mit der Schöpfung zu handeln. Sie befasst sich nicht mit den 10.000 Dingen, sondern mit dem Ganzen (Einem). Der erste Schritt, um mit ihr in Kontakt zu kommen, besteht

---

[231]https://www.heiligenlexikon.de/Glossar/Zahlenmystik.htm

[232]Die Griechen haben unter Barbaren alle Fremden oder Ausländer verstanden. Barbar *(bárbaros)* war also nicht abwertend so wie heute gemeint.

[233]Dies ist ein irreleitender Begriff, den ich in TSC korrigiere. Er verweist auf die Erfahrung von Taiji.

darin, Sixiang (4) zu verinnerlichen. Es ist ein hypothesenfreies Abbild von Taiji (1) im Diesseits, dem das nächste Kapitel gewidmet ist. Wer Sixiang (4) verinnerlicht, hat damit den ersten Schritt zur Weisheit vollzogen. Er erkennt, dass die *Ordnung der Natur,* die die „mathematisierten Wissenschaften" erzeugen, nicht im Einklang mit Sixiang (4) und auch nicht mit Taiji (1) und somit nicht mit der Schöpfung ist.[234]

Nur wer ein inniges Verständnis von Sixiang (4) hat, hat einen Einblick in das Weise *(sóphon)* des ewig schöpferischen *kósmos noetós (tó hèn, eón, lógos, pléroma,* usw.). Er hat somit seine *psyché* soweit *aus dem Schlamm gezogen,* wie es ohne Üben möglich ist. Er ist somit ein wenig mit der unkonditionierten Natur *(phýsis),* die sich in Sixiang (4) widerspiegelt, vertraut geworden. Er erkennt, dass sich die Natur *(phýsis)* nicht durch menschliche Theorien, Gebote, Regeln, usw. einschränken und unterdrücken lässt. Dies bestätigt z.B. auch die moderne Physik, die immer mehr Aspekte von Sixiang (4) entdeckt.[235] Er wird schlussfolgern: *Je mehr man die Dinge trennt, Wortklauberei betreibt und polarisiert, umso mehr hat man sich von der Schöpfung entfernt. Je mehr man jedoch Sixiang (4) in sein Denken und Handeln integriert, umso mehr ist man mit ihr im Einklang.*

Dies ist eine große Herausforderung, an der man ständig arbeiten (geistig üben) muss. Einfach zu glauben, man wüsste was gut und böse, richtig und falsch, etc. ist, ist es nicht, auch nicht wenn man meint, eine „höhere Instanz" würde die eigene Sicht der Dinge absegnen. Dies ist Wunschdenken! Wären Gut und Böse von Natur aus getrennt, so könnte die Schöpfung nichts Neues hervorbringen.

Selbstverständlich ist der Mensch im Alltag gefordert, Entscheidungen über Gut und Böse, richtig und falsch, ja und nein zu fällen, doch er wird es umso mehr im Einklang mit der Schöpfung tun, je mehr er mit Sixiang (4) vertraut ist. Damit habe ich Leser ein wenig auf das nun anstehende Kapitel 5 vorbereitet. Es ermöglicht – ich wiederhole

---

[234]Was ich hier anspreche, hat auch der große Bewunderer des traditionellen Chinas, Joseph Needham erkannt. Darüber berichte ich in TSC.

[235]Siehe TSC.

– ungeübten Lesern, mittels Sixiang (4), im Einklang mit der Schöpfung zu leben.

5.0 Die drei offenen analytischen Ansätze

Einmal Yin und einmal Yang, das ist Dao.

I Ying (I Ching)

Ich erkläre Sixiang (4) mit Sanxi, den drei (San) offenen (publizierten) analytischen Ansätzen (Xi). Damit vollziehe ich den letzten Schritt der Beschreibung der universellen Schöpfungslehre. Damit hoffe ich, den tiefgründigen Worten aus dem *Huangdi Neijing*[236] , dem ältesten Medizinkanon der Welt, der dem Gelben Kaiser (Huangdi, 2698 - 2598 v.u.Z.)[237] zugeschrieben wird, Gewicht zu verleihen: *Ich habe gehört, dass in alten Zeiten es 'geistige Wesen' gegeben hat; ... sie verstanden das Yin und Yang.* Seinen Worten kann man entnehmen, dass nicht jeder Mensch Yin und Yang versteht, denn erst mit dem Aufstieg der *psyché* wird man zum (erleuchteten) *geistigen Wesen.* Obwohl ich den Aufstieg, die Progression, den Weg der Läuterung schon – im Einklang mit Bild 2 – beschrieben habe, beleuchtet Anhang V.1 einige Aspekte davon, die ich bisher noch nicht angesprochen habe. Er erklärt, wie man zum *geistigen Wesen* wird.

Erst wenn man aufgestiegen ist, versteht man den Abstieg (*kosmogonía)* und somit Sixiang (4), das sich nicht durch Weltzugewandtheit entdecken lässt. Sein Inhalt lässt sich jedoch – und das ist das Beeindruckende – mit Worten in einer Weise beschreiben, womit die Barrieren, die sie uns auferlegen, überwunden werden. Auch wenn Sixiang (4) von Dao-Meistern ohne Worte entdeckt wurde, so kann es dennoch Ungeübten damit erklärt werden. Mehr noch, Sixiang (4) gibt uns allen eine Anweisung, wie man mit der Schöpfung im Einklang leben kann. Es beschreibt das Wechselspiel zwischen Yin und Yang (kurz: Yin-Yang) in der natürlichen Weise, wie ich es in die-

---

[236]http://de.wikipedia.org/wiki/Huangdi_neijing
[237]http://de.wikipedia.org/wiki/Huangdi

sem Kapitel erkläre. Versteht man es, so denkt und handelt man im Einklang mit Taiji (Dao): *Einmal Yin und einmal Yang, das ist Dao.*

Sixiang (4) in östlich-westlichen Schöpfungslehren?

Was ich über Sixiang (4) berichte, sollte also auch für die Tetrade (4) und äquivalente Konzepte (Symbole) in den anderen traditionellen Kulturen gelten, auch wenn es ihren Schriften nicht leicht zu entnehmen ist. Auch sie müssen den Zustand der *psyché* zum Ausdruck gebracht haben, den Sixiang (4) in Worte fasst.

Ich zähle - aufgrund umfangreicher Literaturstudien und Vergleiche mit der Taiji/Dao-Lehre - nicht nur die daoistische, sondern auch die pythagoreische/ platonische, vedische, buddhistische und zoroastrische Schöpfungslehre zur universellen Schöpfungslehre, der viele Mythen durch Verzerrungen entsprungen sind.

Von Taiji (1) zu Sixiang (4)

Jede Erklärung von Sixiang (4) wäre für sich allein unvollständig, wenn sie ohne die schöpferische Regression (von D nach A in Bild 2) betrachte würde, der zufolge die oberen Symbole die unteren erzeugen. Alle vier Symbole, also auch Sixiang (4), sind im Taiji-Symbol (Taijitu) eingebettet (eingehüllt).

Taiji (Daodao), die Welt der unsterblichen *psyché* (Qi), ist die Mutter aller darunter liegenden Welten. Dazu zählt auch das konditionierte Diesseits unterhalb A, das für Zhuangzi die Welt ist, in der das Dao (Taiji) „zerstört" ist.

5.1 Wie gelangt man in Harmonie mit der Schöpfung ohne Taiji-Üben?

Sixiang (4) ist den Erkenntnissen auf dem Dao-Pfad zu verdanken. Es erklärt, wie man mit der Schöpfung im Diesseits im Einklang leben kann, ohne dem Dao-Pfad zu folgen. Damit meine ich das unkonditonierte Diesseits oberhalb A. Es umfasst natürliche hypothesenfreie Gesetze, die sich hinter den drei analytischen Ansätzen von Sixiang (4) verbergen. Indem man diese drei analytischen Ansätze verinnerlicht, vollzieht man den Übergang vom konditionierten (kulturell geprägten) Diesseits unterhalb A zum unkonditionierten (natürlichen) Diesseits oberhalb A ohne zu üben und erkennt, was es bedeutet, im Einklang mit Taiji (1) zu sein.

Die dafür eingesetzte Sprache macht die sich ewig wandelnde und dahin fließende schöpferische Natur, die durch Sixiang (4) charakterisiert wird, unzugänglich. Sie trennt, was eigentlich untrennbar ist.

Geistiges Üben

Die Verinnerlichung von Sanxi (drei analytische Ansätze) beinhaltet eine „geistige Übung", in der die drei offenen Ansätze (Sanxi) gedanklich vereint werden, obwohl sie separat hintereinander formuliert sind und somit den Eindruck erwecken, jeder Ansatz existiere unabhängig von den anderen. Doch dies ist nicht so. Sie beschreiben Wandel, Paarung und Verwandlung von Gegensätzen, die untrennbar voneinander sind. Ihre geistige Vereinigung mag dem einen Leser leichter und dem anderen schwerer fallen. Sie ist ein Schritt weg von der dualistischen hin zur nicht-dualistischen Sicht der Welt, einer Sichtweise weg vom trennenden Entweder-oder-Denken hin zum vereinenden Sowohl-als-auch-Denken (Siehe auch Kapitel 8). Es ist ein Blick hinter das trennende Gitter der Sprache, die das wahre Geschehen verschleiert.

Die Überwindung der trennenden Sprache

Die separate Formulierung der drei Ansätze hintereinander ist der Sprache geschuldet, mit der man Sixiang (4) jedoch nicht erfassen kann. Nur wer die Separation durch „geistiges Üben" überwindet, vollzieht den Übergang vom sprachlich konditionierten Diesseits unterhalb A zum unkonditionierte Diesseits oberhalb A. Er wird sich damit der Einheit, Taiji (1), bewusst, von der er durch seine weltlichen Wurzeln (Yin-Liugen) unterhalb A getrennt ist. Er erahnt, warum Buddha das sprachlich konditionierte Diesseits, die Welt der Hypothesen, Regeln, Gebote, Verbote und Dogmen, eine Fiktion oder Illusion *(maya)* nennt. Er wird die Worte von Nietzsche[238] würdigen: *Jene ganze Fiktionswelt* (dazu gehört alles was konditioniert ist) *hat ihre Wurzel im Hass gegen das Natürliche, die ist Ausdruck eines tiefen Missbehagens am Wirklichen.*

Opus kontra naturam: Das Werk gegen die Natur

Die Fiktionswelt geht mit dem *opus kontra naturam* (menschliches Wirken gegen die Natur) einher, das besonders von den Menschen realisiert wird, die sich einreden, alles müsse gemacht werden, was machbar ist. Sie ist eine Folge der eingeschränkten *psyché*, so wie es Platons *Eudemus* ausdrückt: *Die psyché ist in sóma* (konditioniertes Diesseits = körperliche Welt = Grab = Höhle = diskursiv begreifbare Welt) *eingesperrt, so dass sie die Dinge* (darin) *nur wie durch ein Gitter betrachtet.* Das Opus ist in Disharmonie mit dem Einen *(hèn)*, dem *lógos.* Es verbirgt so wie ein Gitter, Schleier oder Filter die ewig schöpferische Welt (Taiji= *lógos*).

Die Disharmonie ist, wie die *hýbris – némesis*-Interaktion in Kapitel 7 zeigt, der *hýbris* geschuldet. Sie ist die Folge einseitiger Weltzugewandtheit, der Hinwendung zu *sóma* (konditioniertes Diesseits). Die Weltzugewandtheit ist jedoch - bis zu einem gewissen Grad - notwendig, denn sie garantiert das Überleben in der Gesellschaft.

Von menschengemachter Ordnung zum planlos Hingegossenen

Die geistige Übung ist ein Schritt zu mehr Natürlichkeit, eine Befreiung von der gesellschaftlichen Einschränkung, die uns die trennende und stets wandelnde Sprache und das damit einhergehende (dualistische) Entweder-oder-Denken im Alltag auferlegen. Es ist ein Schritt hin zur hypothesenfreien (planlosen) Weltordnung, der ohne Taiji-Üben aber mit geistigem Üben realisiert wird. Sie erklärt, wie die Gegensätze in der gepaarten Vielfalt des Diesseits miteinander verbunden (vermischt) sind und miteinander agieren. Damit unterscheidet

---

[238]http://de.wikipedia.org/wiki/Friedrich_Nietzsche

sich Sixiang (4) vom konditionierten Diesseits, das auf der trennenden Sprache und Entweder-oder-Denken fußt. Heraklit (Theophrast, metaph. 7a 14 f) charakterisiert das hypothesenfreie (unkonditionierte) Diesseits wie folgt (Frag. 124): *Im planlos Hingegossenen findet sich die schönste Ordnung.*

Die Interaktion der Gegensätze, die durch Sixiang (4) beschrieben wird, kommt auch in Heraklits berühmten Zitat zum Ausdruck: *Pólemos patèr pánton* (Der „Streit" ist der Vater aller Dinge). Damit deutet er an, dass die Dinge in Sixiang (4) miteinander agieren. Er erklärt aber nicht wie.

Die Bedeutung von Wuwei im Verständnis von Sixiang (4)

So wie der stufenweise Aufstieg durch Taiji-Üben dem Wuwei-Prinzip genügt, so wird Wuwei durch das geistige Üben zur Verinnerlichung von Sixiang (4) ebenfalls aktiviert, denn es verknüpft (vermischt) die durch die Sprache getrennte gepaarte Vielfalt (10.000 Dinge) auf eine ganz natürliche Weise im Einklang mit Taiji (1). Darauf verweist der einhüllende Kreis von Sixiang (4). Er deutet an, dass Sixiang (4) genau das im Diesseits widerspiegelt, was laut Laozi in Dadao oder Taiji (1), das in kreisförmiger Bewegung ist, simultan vonstattengeht.

Die nachfolgende Charakterisierung von Sixiang (4) macht seine Tiefgründigkeit zugänglich und beschreibt wie der „Streit", die Interaktion zwischen Yin und Yang, erfolgt.

5.2 Die drei analytischen Ansätze

Hier kommen die drei philosophisch-analytischen Ansätze für Sixiang (4), die zwar separat formuliert werden, aber untrennbar sind, weil sie miteinander in einer Weise agieren, die das geistige Üben zunehmend offenbart:

1. Entstehungsverwandlung und Geburt; *Huasheng* (huà shēng

化生).

2. Gegensätzlichkeit und Relativität: *Duidai* (duì dài 对待).

3. Entwicklung und Wandlung: *Liuxing* (liú xíng 流行).

Die folgenden drei Hinweise aus der *philosophía* geben einen ersten Eindruck, um was es dabei geht. Dazu benutze ich vertraute Zitate.

Entstehungsverwandlung

Hesiod: *Zu allererst wahrlich entstand das 'Chaos', aber dann die 'breitbrüstige Gaía'.* Chaos verweist auf Taiji *(lógos,* Monade, Mischung aus Yin und Yang). Breitbrüstige *Gaía* verweist auf die Trennung von Yin und Yang. Hesiods Worte beschreiben den Übergang von der Monade (Taiji) zur Dyade, so wie er auf der iranischen Bronzestatue in Bild 7 symbolisiert ist. Was er nicht zum Ausdruck bringt und auch ich hier bisher noch nicht angesprochen habe, ist, dass die Zweiheit (Dyade) wieder in die Einheit zurückkehrt (Siehe Kapitel 8-9). Zur Entstehungsverwandlung gehört also, dass alles im Diesseits im ständigen Fluss des Entstehens und Vergehens ist. Es kommt aus Taiji (Dadao) und geht wieder zurück in Taiji (Dadao).

Gegensätzlichkeit

Heraklit (Frag. 67) [239] verweist, so wie Bild 7, darauf, dass die Gegensätze im Diesseits ihren Ursprung in der Mischung, Taiji (Monade = *ho theos = ho nous),* nehmen: *Ho theos* (Taiji) *ist Tag–Nacht, Winter–Sommer, Krieg–Frieden, Sättigung–Hunger.* Die zitierten Paare repräsentieren alle Paare.

Entwicklung und Wandlung

In der Fortsetzung des Zitats spricht Heraklit die Entwicklung und Wandlung der Gegensätze im Diesseits an: *Alle* (zusammengeführten) *Gegensätze, das ist der Nous* (Taiji, Dao), *er wandelt sich, ge-*

---

[239] http://12koerbe.de/pan/heraklit.htm

nau wie Feuer (Taiji-Qi). Seinen Worten ist zu entnehmen, dass Entwicklung und Wandlung durch das *kreisende Feuer* (Taiji-Qi) in Taiji (Dadao) verursacht werden. Heraklit (Frag. 126) beschreibt beides wie folgt: *Kaltes erwärmt sich, Warmes kühlt sich, Feuchtes trocknet sich, Trockenes feuchtet sich.* Man kann jedes Ding (jede Existenz) im Diesseits nur in Relation zum Gegensatz erfassen und beurteilen.

Relativität

Heraklit (Frag. 111) zeigt auch im nachfolgenden Zitat, dass Entwicklung und Wandlung einer Existenz (eines Dings) nur in Relation zu einer gegensätzlichen gesehen werden kann: *Krankheit machte Gesundheit stets angenehm und gut, Hunger die Sättigung, Ermüdung das Ausruhen.* Wer nie krank war, weiß die Gesundheit nicht zu schätzen, was er umso mehr tut, je kränker er war.

Die Relativität hat viele Aspekte. Der Glauben des einen, ist der Aberglauben des anderen. Was heute aktuell ist, ist morgen Schnee von gestern. Alles ist relativ, auch wenn viele Zeitgenossen die Gegensätze als absolut betrachten und die Relativität am liebsten ignorieren würden. Dies müssen z.B. die mathematisierten Wissenschaften tun, was bedeutet, dass sie nicht im Einklang mit Sixiang (4) sind. Sie basieren auf Entweder-oder-Entscheidungen (Ja-Nein, richtig-falsch, gut-böse, usw.). Sie prägen das Denken der Wissenschaftler[240] , Politiker, Philosophen, Gläubigen, usw., die Gegensätze oft als absolut betrachten und deren relative Beurteilung und Wandlung ignorieren. Wer Entscheidungen fällen muss, muss es auch tun. Doch es ist ein großer Unterschied, ob man nur clevere oder weise Entscheidungen fällt. Polarisieren ist nicht mit der Schöpfung im Einklang.

Shakespeare auf den Spuren von Heraklit

Shakespeare ist im Einklang mit der Taiji-Lehre, wenn er betont: *Nichts ist gut oder böse, nur das* (gesellschaftlich geprägte diskursive und polarisierende) *Denken macht es dazu.* Heraklit formuliert dies

---

[240]Die neue Physik erkennt immer mehr die Einschränkung der Sprache. Siehe dazu TSC.

noch tiefgründiger (Frag. 102, schol. vet. ad Hom. Il. 4,4): *Für tôi men theôî*[241] *(lógos,* Manager der Qi-Felder[242] , Taiji, SEIN) *ist alles gerecht; nur die Menschen* (die sich mit dem konditioniertem Diesseits identifizieren) *halten das eine für gerecht und das andere für ungerecht.*

Wann kommt es zur Wandlung?

Sokrates (*Politeia,* lib.8, cap.4 aus W.SCHÄTZEL: Der Staat; S.2ff)[243] weist nicht nur darauf hin, dass sich Gegensätze ins Gegenteil verwandeln, sondern auch wann es dazu kommt: *Denn das Wort ist wahr, dass ein Extrem regelmäßig das entgegengesetzte Extrem auslöst. Das gilt so beim Wetter, in der Pflanzenwelt, in unseren Körpern und erst recht bei den Staaten* (heute: in der Politik).

Zu viel Moral erzeugt Unmoral und umgekehrt. Zuviel Handeln (Kontrollieren) erzeugt Kontrollverlust, z.B. Stress (mit vielfältigen Symptomen), und umgekehrt. Zu viel Druck erzeugt Gegendruck. *Hýbris* ruft *némesis* hervor, usw., usw..

Was bedeutet die Vier (4)?

Die Gegensätzlichkeit in Sixiang (4) drückt sich durch die zwei Fische aus, ihre Interaktion miteinander durch deren zwei Augen. Dies erklärt die Vier (4). Es könnte zu keinem Wandel der Gegensätze kommen, wenn nicht in jedem Pol (Fisch) der Gegenpol (sein Auge) stecken würde. Die Form der Fische beschreibt die Art und Weise, wie der Wandel vonstattengeht.

Weitere Information zu den drei analytischen Ansätzen (Sanxi) ist im Anhang V.2 zu finden. Alles, was ich über Sixiang (4) und seine Entstehung aus Wu ( ) oder Taiji (1) bisher berichtet habe und im Anhang detailliere, nützt dem Verständnis nachfolgender Kapitel.

---

[241]Wird meist mit Gott übersetzt. Dies ist ein religiöser Begriff, der erst mit Einführung des Christentums auftauchte.

[242]Dies ist ein Äquivalent für Taiji.

[243]http://wfgw.diemorgengab.at/tzn200703.htm

5.3 Das Wechselspiel zwischen Wuwei und Youwei

Der erfolgreiche Übergang vom konditionierten Diesseits zum hypothesenfeien Sixiang (4) beinhaltet die Aktivierung des natürlichen Triebs, Wuwei *(philía),* dem der gesellschaftlichen Trieb, Youwei *(neíkos),* entgegenwirkt. Beide Triebe interagieren im Wechselspiel, so wie es Sixiang (4) beschreibt. Sie geben Heraklit eine tiefgründige Bedeutung: *Die verborgene Harmonie ist besser als die offensichtliche* (B 5). Warum? Nun, Wuwei agiert, im Gegensatz zu Youwei, aus dem Verborgenen. Wuwei ist also besondere Aufmerksamkeit zu schenken.

Die nachfolgenden Kapitel 7 - 9 sind ohne das Wechselspiel (den „Streit") nicht zu verstehen. Kapitel 7 erklärt die negative Reaktion der Natur auf übermäßiges gesellschaftliches Handeln, Youwei *(neíkos).* Kapitel 8 zeigt, warum regelmäßiges Taiji-Üben das Denken naturalisiert. Kapitel 9 erklärt, warum es die Gesundheit fördert. Beides sind Aspekte der Weisheitssuche und Lebenspflege. Sie sind das zentrale Anliegen der Dao-Lehre und *philosophía.* Kapitel 8 und 9 erklären, warum die Dao-Praxis (Wuwei-Praxis) Taiji-Übende peu a peu in Harmonie mit der Schöpfung bringt. Dies ist wahrlich eine hohe Kunst *(techné).*[244] Sie ist absolut nicht mit der „Poesie" zu vergleichen, die ungeübte Analysten ihr andichten.

Die Bedrohung von Wuwei *(philía)* durch Youwei *(neíkos)*

Bild 8 aus Persepolis (Iran) zeigt die Interaktion von Yin-Yang. Es ergänzt Bild 7, das die Entstehung von Yin-Yang aus dem Einen (Chaos, Mischung von Yin-Yang) allegorisiert. Beide Bilder deuten somit auf das, was auch Sixiang (4) – in noch mehr Details als Bilder 7 und 8 zusammen – zum Ausdruck bringt: Die Trennung von Yin (Löwin) und Yang (Stier) aus dem Einen (Mischung von Yin-Yang) und die Bedrohung von Yang (Stier) durch Yin (Löwin).

---

[244]http://www.taijixue.de/inhalt_e.htm

171

Bild 8: Unterdrückung von Wuwei durch Youwei

Bild 8, das in ähnlicher Form in Ahtamar zu finden ist, charakterisiert z.B. die dialektische Interaktion zwischen dem kulturellen Trieb, Youwei (Löwin, Ares), und natürlichen Trieb, Wuwei (Stier, Aphrodite) in folgender Weise. Es zeigt, dass der kulturelle Trieb den natürlichen unterdrückt und somit die Harmonie zwischen den Gegensätzen, die Sixiang (4) vermittelt, gefährdet.

Es hält uns Menschen sozusagen einen Spiegel vor Augen. Es verweist darauf, dass zu viel Handeln (Youwei), den schöpferischen Trieb (Wuwei) unterdrückt. Es mahnt den harmonischen Umgang mit der Natur (Schöpfung) an. Die alten Iraner waren sich offenbar der Bedrohung bewusst. Sie kannten den Weg, der die Harmonie zwischen Gesellschaft und Natur durch Intensivierung von *mahabba* (Wuwei, *philía)* fördert. Es ist der Weg der Weisheit *(hikma).*

Die Kunst, im Einklang mit dem Dao zu leben

Dao-Meister gaben im alten China jeder Disziplinen oder Kunst *(téchne)* im Einklang mit Taiji (1) das Attribut Dao. Alles, was für die Griechen im Einklang damit war, sollte dem *lógos* genügen. Heraklit (B 2): *Daher muss man dem gemeinschaftlichen*[245] *Lógos fol-*

---

[245] Wäre der *Lógos* (Taiji) nicht allen Menschen gemein, so könnte er durch Üben nicht entdeckt werden.

172

gen. Ich wiederhole Heraklit (Frag. 50): *Nicht auf mich, sondern auf den Lógos hörend ist es weise, dem zuzustimmen, dass alles Eins ist.* Dazu zählt alles, was sich hinter der *philosophía* verbirgt, worauf insbesondere die Metaphern hinweisen, die sich auf die Mischwelt (*lógos = eón = theón*) beziehen.

Auf *eón* verweisen *sympósion, daimónion, gymnasión, mystérion, eudaimón, theón, paidíon, logistikón, agathon, noúmenon, idéon, Platon, Philon.* usw. Auf *theón*: *therapeía, theoría* und *theourgía.* Auf *lógos* verweisen *theología* und *kosmología.* Sie charakterisieren das vorgeburtliche Wissen *(gnósis), sophón* (Weise über *eón),* im Einklang mit der persönlichen Erfahrung der Schöpfung (Taiji).

Empedokles (DK 31 B 117) beschreibt seine schöpferische Erfahrung der Mischung Taiji (Dadao): *Denn ich war schon einmal ein Junge und ein Mädchen und ein Busch und ein Vogel und ein aus dem Meer springender wandernder Fisch.*

Die Mischung wird im alten Persien durch das allegorische Mischwesen Simurgh (Gr: Phoenix) dargestellt, das auch als Relief in Ahtamar (Osttürkei) erscheint. Simurgh's Nest befindet sich der Legende zufolge am Zielort der *Wahrheit und Selbsterkenntnis,* der offenbar Taiji (Dadao) entspricht.

6.0 Entmythologisierung der Schöpfungsmythen

Richtiges Bewusstsein ist die größte Tugend, und Weisheit (ist es),
Wahres zu sagen und zu handeln nach der Natur, auf sie hinhörend.

Heraklit

Kommentar zum Heraklit Zitat: Ich habe in den vorangegangen Kapiteln 1-5 gezeigt, dass Zitate von Meistern mit dem ersten und nicht mit dem zweiten Erkenntnisprinzip interpretiert werden müssen. Dies beinhaltet, dass sich *Richtiges Bewusstsein, größte Tugend, Weisheit, Wahres, handeln, Natur* auf die vorgeburtliche Erkenntnis auf dem Dao-Pfad und nicht auf die nachgeburtliche gesellschaftliche Erkenntnis bezieht, die im Diesseits erworben wird und es prägt. Insofern ist auch die Metapher *auf sie hinhörend* nicht wortwörtlich zu nehmen, denn sie verweist auf die Wahrnehmung mit den Yang-Liugen und nicht mit den Yin-Liugen. Wir hören im Alltag nicht auf die ewig schöpferische *Natur (phýsis)*, sondern schenken unsere Aufmerksamkeit dem nachgeburtlichen Wissen, was Meister wie Heraklit nicht korrekt verstehen lässt.

Kunst der Auslegung traditioneller Schöpfungslehren und – mythen.

Ich habe in den Kapiteln 1-5 das Ziel verfolgt, Lesern die Essenz der Dao/Taiji-Lehre inklusive ihrer Dao-Schöpfungslehre zu vermitteln. Ich habe sie mit der griechischen, jedoch weniger mit anderen östlich-westlichen Schöpfungslehren verglichen. Ich habe beeindruckende Übereinstimmungen erkannt und hervorgehoben. Diese haben mich veranlasst, hinter unterschiedlich erscheinenden Schöpfungslehren und – mythen die universelle Schöpfungslehre zu erkennen. Dies wäre mir nicht mit dem zweiten Erkenntnisprinzip gelungen, denn es basiert auf der Auslegekunst (Hermeneutik[246]), die sich nicht auf die

---

[246]http://de.wikipedia.org/wiki/Hermeneutik

vertraute Etymologie[247] verlässt, wonach *kosmogonía* = Weltentstehung, *geometría* = Erdvermessung, *astronomía* = Sternkunde, *theología* = Gotteslehre, *philosophía* = Liebe zur Weisheit wäre, usw., usw.. Was diese Falschauslegung vermittelt, sind für Iamblichos, ich wiederhole, nicht anderes als alte Weibergeschichten.[248] Diese haben die westliche Kultur signifikant geprägt (Anhang III.7) und nicht, was wirklich dahinter steckt. Insofern geht es in diesem Kapitel darum, die Weibergeschichten zu revidieren, worüber ich im Anhang III.8 bereits einen ersten Einblick vermittelt habe. Revidieren heißt, die Mythen überzeugend an die Dao-Schöpfungslehre anzupassen.

Gleichheit östlich-westlicher Schöpfungslehren?

Wenn ich östlich-westliche Schöpfungslehren mit der Dao-Schöpfungslehre gleichsetze, so kann es sich um keine 100-prozentige Übereinstimmung handeln. Nehmen wir als Beispiel die griechischen Schulen der *philosophía*. Deren ungeschriebenes Wissen ist gemeinsam mit deren Meistern vor mehr oder weniger 1.500 Jahren ein für alle Mal vom Erdboden verschwunden, während sich die Taiji-Lehre seit jener Zeit weiterentwickelte und zunehmend vollständiger wurde. Dies bedeutet, dass ich die sehr fortgeschrittene Taiji-Lehre (Dao-Lehre) mit der zur damaligen Zeit noch wenig ausgereiften *philosophía* vergleiche. Dies ist bei anderen ausgestorbenen Schöpfungslehren nicht anders. Meine Vorgehensweise ist also damit zu vergleichen, als würde ich die Übereinstimmung zwischen einem modernen und alten Haus suchen.

Doch im Kern sind alle hier angesprochenen Lehren gleich. Hinter allen steckt die universelle Schöpfungslehre! Um sie in alten Schriften zu entdecken, benutze ich all das als Maßstab, was ich über die Dao-Schöpfungslehre berichtet habe.

---

[247] http://de.wikipedia.org/wiki/Etymologie

[248] Siehe TPC und meinen dortigen Verweis auf Iamblichus, *On the Pythagorean Life,* trans. Gillian Clark (Translated texts for Historians 8; Liverpool: Liverpool University Press, 1989), 45-47; cf. Iamblichus, "Life of Pythagoras", in Pythagorean Sourcebook, Chapter 23.

Mein persönlicher Wandel im Verständnis der universellen Schöpfungslehre

Ich war vor Taiji-Übungsbeginn weit davon entfernt, die Dao/Taiji-Lehre so zu verstehen, so wie ich sie hier vermittle. Auch konnte ich nicht zwischen Originalbegriffen der *philosophía* und ihren Lehnworten, nicht zwischen der universellen Schöpfungslehre, Fehlinterpretationen und daraus hervorgegangen Schöpfungsmythen unterscheiden. Heute erkenne ich - dank meiner Dao-Erfahrung – den Unterschied.

Wiedergeburt der *Weisheit, Wahres zu sagen*

Zumal ich die universelle Schöpfungslehre - in Form der Dao-Schöpfungslehre - ausgiebig erklärt habe, erhoffe ich mir, dass auch ungeübte Leser diesen persönlichen Wandel teilweise dadurch vollziehen, indem sie die universelle Schöpfungslehre in den nachfolgenden Zitaten erkennen und mit meiner hier angebotenen Unterstützung rückgängig machen. Somit können sie meine These akzeptieren: *Viele östlich-westliche Mythen resultieren aus der universellen Schöpfungslehre*. Diese Erkenntnis ist dem Westen mit dem Untergang der *philosophía* verloren gegangen.

Sie beschreibt – ich wiederhole - den stufenweisen Schöpfungsprozess von Taiji (1) zu Sixiang (4) in Bild 2 bis hin zum konditionierten Diesseits unterhalb A. Er geht einher mit dem Abstieg *(katagogé)* der *psyché*, der von ungeübten Analysten meist negativ betrachtet wird. Daoisten sehen darin jedoch etwas Positives, denn er liefert, wie die Analyse von Sixiang (4) in Kapitel 5 zeigt, Hinweise dafür, wie wir – egal ob wir üben oder nicht - unser Leben in Harmonie mit der Schöpfung ausrichten können.

Es sind Hinweise (Hilfen) zur Bewahrung der Schöpfung,[249] die den hier vorgestellten Schöpfungsmythen nicht direkt, aber - nach Beseitigung der Verzerrungen - indirekt zu entnehmen sind. Was mehr kann man als irdisches Wesen von der Schöpfung erwarten, als dass sie die Wahrheitssuche (Xiuzhen) und Lebenspflege (Yangsheng) er-

---

[249]http://de.wikipedia.org/wiki/Bewahrung_der_Sch%C3%B6pfung

möglicht, die alte Meister über Jahrhunderte erforschten und lehrten?

Verlässliche Zitate zur universellen Schöpfungslehre

Bevor ich einige verzerrte Schöpfungslehren und -mythen entmytho-
logisiere, vergleiche ich zuerst verlässliche daoistische und griechische Literaturhinweise, die die universelle Schöpfungslehre gut erkennen lassen. Damit lege ich insbesondere ungeübten Lesern einen
Maßstab in die Hand, mit dem sie diese in den nachfolgenden östlich-
westlichen Textpassagen erkennen können. Diese sind in einer Reihenfolge von China bis Griechenland angeordnet und werden von mir
kommentiert.

Sehr verlässliche Zitate sind die von Laozi und den Pythagoreern, in
denen die vier Zahlen (der *Tetraktys*) genannt werden, die ich in Kapitel 5 ausgiebig erklärt habe. Doch Vorsicht ist geboten in Bezug auf
das, was man bei ungeübten Analysten über die Pythagoreer liest
(Anhang IV.3).

Ich erinnere an dieser Stelle auch an die kompakten Beschreibungen
der Schöpfung, in denen nur das oberste und unterste der vier Symbole angesprochen wird, so wie es in Konfuzius' *Einleitung zum Yi-
jing* (I Ching) der Fall ist: *Wandlung (Yi) hat Taiji, das die zwei Pole
(Liangyi) hervorbringt.*

Dazu mein Kommentar: In Taiji (Dadao, *Nous*) sind Tai (vor dem allerersten Anfang) und Ji (nach dem allerletzten Ende) gemischt und
im Diesseits getrennt! Dies gilt auch für Hesiod (ca. 700 v.u.Z.)[250] :
*Zu allererst wahrlich entstand das ‚Chaos', aber dann die ‚breit-
brüstige Gaía'.* Dabei geht es um den Übergang (Wandlung) von Dadao (Taiji, *Nous*), der formlosen Mutter der 10.000 Dinge, zu den
formvollen (gesellschaftlich geprägt und geordneten) 10.000 Dingen
im Diesseits. Der Übergang wird auch als Emanation (Ausfluss,
aporria) bezeichnet.

Hier kommt noch ein kurzes Zitat von Laozi (Kapitel 16), in dem er

---

[250]http://de.wikipedia.org/wiki/Theogonie

auf die Einschränkung des konditionierten Diesseits (*kósmos aisthetós* = Welt der äußeren Sinne = Alles = Höhle = Einschränkung = Blindes Agieren) verweist und somit implizit das Hinwenden zu Dadao (Ewiges) empfiehlt:

Nicht das Ewige (Taiji = Dadao = ápeiron) zu erkennen, heißt blind zu agieren und führt zu Einschränkungen. Nur wenn man das ‚Ewige' erkennt, erfasst man alles. Nur dann ist man gänzlich unvoreingenommen.

Nur wer das Jenseits erfahren hat, kann auch das Diesseits verstehen.

Ich füge im Anhang VI.1 obigen einfachen kompakten Zitaten noch komplexere ausführlichere hinzu, die mit der modernen Taiji-Lehre übereinstimmen und als Maßstab zur Entmythologisierung von Mythen benutzt werden können.

Wer weitere Details über Gemeinsamkeiten in daoistischen und griechischen Zitaten sucht, den verweise ich auf Anhang VI.2.

6.1 Die Entmythologisierung östlich-westlicher Schöpfungsmythen

Ich komme nun zu östlich-westlichen Schöpfungslehren und -mythen, hinter denen sich zweifelsohne die universelle Schöpfungslehre verbirgt und mal mehr oder weniger gut daraus zu extrahieren ist. Auch wenn ich zwischen verzerrter universeller Schöpfungslehre und Schöpfungsmythen unterscheide, so ist es unmöglich, eine klare

Trennungslinie zwischen beiden zu ziehen. Die Verzerrungen führe ich auf den Einsatz des zweiten Erkenntnisprinzips zurück, die religiösen Mythen möglicherweise auf absichtliche Manipulationen, um ihren „heidnischen Ursprung" zu verbergen!

Nach all dem, was ich bisher über die universelle Schöpfungslehre berichtet habe, hoffe ich, dass Leser sie in den folgenden Textpassagen erkennen. Auch sollten sie zur Kenntnis nehmen, dass darin oft seltsame Dinge angesprochen werden, die nur dem Glauben, aber nicht dem persönlichen Erfahren zugänglich sind.

Interessanterweise sind die Verzerrungen (Manipulationen) umso größer, je weiter man sich vom Osten in den Westen begibt. Ich beginne nun mit einem Zitat aus China, komme dann nach Indien und letztendlich nach Griechenland.

Chinesische Schöpfungsmythen

Ich wiederhole das Zitat aus Kapitel 1 zu chinesischen *Weltschöpfungsmythen*[251] mit eingefügten Kommentaren, die die Dao-Schöpfungslehre gut erkennen lassen. Ich hoffe, dass ungeübte Leser das Zitat nun besser als in Kapitel 1 verstehen:

Die (chinesischen) Weltschöpfungsmythen, die überliefert wurden, handeln z.B. von der <u>Göttin</u> Nü Gua oder dem <u>Urmenschen</u> Pan Gu.[252] Auch Mythen über die <u>Urmaterie in Form eines amorphen Dampfes</u> (Qi = Mischung aus Xing und Shen), eines <u>Welteneis</u> (Xing = Verkörperung des Qi) oder des Konzeptes einer <u>urzeitlichen Formlosigkeit</u> Hun Dun (Taiji oder Qi) finden sich in der überlieferten Mythologie. Die Weltschöpfungsmythen aus China zeigen im Unterschied zu Mythen aus anderen Kulturkreisen weder einen allmächtigen Schöpfer noch einen solchen göttlichen Willen. Viele dieser Mythen existieren in verschiedenen Versionen, z.B. der Mythos von der <u>Trennung von Himmel und Erde</u>.

---

[251]http://de.wikipedia.org/wiki/Chinesische_Mythologie
[252]http://de.wikipedia.org/wiki/Pangu

In der traditionellen Mythologie wurde dann eine spätere Version zum orthodoxen Schöpfungsmythos: Die Urmaterie (Qi) hatte die Gestalt eines Hühnereies (Verweis auf den Ursprung des kreisenden Taiji, das die Griechen *sphairos* nennen) *und teilte sich nach 18.000 Jahren in Himmel (Yang) und Erde (Yin). Das Yang stieg auf und wurde der Himmel und das Yin fiel hinab und wurde zur Erde.* (Das aufsteigende Yang-Qi ist in Liangyi (2) durch den weißen und das hinabsteigende Yin-Qi durch den schwarzen Fisch dargestellt).

Zwischen Himmel und Erde wurde daraufhin (in Liangyi) *der Halbgott Pan Gu* (Urmensch, Kugelmensch, kopfloser Mensch, Qi-Ball, Lichtwesen, usw.) *geboren. Nach neun Metamorphosen* (auf dem Dao-Pfad) *wurde er so göttlich und weise wie Himmel und Erde. Nach 18.000 Jahren bildeten dann diese drei die Trinität von Himmel, Erde und Mensch, woraus später die drei Herrscher hervorgingen.*

Der Vergleich des Zitats mit der (universellen) Dao-Schöpfungslehre zeigt: *Es besteht eine sehr gute Übereinstimmung, die überzeugend kundtut, dass die Dao-Schöpfungslehre der Ursprung chinesischer Weltschöpfungsmythen ist.* Der erste Paragraph stimmt mit der Dao-Schöpfung überein, wenn man Begriffe wie Göttin und göttlich ignoriert. Im zweiten verwirrt der Verweis auf 18.000 Jahre, der wohl in den Text hineingedichtet wurde. Dies gilt ebenso für die drei Herrscher. Mir ist nichts darüber in der Dao-Schöpfungslehre bekannt.

Vedische Schöpfungsgeschichte (*Brihatkatha Upanischad*)

Der folgende vedische Schöpfungsmythos lässt die universelle Schöpfungslehre ebenfalls gut erkennen. Er ist verzerrter (manipulierter?) als der chinesische. Er weicht insofern von der universellen Schöpfungslehre stark ab, weil viel vermenschlicht (anthropomorphisiert) wird, was typisch für religiöse Mythen ist. Man spricht darin von Gedanken, Aussprechen, Worten, Einsamkeit, Traurigkeit, Berg und Tal, usw. Er klingt so, als gäbe es einen Schöpfer, der zu uns persönlich spricht. Wir lesen[253] : *Diese Entstehungsgeschichte beginnt*

---

[253]http://www.philognosie.net/spiritualitaet/schoepfungsmythen-ueber-die-entstehung-

ohne Zeit und Ort, ohne Gestern und Heute. Es gibt nur "das Eine", welches die tiefen Gedanken der Ewigkeit denkt. Die Gedanken werden zu den Worten "Ich bin! Es gibt nichts anderes." Mit dem Aussprechen dieser Worte wird dem Einen bewusst, dass es völlig alleine ist und damit überkommt ihn unerträgliche Einsamkeit und Traurigkeit. Das Eine teilt sich deswegen in zwei Teile, aus denen jeweils Dunkelheit und Licht, Meer und Himmel, Berg und Tal entstehen, sowie die ersten Menschen: Mann und Frau. Als sich diese sehen, fühlen sie an Stelle der Einsamkeit die Gemeinsamkeit der Liebe, aus der Kinder entstehen, von denen alle Menschen der Welt abstammen.

Diese Worte erinnern an (Kapitel 3)[254] : *Später wurden sie* (die Menschen) *vom Göttervater Zeus zur Strafe für ihren Übermut in zwei Teile entzweigeschnitten*

Mein Kommentar: Der Vergleich dieses „märchenhaften vedischen Mythos" mit der logischen Dao-Schöpfungslehre zeigt, trotz aller Verzerrung, gute Übereinstimmung in der Aufteilung (Aufspaltung) des Einen (Mischung aus Yin und Yang = Chaos) in die Zweiheit (Trennung von Yin und Yang). Doch vedische Schöpfungsmythen haben mehr zu bieten, wie der Verweis in Anhang III.4 auf die vier Yugas („Weltalter") zeigt, die – unter Einbezug weiterer Indizien - mit den Inhalten der vier Zahlen von Laozi und den Pythagoreern übereinstimmen.

6.2 Griechische und gnostische Schöpfungsmythen

Alles was den Schöpfungsverlauf von D nach A in Bild 2 charakterisiert, entspricht in umgekehrter Richtung dem Aufstieg von A (unten) nach D (oben). Insofern kann man zur Bestätigung der universellen Schöpfungslehre selbstverständlich auch Texte in Betracht ziehen, die über den Aufstieg berichten, wie die folgenden zwei: Wir lesen

---

der-welt
[254]http://de.wikipedia.org/wiki/Symposion_%28Platon%29

im Abschnitt Stufenmodelle[255] über den Stufenweg zum Urschönen im *Symposium*: *Dieses Urschöne ist keine bloße Abstraktion, kein gedankliches Konstrukt, sondern für den, der die letzte* (oberste) *Stufe erreicht hat, eine wahrnehmbare Wirklichkeit. Der Durchbruch zur Wahrnehmung des Urschönen geschieht „plötzlich* (spontan aus sich heraus) *".*

Auch diese Textpassage ist im Einklang mit dem Dao-Pfad, aber nicht der Verweis auf erotischen Mühen, der im Satz danach folgt: *Wer dies erlebt hat, ist am Ziel der erotischen Mühen angelangt. Der Bedürftigkeit, die ihn anfangs* (durch den Abstieg) *zu körperlichen Erscheinungsformen des Schönen getrieben hat, ist er enthoben.*

Hier kommt mein Kommentar: *Körperliche Erscheinungsformen des Schönen* ist ein Verweis auf das Diesseits (körperliche Welt). *Der Bedürftigkeit enthoben* ist eine etwas eigenartige Formulierung des unreligiösen Ausstiegs (*ékstasis*[256]) aus dem Diesseits.

Hier kommt eine verzerrte Textpassage von Aetios[257] aus dem 1. Jhd. v.u.Z. (Capelle; S. 192), die die Aussagen von Laozi zur Schöpfungserfahrung bestätigen und ergänzen. Darin wird der Übergang vom Feinstofflichen zum Grobstofflichen im Schöpfungsverlauf erwähnt: *Empedokles, Anaxagoras, Demokrit und Epikur und all die ,Physiker', die eine ,Entstehung der Welt' infolge von Ansammlungen von feinteiligen Stoffen einführen [...].* Es ist jedoch ein Witz (Mythos), alle drei Männer als Physiker zu bezeichnen, denn sie haben alle praktiziert und waren der *phýsis* (unkonditionierten Natur) und nicht der Physik zugewandt.[258]

Homers Schöpfungsmythos

Homers *Theogonie*[259] ist die älteste uns bekannte Quelle der griechi-

---

[255]http://de.wikipedia.org/wiki/Platonische_Liebe
[256]http://de.wikipedia.org/wiki/Ekstase
[257]http://en.wikipedia.org/wiki/Aetius_%28philosopher%29
[258]Siehe TSC.
[259]Theogonie wird mit Entstehung der Götter gleichgesetzt. Doch ursprünglich ging es um die Entstehung der Qi-Felder (Gr: *daímones* oder **theoí**). Siehe TSC.

schen Schöpfungsmythologie. Darüber lesen wir[260] : *Zuerst war das Chaos, aus dem dann die Nacht und das Totenreich und dann Gaia, die Erde, und weiterhin aus einer Kette von Geburten und Umstürzen die olympischen Götter hervorgehen. Die Götter haben dabei so ziemlich alle (schlechten) menschlichen Eigenschaften.*

Dazu mein Kommentar: Die Lächerlichkeit dieser Worte haben wohl schon damals Homer und seine heutigen Bewunderer immer noch nicht erkannt. Wer sich auf das zweite Erkenntnisprinzip verlässt, akzeptiert nur allzu leicht allen möglichen Unsinn.

Vom *Lógos* des Osten zum Mythos des Westens

Während die übersinnlich erfahrbare Dao-Schöpfungslehre in der chinesischen Mythologie kaum verzerrt und in vedischen Mythen noch gut erkennbar ist, wurde die universelle Schöpfungslehre der alten Griechen von Homer stark anthropomorphisiert und anthropomentalisiert, was auch der Rest dieses Buches zeigt. Er belegt, dass die griechisch-westliche Kultur offenbar viel stärker und auch früher als die östliche dem Mythos zugeneigt war. Dies erklärt, warum sich im Westen die materielle (körperliche, greif- und begreifbare) Sicht der Welt viel früher als im Osten entwickelte. Es ist eine Sicht, die nicht im Einklang mit Sixiang (4) ist[261] , was bei den alten Griechen noch der Fall war. Die Folgen davon erklärt Kapitel 7.

Schöpfungsmythos der Gnosis

Hier kommt eine Zusammenfassung der Hauptmerkmale der Gnosis.[262] Dabei habe ich Textpassagen unterstrichen, die nach geringfügiger Entzerrung gut mit der Dao-Schöpfungslehre in Übereinstimmung gebracht werden können. Ich habe einigen Passagen meine Kommentare zugefügt:

---

[260]http://archive-de-2013.com/de/k/2013-12-31_3436174_28/Archaische-Mythen/

[261]Siehe TSC. Dort zeige ich an einem Beispiel, dass die Physik zwar Sixiang (4) ignoriert, aber zunehmend indirekt entdeckt.

[262]http://de.wikipedia.org/wiki/Gnosis

Es gibt einen vollkommenen allumfassenden Gott.

Durch einen eigenmächtigen bzw. selbstbezogenen Akt in den Äonen (dies ist ein verzerrter Verweis auf Aion = *eón* = SEIN = *lógos* = *pléroma*, usw.) *tritt ein unvollkommener Gott ins Dasein. Dieser wird Demiurg oder Schöpfergott genannt, weil er seinerseits eigenmächtig das* <u>materielle All</u> *erschafft.*

Der Demiurg wird in vielen gnostischen Schriften mit JHWH identifiziert, dem Gott des Tanach, des Alten Testaments der Bibel.

Daher gehen die Gnostiker davon aus, dass Jesus von Nazareth nicht der Sohn des Gottes der Juden ist, sondern – als eine Inkarnation des Christus – das Kind der vollkommenen Gottheit, also geistig verstanden, nicht etwa körperlich. (Christologie).

Ebenfalls erschafft der Demiurg den Menschen und verbringt diesen in <u>immer dichtere Materie</u> (Verweis auf die Metamorphosen der *psyché* im Abstieg von *pneuma* zu *sóma*, wobei sich die *psyché* stufenweise zunehmend verkörpert, also die materielle Sicht der Dinge und das dualistische Denken zunimmt). *Die Schöpfung (und der Mensch) tragen jedoch grundsätzlich das Prinzip der ursprünglichen vollkommenen Gottheit in sich, von dem sie* <u>nicht zu trennen</u> *sind* (der Übende trägt *eón* = Taiji oder *psyché* = Qi in sich, denn wie sonst könnten Übende Taiji = ungetrennte Vielfalt oder Zweiheit erfahren?)

Einige gnostische Strömungen sehen die <u>materielle Welt</u> *inklusive menschlichem* <u>Körper</u> (Metapher für das konditionierte Diesseits) *als „böse" an, andere legen den Schwerpunkt auf das innewohnende geistige Prinzip, das* <u>den Rückweg</u> (Aufstieg) <u>zur geistigen Vollkommenheit respektive Einheit ermöglicht.</u>

Das innewohnende geistige Prinzip, auch Funke oder Samenkorn genannt, muss dem Menschen bewusst werden, um <u>die Verhaftungen an die materielle Welt erkennen und lösen zu können.</u>

Obige gnostischen Hauptmerkmale[263] , von der sich meines Wissen

---

[263]Eine vollständige Übersicht des gnostischen Weltbildes befindet sich in *Apokryphon des*

das institutionelle Christentum distanziert, deutet an, dass sich hinter der *Genesis*[264] (28,10ff), wonach Jakob[265] im „Traum" eine „Himmelsleiter" sieht, die universelle Schöpfungslehre verbergen könnte. Wer dies akzeptiert, mag sich fragen: *Warum wurde die Schöpfungslehre der Griechen einer so dramatischen Verzerrung unterworfen? Wer hat sie gewollt und verursacht? Was wollte man damit bezwecken?* Man mag sich ebenso fragen: *Wie viele Indizien braucht man, um die These zu rechtfertigen, dass auch hinter der Biblischen Genesis die universelle Schöpfungslehre steckt, sodass die These auch von Ungeübten akzeptiert wird?*

Leser sollten die Fragen jedoch erst am Ende des Buches beantworten, nachdem ich zur Rechtfertigung der These noch weitere Indizien geliefert habe, denn es gibt kein größeres Hindernis in der Suche nach Wahrheit *(alétheia)* als voreilige Schlussfolgerungen, die auf Glaubensvorstellung (Dogmen) basieren. Damit lässt sich der Schöpfung nicht auf den Grund gehen! Insofern muss man sich fragen: *Welches Prinzip könnte tiefgründiger als das erste Erkenntnisprinzip sein, um die Genesis zu erklären?* Oder sollte man sie gar nicht erklären, sondern einfach nur fest daran glauben, so wie Bernhard von Clairveaux: *Der Glaube ist wahrhaftig, die Erfahrung trügt.*

Erzeugung moderner naturwissenschaftlicher Mythen

So wie einst im religiös-mystischen Umfeld, so werden heutzutage von ungeübten Analysten[266] aus der universellen Schöpfungslehre auch wissenschaftliche Mythen erzeugt. Hier kommt ein moderner Mythos. Er resultiert aus mangelndem Verständnis von Platons Hinweisen in *Timaios* zur *kosmogonía.* Er wird uns als ein Schöpfungs-

---

Johannes, die keineswegs für die gesamte „Gnosis" verallgemeinert werden kann. Sie trifft auf eine (oder mehrere) ihrer größeren Strömungen zu (sethianische Gnosis/ Barbelognosis). Diese lassen sich, was ungeübte Analysten bisher noch nicht erkannt haben, in nur eine einzige unkonditionierte, aber viele konditionierte „gnostische Lehren" aufteilen, wobei die erste mit der *philosophia* übereinstimmt.

[264]http://de.wikipedia.org/wiki/1._Buch_Mose

[265]http://de.wikipedia.org/wiki/Jakob_%28Patriarch%29

[266]Luc Brisson: *Le Même et l'Autre dans la Structure Ontologique du Timée de Platon,* 3., überarbeitete Auflage, Sankt Augustin 1998, S. 338, 471–477.

modell für den physikalischen Kosmos präsentiert, das mit viel „Gedankenakrobatik" zusammengereimt wurde.

Wir lesen: *Im Rahmen des zeitlich formulierten Modells des Timaios unterscheidet er* (Paton) *drei Stadien. Im ersten, präkosmischen Stadium verursacht die „reine" Notwendigkeit, die keinem Einfluss der Vernunft unterliegt, einen chaotischen Zustand. Am Ende dieses Stadiums wird sie von der Vernunft überzeugt und beginnt mit ihr zu kooperieren. Das Zusammenwirken der beiden Faktoren ermöglicht die Entstehung des Kosmos, die im zweiten Stadium stattfindet. Damit wird die Notwendigkeit zu einer untergeordneten Ursache oder Hilfsursache der Schöpfung. Im dritten Stadium ist die Schöpfung vollendet, der Demiurg hat sich zurückgezogen.*

Anhang VI.3 zeigt, dass die moderne Wissenschaft - ob ihrer kognitiven Einschränkungen - keinen Zugang zur Erkenntnis von Schöpfungslehren und – mythen bietet.

7.0 Hybris und Nemesis

Tue nichts im Übermaß (medèn agàn)

Orakel von Delphi[267]

Wer ein tiefes Verständnis der *philosophía* und ihrer Schöpfungsleh-re (*kosmogonía*) sucht, sollte sich fragen, was die alten weisen Grie-chen, die über *hýbris* und *némesis* berichten, mit folgenden Zitaten zum Ausdruck bringen (Anthol. Gr. I. 4. c. 4. epigr. 72. 73): *Warum, o Nemesis, hast du das Maß und den Zügel in Händen? Dass du den Handlungen Maß, Worten den Zügel anlegst.*[268] *... Nemesis bin ich und halt' in meiner Rechten das Maß hier, Dir zu deuten: in Nichts schreite je über das Maß.*

Die *philosophía* bietet uns mehrere Gegensatzpaare an, die nur mit dem ersten Erkenntnisprinzip erfasst werden können. Dazu gehört auch *hýbris- némesis*. Das Paar resultiert, so wie alle Metaphern, aus der Praxis des Sterbens *(meléte thanátou).* Jede der beiden Metaphern kann nur in Relation zur anderen verstanden werden, sind beide doch innerlich verknüpft, so wie es Sixiang (4) zum Ausdruck bringt. Dies bedeutet, dass *némesis* nur im Gegensatz zu *hýbris* zu verstehen ist und umgekehrt.

Die Regel heutzutage ist es jedoch, alle Metaphern der *philosophía* mit dem zweiten Prinzip zu erklären, was die Beziehung zwischen *némesis* und *hýbris* verzerrt. Insofern sind auch die folgenden Worte darüber mit Vorsicht zu genießen[269] : *Die Hybris* (griechisch ὕβρις „Übermut", „Anmaßung") *bezeichnet eine Selbstüberhebung, die un-ter Berufung auf einen gerechten göttlichen Zorn, durch die Nemesis (némesis) gerächt wird.*

---

[267]http://de.wikipedia.org/wiki/Orakel_von_Delphi
[268]http://de.wikisource.org/wiki/Nemesis
[269]http://de.wikipedia.org/wiki/Hybris

187

Némesis wird uns als *Göttin des gerechten Zorns*[270] präsentiert, was die Folge der Anwendung des zweiten Erkenntnisprinzips ist. Mit Göttern hatten die griechischen Meister – im Gegensatz zum Volk - nichts zu tun. Sie wussten noch, was dahinter steckt und nichts mit Anthropomorphismus und Anthropomentalismus zu tun hat.

Was steckt also hinter *némesis* und was genau ist *hýbris (Selbstüberhebung, Übermut, Anmaßung)?* Und was steckt hinter dem *gerechten göttlichen Zorn,* mit dem *némesis* die *hýbris* rächt? Es ist offenbar eine „Rache", der man nicht entfliehen kann, nennt man doch *némesis* in Aischylos' *Der gefesselte Prometheus*[271] auch *Adrasteia*[272] , „die Unentfliehbare".

Die korrekte Erklärung von *némesis* und *hýbris,* die mit allen Äußerungen darüber im Einklang ist, ist – ich wiederhole – nur möglich mit dem ersten Erkenntnisprinzip. Ich biete sie, so wie alles in diesem Buch, in einer Weise an, die auch von Ungeübten nachvollzogen werden kann. Dazu ist Folgendes zu sagen:

Mein Verständnis beider Begriffe begann damit, dass ich mit 40 Jahren - aufgrund übermäßigen beruflichen Engagements - zunehmend an Stress und dessen vielfältigen Symptomen litt. Dies hat mich dazu bewegt, einen Arzt aufzusuchen, der mich davon überzeugte, dass ich zu kopflastig sei. Er empfahl mir, einen körperlichen Ausgleich zu finden. Daraufhin begann ich nach einer effektiven Methode zur Entspannung zu suchen. Ich testete verschiedene Methoden, hakte eine nach der andern ab, bis ich in meiner Taiji-Schule landete. Ich erahnte bald – im Vergleich zu anderen Methoden - die Tiefgründigkeit ihrer Übung und war beeindruckt von ihrer umfangreichen Theorie. Dies hat zum zunehmenden Verständnis der *hýbris – némesis* Interaktion beigetragen.

---

[270]http://de.wikipedia.org/wiki/Nemesis

[271]Prometheus ist in *The Theology of Arithmetic* eine der vielen Umschreibungen der Monade (1).

[272]http://de.wikipedia.org/wiki/Adrasteia_%28Mythologie%29

Laozi erklärt die *hýbris – némesis* Interaktion

Heute weiß ich, dass die *hýbris–némesis* - Interaktion mit den tiefgründigen Worten von Laozi (Kapitel 48) zu tun hat: *Wer nach (nachgeburtlichem) Wissen strebt, muss jeden Tag* (durch Youwei) *vermehren. Wer nach dem Dao strebt, muss jeden Tag* (durch Wuwei) *vermindern. Wuwei lässt nichts ungetan.* Die Worte von Fangu ergänzen sie: *Es ist besser, sie lernen regelmäßig die Kontrolle über sich im Üben zu verlieren, als dass sie diese eines Tages im Alltag verlieren.*

Meine Stresssymptome waren damals, was mir mit zunehmender Taiji-Erfahrung im Rückblick immer klarer wurde, das Resultat meines Drangs ausschließlich zu vermehren (Youwei). Sie waren die Folge meiner einseitigen Weltzugewandtheit. Damit trug ich meine *psyché* zu Grabe.

Sie waren die Folge meiner *hýbris.* Damit verlor ich zunehmend die Kontrolle über mich im Alltag, d.h. ich wurde von einer mir unzugänglichen „jenseitigen Macht", *némesis,* in Beschlag genommen. Sie wirkt aus Taiji (Wuyou), das die alten Meister mit *okeanos,*[273] der Mitte zwischen (und Mischung von) *uranos*[274] (Himmel) und *gaia*[275] (Erde), in Verbindung brachten, nannten sie doch *némesis* auch die Tochter des *okeanos.* Dieser angeblich „rächenden Göttin" waren also meine Stresssymptome geschuldet. Ihre mir unliebsamen Reaktionen kamen aus dem Jenseits (Metapher: Nacht), also von dort, wo mein Denken nicht aber mein Üben hinlangt.

Seitdem ich nun – durch regelmäßiges Taiji-Üben - Wuwei zunehmend aktiviere, also vermindere, halte ich *némesis* im Schach. Ich lege damit meinen *Handlungen Maß* und meinen *Worten Zügel an*[276] , um die "Unentfliehbare" versöhnlich zu stimmen. Ich könnte auch sagen, dass ich mit *némesis* kooperiere. Schließlich habe ich es ihrer Reaktion auf meine exzessive Weltzugewandtheit *(hýbris)* zu verdan-

---

[273]http://de.wikipedia.org/wiki/Okeanos
[274]http://de.wikipedia.org/wiki/Uranos
[275]http://de.wikipedia.org/wiki/Gaia_%28Mythologie%29
[276]http://de.wikisource.org/wiki/Nemesis

ken, dass ich mich davon ab und regelmäßiger Weltabgewandtheit (Vermindern) zugewandt habe.

Insofern bin ich *némesis* auch dankbar. Ohne sie hätte ich dieses Buch nicht verfassen können. Sie hat mich letztendlich - im Sinne von „Krankheit zeigt den Weg" - auf den Dao-Pfad gebracht. Meine Stresssymptome und deren allmähliche Beseitigung durch Üben haben mich auch verstehen lassen: *In Nichts schreite je über das Maß.* Ich habe erkannt: *Zuviel Vermehren (Youwei) auf geistiger und materieller Ebene ist hýbris. Es fordert némesis unausweichlich (unentfliehbar) heraus.* Damit macht sie uns bewusst, dass wir mit der Schöpfung in Disharmonie geraten sind.

Ihrer Empfehlung, das Maß nicht zu überschreiten, ist heutzutage jedoch nicht leicht zu folgen, besonders nicht in einem Umfeld, in dem viel dogmatisiert und polarisiert wird und in dem man nur Gläubiger oder Ungläubiger, Gewinner oder Verlierer sein kann und sich somit von der Schöpfung entfernt hat.

Exzessives Tun und Handeln wirkt der Selbsterkenntnis entgegen

Es gibt genügend Denker (Anhang VII.1), die – auch wenn es ihnen kaum bewusst ist - auf die uralte *hýbris* - *némesis* – Interaktion verweisen. Sie haben erkannt, dass *némesis* aus dem Jenseits der *hýbris* (Weltzugewandtheit) entgegenwirkt, wodurch Mensch, Gesellschaft und Natur in Mitleidenschaft gezogen werden. Sie haben aber – im Gegensatz zu den Meistern - keinen Weg gefunden, ums sich mit *némesis* zu verbünden. Diese betrachtet alles von der höheren Perspektive in Taiji (1), wo das vertraute Denken nicht hinlangt. Sie hat, wie ich zeige, zwei Gesichter (Anhang VII.2). Sie ist ein doppeltes Lottchen. Schade, dass man ihre Gesichter in Bild 9 nicht erkennen kann.

Bild 9: Doppelte Nemesis aus Ephesus

Kooperation mit *némesis*

Ich habe in Kapitel 5 zwei Möglichkeiten genannt, um mit der Schöpfung in Harmonie zu sein. Die erste ermöglicht der Dao-Pfad. Damit lässt sich (Kapitel 8) - in Funktion des Übungsfortschritts - das kulturell-konditionierte Denken in natürliches unkonditioniertes Denken erweitern, was mit Heilen einhergeht (Kapitel 9).

Die zweite Möglichkeit erfordert es, sich mit Sixiang (4) durch geistiges Üben vertraut zu machen (Kapitel 5). Es wirkt ebenso dem unnatürlichen exzessiven Tun und Handeln, also der *hýbris*, entgegen. Man erkennt sich selbst - mit zunehmenden Verständnis der Schöpfung - immer mehr. Dies geht mit dem Wiedererwecken der Yang-Liugen einher. Dies ist der Weg, um *némesis* nicht herauszufordern, sondern ihr gefällig zu sein. Ihr Interesse ist es, dafür zu sorgen, dass der Mensch (die Menschheit) im Einklang mit der Natur lebt. Das, was als „ihre göttliche Rache" erscheint, dient einzig und allein diesem Zweck. Gäbe es keine *némesis,* so hätte sich die Menschheit längst ausgelöscht. Setzt man die Menschheit mit Yin gleich, so ist sie das Yang. Beide sind in ständiger Interaktion.

Die beiden letzten Kapitel zeigen, was es beinhaltet, die *hýbris* zu vermindern und somit die Sympathie der *némesis* zu gewinnen. Es geht also darum, mit der Schöpfung in Harmonie zu leben, so wie es die Alten einst gelehrt haben.

8.0 Vom gesellschaftlichen zum natürlichen Denken

Es sagt irgendwo Heraklit, das alles fließt und nicht so bleibt, und indem er Dinge mit der Strömung eines Flusses vergleicht, sagt er, dass man nicht zweimal in denselben Fluss hinein steigen kann.

Platon

Die meisten Menschen meinen, ihr Denken sei natürlich und brauche nicht hinterfragt werden. Viele würden dem Verhaltensforscher und Nobelpreisträger Konrad Lorenz (1903–1989)[277] zustimmen[278] : *Unser Verstand hat sich im Lauf der Evolution durch Anpassung an die Umwelt entwickelt. Unsere angeborenen Anschauungsformen und Denkkategorien passen aus genau denselben Gründen auf die Außenwelt, aus denen der Huf des Pferdes auf den Steppenboden und die Flosse des Fischers ins Wasser passt.* Doch Lorenz hat seine Worte im Alter revidiert: *Für alles ist es zu spät.... Der Ruin ist unaufhaltsam.*

Wie das Beispiel zeigt, kann sich die eigene Überzeugung darüber, was das Denken zu leisten vermag, ändern. Man mag bis zu einem Zeitpunkt im Leben meinen, man sei das Maß aller Dinge. Doch dann mag man irgendwann einmal – in Anbetracht dessen, was es bewirkt - daran zweifeln. Insofern sollte man es so gut wie möglich verstehen, zumal es einen wichtigen Aspekt des Lebens darstellt, der für Weisheitssucher im Einklang mit der Schöpfung sein sollte.

Wie ich nun zeige, ist das vertraute Denken, das wir gerne als rational und logisch betrachten, gesellschaftlich eingeschränkt (d.h. konditioniert) und nicht im Einklang mit Sixiang (4). Die Meister haben jedoch vor Jahrtausenden erkannt, dass man sich durch Taiji-Üben

---

[277]http://de.wikipedia.org/wiki/Konrad_Lorenz
[278]Lorenz, Konrad; *Kants Lehre vom Apriorischen im Lichte gegenwärtiger Biologie*, 1941

vom gesellschaftlichen Denken befreien und es durch natürliches Denken - Taiji-Denken oder Platonisches Denken – ersetzen kann, das eine Funktion des Übungsfortschritts ist.

Um zu erahnen, um was es dabei geht, beschreibe ich erst einmal das uns allen vertraute Denken, das gesellschaftlich konditioniert ist. Dafür benutze ich Dao-Begriffe, die hypothesenfrei durch die Dao-Praxis erlangt wurden und somit nicht spekulativ, sondern natürlich sind.

Damit unterscheidet sich die hier vorgestellte Denkanalyse von allen anderen, die auf Hypothesen basieren. Letzteres sind solche, die versuchen Denken über Denken zu verstehen, was damit zu vergleichen ist, als wolle man sich am eigenen Schopf aus dem Sumpf zu ziehen.

So wie das Verständnis der Schöpfung ohne die fundamentalen Dao-Begriffe (Wu, Wuyou, You) und (Wuwei, Youwei), die die Dao-Praxis liefert, undenkbare ist, so ist auch die Analyse des Denkens ohne sie undenkbar. Schließlich ist Denken ein kreativer Akt, der sowohl im Einklang mit der Schöpfung als auch nicht sein kann.

Ich erkläre nun Denken am Beispiel der Auseinandersetzung zwischen den zwei berühmten Naturwissenschaftlern Isaac Newton (1642 – 1727)[279] und Robert Hooke (1635 - 1703).[280] Hooke hatte mehr intuitive Fähigkeiten mit Einsichten, die ihren Ursprung in der Mischwelt (Wuyou) nehmen. Newton hatte mehr diskursive Fähigkeiten, die auf sein umfangreiches nachgeburtliches Wissen, also auf das Sein (You), zurückgreifen.

Diskursive Fähigkeiten nützen jedoch wenig, wenn sie nicht durch unaussprechliche formlose Intuitionen gespeist werden. Intuitionen nützen wiederum wenig, wenn sie sich nicht in artikulierbare formvolle Ideen verwandeln. Beide Denkweisen stehen in einer Interaktion, die durch Sixiang (4) ausgedrückt wird. Was Hooke noch nicht gänzlich artikulieren konnte, hat Newton von ihm übernommen und in eine beeindruckende Theorie gebracht. Er hat die Lorbeeren für sich beansprucht, was Hooke zu heftigen Vorwürfen veranlasste. Wer

---

[279] http://de.wikipedia.org/wiki/Isaac_Newton
[280] http://de.wikipedia.org/wiki/Robert_Hooke

über ihren Konflikt und ihre unterschiedlichen Denkweisen mehr erfahren will, mag sich dem Anhang VIII.1 zuwenden.

Wie klug und intelligent beide Männer auch genannt werden mögen, sie haben sich nur dem Sein (You) und nicht der Mischwelt Taiji (Wuyou) zugewandt, die alles Neue hervorbringt. Die Hinwendung zum Sein (Parmenides: Nicht-SEIN) lässt uns jedoch nichts über Taiji (Parmenides: SEIN) erfahren.

Aus Nichtseiendem kann nur Nichtseiendes hervorgehen

Wer sich also, so wie Hooke und Newton, dem Sein (Parmenides: *Nichtseiendes)* zuwendet, kann nur Diesseitiges erkennen. Beide Männer haben zur Erkenntnis des Seins Beeindruckendes beigetragen. Doch den Meistern ging es um mehr als das! Sie wollten sich nicht durch das Diesseits (Nicht-SEIN) konditionieren lassen. Sie wollten all das erfahren, was unkonditioniert über das Dasein zu erfahren ist.

8.1 Vom kulturell-konditionierten zum natürlich-unkonditionierten-Denken

Wäre die Schöpfung auf das Sein (You) beschränkt, dann könnte der Mensch keine Einsicht erlangen und auch nicht fördern. Dies gelingt durch geistiges Abschalten (Hinwenden zu Wu): *Aus der Stille kommt* (geistige) *Bewegung* (aus sich heraus). Damit wird durch Wu-wei der Wu-Anteil in der formlosen (konfusen) Mischung (Wuyou = Mutter der 10.000 Dinge) aus Bekanntem (You) und Unbekanntem (Wu), aktiviert. Nur was formlos (gemischt, nicht gerichtet) ist, lässt Neues gebären.

Moderne Hirnforschung bestätigt alte Erkenntnisse

Die moderne Hirnforschung bestätigt, dass der Gedankenfluss aus vielen inaktiven und aktiven Phasen besteht, wobei die inaktiven länger als die aktiven anhalten. Nur in den inaktiven (stillen) Phasen werden Einsichten aus sich heraus geboren. Diese lassen sich nicht willentlich, sondern nur durch Abschalten erlangen. Was spontan erfolgt, wird erst im Nachhinein wahrgenommen. Die formlosen Einsichten werden in Taiji geboren. Daraus fließen dann die formvollen Ideen in das Sein (Diesseits).

Einsicht ist dort, wo das Denken nicht hinlangt

Die Einsicht ist somit im Schöpfungsprozess höher anzusiedeln, als die daraus resultierende Idee, die die Erkenntnis des Seins (You) erweitert. So soll, ich wiederhole, Archimedes (285-212 v.u.Z.)[281] das Archimedische Prinzip entspannt in der Badewanne entdeckt haben. Glücklich darüber, soll er mit dem Ausruf „Heureka!" - „Ich hab's gefunden!" - nackt auf die Straße gelaufen sein.

Gewiss werden mir einige Leser bestätigen, dass auch sie spontane Einsichten (Heureka-Erfahrungen, Aha!) entspannt an „stillen Örtchen" oder „nach einem guten Schlaf" erlangten und nicht, als sie ein Problem konzentriert zu lösen versuchten. Diese Einsichten haben sie Wuwei, der Wirkung (Wei) aus dem Unbekannten (Wu), zu verdanken.

Je intensiver Wuwei ist, umso weniger wirkt ihm Youwei (Wirken aus You) entgegen und umso mehr Jenseitiges (ewig Seiendes) wird „aus sich heraus" spontan erfahren. Dies ermöglicht den Aufstieg der *psyché,* der mit Förderung des natürlichen Taiji-Denkens einhergeht.

Wann kommt es zur Wiedererinnerung?

Je mehr der Wu-Anteil in Wuyou aktiviert wird, was die Dao-Praxis ermöglicht, umso mehr kommt es zu Wiedererinnerung an Verborgenes und umso tiefer dringt der Übende in die Taiji-Welten ein. Er nimmt dann das wahr, was ihm die Schöpfung mit wiedererweckten Yang-Liugen zugänglich macht.

Wer einen tieferen Einblick in den zyklischen Denkprozess haben

---

[281] http://de.wikipedia.org/wiki/Archimedes

will, den verweise ich auf <u>Anhang VIII.2</u>.

9.0 Yin-Yang in der Lebenspflege

*Wenn das Auge nichts sieht, das Ohr nichts hört, und das Bewusst-
sein nichts wahrnimmt, dann wird dein Qi den Leib schützen, und
dieser sich eines langen Lebens erfreuen.*

Zhuangzi

Daoisten haben durch Selbstbeobachtung in der Dao-Praxis die Qi-
Meridiane entdeckt. Dazu zählen die Yin- und Yang-Meridiane. Deren duale Funktionsweise entspricht der des vegetativen dualen Nervensystems, das in Sympathikus[282] und Parasympathikus[283] aufgeteilt
wird. Der Sympathikus verbindet, so wie die Yin-Meridiane, die Yin-
Liugen (weltlichen Wurzeln) mit allen inneren Organen.

Sind die Yin-Liugen aktiv, im Zustand von Youwei (Weltzugewandtheit), werden die Yin-Meridiane beansprucht und das Yin-Qi aktiviert. Sind sie inaktiv, im Zustand von Wuwei (Weltabgewandtheit,
Stille), werden sie entlastet und dadurch die Yang-Meridiane und das
Yang-Qi aktiviert. Qi ist die lebendige (unsterbliche) informationstra-
gende Mischsubstanz, die in den Meridianen zirkuliert.

Aufgrund übermäßiger Aktivität (Youwei) sind Menschen in der Regel durch zu viel Yin (Yin-Qi) geprägt. Das Gleichgewicht zwischen
Weltzu- und Weltabgewandtheit geht mit dem Älterwerden zunehmend verloren. In der Jugend reicht guter Schlaf aus, um es herzu-
stellen, im Alter jedoch nicht. Deshalb sollte man früh damit begin-
nen, das Yang-Qi durch Weltabgewandtheit (Vermindern) zu fördern,
so wie es Laozi zum Ausdruck bringt: *Wer nach* (nachgeburtlichem)
*Wissen strebt, muss jeden Tag vermehren. Wer nach dem Dao strebt,
muss jeden Tag vermindern.*

Dieses Kapitel beschreibt dieses Wechselspiel aus der Sicht der

---

[282]http://de.wikipedia.org/wiki/Sympathikus
[283]http://de.wikipedia.org/wiki/Parasympathikus

Physiologie.[284] Es zeigt, dass Weltzugewandtheit (Youwei) den Sympathikus aktiviert, damit Lebensenergie verzehrt und im Exzess Menschen uneinsichtig und krank macht. Es zeigt, dass Weltabgewandtheit (Wuwei) den Parasympathikus aktiviert, damit Lebensenergie fördert und den Menschen einsichtig und gesund macht. Dabei geht es um Einsichten und Wiedererinnern, die mit den wiedererweckten Yang-Liugen einhergehen. Warum ist dies so?

Hier kommt die Antwort: *Exzessive Weltzugewandtheit (Youwei)[285] spannt die Muskeln an und vermindert die Blutzirkulation. Sie belastet die Organe und erzeugt Qi-Blockaden. Sie dient somit nicht der Verjüngung, sondern lässt viele von uns, die in der Regel übermäßig strebsam sind, früher als später ganz schön alt aussehen.[286]*

Krankheit: Ein kluger Gegner

In der Taiji-Lehre betrachtet man Krankheit nicht als Feind, den man besiegen muss, sondern als klugen Gegner[287], den man durch regelmäßiges Üben (Wuwei-Praxis) in Schach hält. Es geht um Prävention. Was ich andeute, trägt dazu bei, in Anbetracht des uralten Dao-Wissens über Qi-Meridiane, besonders dem Parasympathikus Aufmerksamkeit zu schenken, um ihn besser als bisher zu verstehen und zu würdigen.

Er wird, weil er – im Gegensatz zum Sympathikus im Verborgenen agiert - im Westen stiefmütterlich behandelt, während man seinem Äquivalent in der Taiji-Lehre, den Yang-Meridianen und Yang-Qi, eine sehr hohe Bedeutung für die Lebenspflege zumisst.

Die Dao-Praxis sorgt dafür, die Yang-Meridiane zu öffnen und das Yang-Qi zu fördern. Dies gelingt durch Intensivierung von Wuwei. Youwei hingegen schließt die Yang-Meridiane und unterdrückt das Yang-Qi. Was in rigoroser Weltabgewandtheit durch die Qi-Meridia-

---

[284]http://de.wikipedia.org/wiki/Physiologie
[285]Z.B. exzessives diskursives weltzugewandtes Denken, das man als *hýbris* bezeichnen kann.
[286]Was man der *némesis* zuschreiben kann.
[287]Was man als *némesis* bezeichnen kann.

ne kreist ist das im Taiji-Üben spürbare selbstbewegte Qi (Lebensenergie, Mischexistenz). Es hat in der Antike viele Umschreibungen.

Es ist, wie der Vergleich mit Kapitel 8 zeigt, der Träger des Gedankens (*nóema*), der in den Meridianen zirkuliert. Doch *nóema* ist mehr
als nur Gedanke. Es ist das, was in rigoroser Weltabgewandtheit
(Wuwei) in der kreativen Mischwelt (Taiji = *kósmos nóetos*) Einsicht, Heilen und Tugend aus sich heraus gebärt.

Die Schulmedizin ist sich zwar im Klaren darüber, dass Tun (Youwei) – unter Einsatz der Yin-Liugen - den Sympathikus aktiviert. Sie
weiß auch, dass „exzessives Tun (*hýbris*)" ihn schwächt und Menschen krank macht.[288] Darauf verweist z.B. Wilhelm Reich (1897-
1957) in *Der Krebs*.[289] Westliche Ärzte wissen aber nicht, so wie östliche Meister, den Parasympathikus auf effektive Weise mit Wuwei
(*philía*) zu aktivieren.

Was die Schulmedizin anbietet, ist z.B. die progressive Muskelent-
spannung nach Jacobsen.[290] Doch die beste Aktivierung bietet, worüber sich Dao-Meister seit Jahrtausenden im Klaren sind, die Wuwei-
Praxis (Dao-Praxis), weil sich damit das Yang-Qi immer mehr intensiviert und somit Youwei und Yin-Qi reduziert.

Harmonisierung von Yin-Yang

Das richtige Taiji-Üben will erlernt sein, denn Wuwei zu realisieren –
sich rigoros zu entspannen - ist eine absolut hohe Kunst. Laozi: *Wuwei ist die allerschwierigste Beschäftigung und zugleich diejenige,
die am meisten Geist voraussetzt.* Laozis Worte scheinen im Widerspruch zu stehen mit: *Der große Weg* (Dao-Praxis) *ist sehr einfach,
aber die Menschen lieben die Umwege.* Einfach ist das Wuwei-Prinzip, nicht aber seine Umsetzung in die Praxis. In der Dao-Lehre gilt:
Es ist einfacher andere, als sich selbst zu besiegen.

---

[288]In griechischer Terminologie heißt dies, dass man damit *némesis* herausfordert.
[289]Reich, W. *Der Krebs*, Kiepenheuer, Köln, 1974
[290]http://de.wikipedia.org/wiki/Progressive_Muskelentspannung

Fangfu: *Was in dieser Welt erkannt wird, bestimmt unser gewöhnliches Bewusstsein. Mit der Dao-Praxis ist es jedoch das sich kontinuierlich erweiternde Bewusstsein, das das bestimmt, was erfasst wird.* Nur so wird man in der Dao-Lehre zum „geistigen (spirituellen) Wesen (Zhenren)". Damit haben Daoisten Qi (Qi-Felder), Qi-Meridiane[291] im Zusammenhang mit der Dao-Schöpfungslehre entdeckt, lange bevor man sich des vegetativen Nervensystems im Westen bewusst war.

Die hohe Kunst des Entspannens

„Schöpferische Entspannung" im Sinne der Meister ist wesentlich tiefgehender als das, was sich die meisten Zeitgenossen unter Entspannung vorstellen. Diese assoziieren sie meist mit stillen Sitzübungen oder sportlichen Aktivitäten. Viele meinen, man sei entspannt nach vorangegangener Anspannung, was keine wirkliche Entspannung ist, wie die tausendjährige Dao-Erfahrung belegt. Sie hat nicht die schöpferische (erkennende und heilende) Wirkung wie Entspannung aufgrund vorangegangener Entspannung, so wie es die Dao-Praxis ermöglicht.

Bewegung bringt nur dann schöpferische Erkenntnis und Heilung, wenn sie der - durch Wuwei verursachten und der westlichen Schulmedizin kaum vertrauten – Taiji-Selbstbewegung *(autokinesis)* möglichst nahe kommt. Sie ist nur dann nützlich, wenn man entspannt in die Übung geht und noch entspannter herauskommt. Wer meint, sich nach willentlicher Anstrengung richtig zu entspannen, macht sich etwas vor. Wer stets gegen sich Disziplin und Härte zeigt und meint, es gäbe nur Gewinner oder Verlierer auf der Welt, mag zwar von der großen Menge vergöttert werden, er trägt aber, auch wenn er es kaum merkt, seine *psyché* damit zu Grabe. Er verliert seine Sanftheit und Spontaneität.

In der Taiji-Lehre heißt es: *Die Zähne sind härter als die Zunge, sie*

---

[291]Das altgriechische Wort für Entstehung der Qi-Felder ist *theogonía*, das mit **Entstehung der Götter** eine falsche Konnotation erlangt hat. Siehe dazu
http://de.wikipedia.org/wiki/Theogonie

gehen aber auch früher verloren. Xenophanes (ca. 570 - 470 v.u.Z.) wusste (Capelle, S.120)[292] : *Fehlt doch jenem Kult* (Vergötterung der Athleten und Kampfsportler) *jede innere Berechtigung. Daher ist es völlig ungerecht, die rohe Kraft höher zu werten als die köstliche Weisheit.* Bertolt Brecht wusste offenbar, um was es bei der köstlichen Weisheit geht: *Sagt der Junge: Er* (Laozi) *lehrte, dass das weiche Wasser in Bewegung mit der Zeit den Stein besiegt. Du verstehst, das Harte unterliegt.*

---

[292]Capelle, W. 1968, *Die Vorsokratiker,* Alfred Kröner Verlag, 1968

ANHÄNGE

Anhang I.1: Die vier Schöpfungslehren

Ich betrachte hier vier unterschiedliche Schöpfungslehren und deren historische Entwicklung. Als erstes existierte die universelle Schöpfungslehre in den hier angesprochenen traditionellen Kulturen. Daraus entwickelten sich schon früh viele Mythen, die ich gemeinsam als zweite Schöpfungslehre bezeichne. Hinzu kam als dritte die von Charles Darwin (1809 - 1882)[293] konzipierte Evolutionslehre (Evolutionstheorie), die ich in Sektion 3.5 und Anhang III.5 der Dao-Schöpfungslehre gegenüberstelle. Zur vierten zähle ich physikalische Weltformeln, die ich im Anhang IV.2 anspreche. Außer der ersten universellen Schöpfungslehren sind alle konditioniert. Dies bedeutet, dass sie auf Hypothesen und daraus resultierenden Schlussfolgerungen basieren, an die man glauben muss, was sie somit - im erweiterten Sinn - zu Glaubenslehren macht (Anhang I.5).

Mein Ziel ist es, die Dao-Schöpfungslehre, als noch existierende Stellvertreterin der universellen Schöpfungslehre, umfassend zu erklären und die Mythen[294] , die daraus hervorgegangen sind, somit aufzuwerten, indem ich sie entzerre, um die universelle Schöpfungslehre daraus zu rekonstruieren.

Schöpfungsmythen? Nein danke!

In Anbetracht der modernen „wissenschaftlichen" Evolutionslehre, die für viele Zeitgenossen die Weltentstehung im physikalischen Urknall und die Menschwerdung in historisch-biologischer Entwicklung (Evolution) in Raum und Zeit „überzeugend" darstellt, schenkt man

---

[293]http://de.wikipedia.org/wiki/Charles_Darwin

[294]Man kann vielen Mythen nicht entnehmen, ob sie durch Verzerrung der universellen Schöpfungslehre oder aufgrund anderer Annahmen entstanden sind. Die Verzerrungen können so umfangreich sein, dass man das Ursprüngliche danach nicht mehr erkennt. Solchen Mythen schenke ich keine Aufmerksamkeit, weil sie keine Potential haben, entzerrt zu werden.

Schöpfungsmythen in alten philosophischen und religiös-mystischen Schriften heutzutage kaum noch Aufmerksamkeit. So wie man früher dem Klerus Glauben schenkte, so vertrauen „moderne Menschen" heute „klugen Wissenschaftlern". Sie lassen sich z.B. von ihnen überzeugen, dass der Ursprung der Welt im Big Bang mit Messungen von Elementarteilchen im CERN Large Hadron Collider[295] oder mit Hilfe des 200 Millionen teuren ESA Lander *Philae*[296] , der auf dem Tschurjumow-Gerassimenko Kometen[297] landete, zu finden sei. Sensationssüchtige Medien erwecken den Eindruck: *Philae liftet Geheimnisse.* Je höher, je weiter, je kleiner die Objekte wissenschaftlicher Erkundung und je teurer ihre Untersuchungen sind, umso mehr Glauben schenkt man den Forschungen. Auf diese Weise werden wissenschaftliche Mythen erzeugt, die die religiösen immer mehr verdrängen.

Geheimnisvolle *philía*

Philae stammt von *philía*[298] ab. *Philía*[299] – übersetzt mit Liebe - ist in der Tat, wie dieses Buch zeigt, das griechische Äquivalent von Wuwei und somit die Wurzel der größten und ältesten Geheimnisse der Welt. Damit meine ich das Geheimnis der Schöpfung. Es umfasst Geheimnisse, die nicht mit der modernen konditionierten Wissenschaft entdeckt werden können, sondern mit der alten „spirituellen (unkonditionierten) Wissenschaft".

Diese wurde in den Schulen der Taiji/Dao-Lehre (*philosophía*) vor langer Zeit durch regelmäßiges Üben entdeckt und zunehmend erforscht. Die treibende schöpferische Kraft dahinter ist Wuwei *(philía)*, das spontane numinose[300] Wirken (Wei) aus dem Nichtsein

---

[295]http://de.wikipedia.org/wiki/Large_Hadron_Collider
[296]http://de.wikipedia.org/wiki/Philae_%28Sonde%29
[297]http://de.wikipedia.org/wiki/Tschurjumow-Gerassimenko
[298]Siehe TPC.
[299]*Philía* und Aphrodite sind identisch und das Äquivalent von Wuwei. Aus beiden hat man Göttinnen gezaubert.
[300]Numinos kommt von *noumenon* und verweist auf die Mischung (Taiji) aus **nous** und **phainómenon**. Dies hat nichts mit göttlich und heilig zu tun, womit numinos meist gleichgesetzt wird.

(Wu). Es ist eins der drei Grundprinzipien der Dao-Lehre: Wuwei (Nicht-Handeln), Ziran (Natürlichkeit) und Fanben (Rückkehr zum Ursprung).

Anhang I.2: Unkonditionierte und konditionierte Gesetze

Platon verweist mit *nómoi*[301] auf natürliche unkonditionierte und nicht auf gesellschaftliche konditionierte Gesetze. Die ersten werden mit der Dao-Praxis (Praxis des Sterbens) entdeckt und sind folglich Ungeübten unvertraut. Sie haben die Originalbegriffe der *philosophía* und deren Zusammenspiel hervorgebracht. Sie haben nichts mit naturwissenschaftlichen Gesetzen oder gar Verfassungen (Konstitutionen, Geboten, Verboten) zu tun, die im gesellschaftlichen Rahmen konzipiert und gebraucht werden.

Vom Natürlichen zum Gesellschaftlichen

Die folgende Analyse einer Textpassage[302] von Platon, in der es um die Lebenspflege mit der Übungspraxis (Bild 1a) in der Gemeinschaft der Übenden (und nicht von Bürgern) geht, ist eine signifikante Verzerrung: *Angestrebt wird diejenige Verfassung, die den Bürgern dauerhaft die günstigsten Lebensverhältnisse gewährleistet. Die areté* (Tüchtigkeit, Tugend) *der Bürger ist das Staatsziel, dem alles untergeordnet wird.* Hier geht es um keine Verfassung, keine Bürger und kein Staatsziel. Es geht, ich wiederhole mich, bei Platon immer um die Übungspraxis.

Das Beispiel zeigt also, dass ungeübte Analysten Platons Hinweise zur persönlichen psychischen Entwicklung durch gemeinschaftliches Üben auf die gesellschaftliche Ebene projiziert haben! Ich habe einen Kommentar in TSC zu Platons Kallipolis (Schönstaat)[303] geschrieben. Dort geht es nicht, wie von ungeübten Analysten immer wieder be-

---

[301] http://de.wikipedia.org/wiki/Nomos_%28Antike%29, Siehe auch TSC.
[302] http://de.wikipedia.org/wiki/Nomoi
[303] http://en.wikipedia.org/wiki/Philosopher_king

hauptet wird, um einen (utopischen) Staat, sondern um eine Gemeinde (Gemeinschaft, Community) von Dao-Übenden. Es geht um die Förderung der Tugend (De, *areté*), die aus sich heraus durch gemeinsames Üben (Bild 1a) zustande kommt, so wie es für meine Schule (Taijixue) zutrifft.

Dualismus und Nicht-Dualismus

Das nachgeburtliche Wissen ist durch das vertraute Diesseits, die dualistische Welt, konditioniert. Diese ist nur über Gegensätze wie Gut oder Böse, richtig oder falsch, ja oder nein, usw. zugänglich. Sie erfordert ziel-orientierte (gerichtete) Entweder-oder Entscheidungen.

Das vorgeburtliche Wissen ist hingegen durch die jenseitige nicht-dualistische Welt (Taiji) konditioniert, in der alle Gegensätze gemischt sind. Es ist die unkonditionierte Welt, die Welt der zusammengeführten Gegensätze, die im ziellosen Nicht-Tun (Wuwei) Jenseitiges erfahren lässt.

Der Dao-Pfad, Aufstieg der *psyché,* transformiert die dualistische Welt durch Wuwei in die nicht-dualistische Welt. Die Dao-Schöpfung, Abstieg der *psyché,* transformiert die nicht-dualistische Welt durch Youwei in die dualistische Welt. Wuwei bringt die Gegensätze zusammen und Youwei trennt sie.

Ich fasse zusammen: Die dualistische Welt ist konditioniert, die nicht-dualistische ist unkonditioniert. Der Übergang von der einen zur andern – von unten nach oben und umgekehrt in Bild 2 - erfolgt stufenweise und ist durch die vier Symbole dargestellt. So zeigt das Taiji-Symbol (Taijitu) keinen Schwarz-Weiß-Gegensatz, also keinen Dualismus. Die Symbole darunter verweisen auf zunehmend detaillierte dualistische Welten mit 2, 3 und 4 Flächen innerhalb des Kreises.

Anhang I.3: Geheime Taiji-Lehre: Schlüssel zur geheimen *philosophía*

Taijixue bedeutet Taiji-Wissen. Wenn ich in diesem Buch von Taiji-xue spreche, so meine ich aber auch damit die Dao/Taiji-Lehre, die Dao-Großmeister Fangfu, mit bürgerlichem Namen Lu Jinchuan, im Einklang mit Laozi, unterrichtet. Taijixue ist außerdem auch der Name der Schule von Fangfu, die früher Taiji-Men (Tor zu Taiji) hieß. Sie erscheint uns heute in einem modernen Gewand. Sie nahm, Fangfu zufolge, ihren Ursprung vor 7 Jahrtausenden im Schamanis-mus und hat sich danach immer weiter entwickelt. Sie betrachtet sich als Wuwei-Schule und zählt als solche zu den ältesten chinesischen Schulen der Wahrheitssuche (Xiuzhen) und Lebenspflege (Yangs-heng). Das durch sie erworbene Dao/Taiji-Wissen beinhaltet sowohl praktische wie theoretische, ungeschriebene wie geschriebene Aspek-te.

Es wurde seit 1.500 Jahren im Untergrund in einer ununterbrochenen Genealogie von Meister zu Meister weitergegeben. Fangfu brachte dann Taiji-Men in den 80iger Jahren wieder an die Öffentlichkeit. Der Name Taiji-Men wurde aber in Taijixue geändert, weil sich an-dere Schulen so nannten, aber nicht das lehren, was Fangfu unterrich-tet.

Begründung der Geheimhaltung

Fangfu begründet die Geheimhaltung damit, weil Taijixue bis zur Veröffentlichung 1980 noch nicht voll ausgereift war, was nun der Fall ist. Er hält nichts über Taijixue absichtlich geheim. Jeder Interes-sent kann sein Schüler werden, dem er alle Fragen beantwortet. Doch seine Schüler merken sehr bald, dass sich das Taiji/Dao-Vokabular ganz von alleine geheim hält, denn es kann nur über Üben entdeckt werden. Seine Antworten passen sich dem Entwicklungsstand der Schüler an.

Die Offenheit der Schule beinhaltet jedoch nicht, dass fortgeschritte-ne Taiji-Schüler keine eidetischen Erfahrungen sammeln würden, die sie lieber für sich behalten und mit dem Lehrer diskutieren, als in die Öffentlichkeit zu tragen. In anderen Worten, es werden durchaus persönliche Erfahrungen im eigenen und im Interesse der Schule geheim gehalten! Der Titel des Buches heißt nicht umsonst die *Geheime Dao-Schöpfungslehre*. Was darin „geheim" ist, sollte ebenso für die *philosophía* und andere „geheime Schulen" gelten, was ungeübte Analysten bisher aber nicht erkannt haben. Sie wissen auch nicht, dass traditionelle Lehren (Schulen) das vorgeburtliche Wissen (Taiji-Wissen, *gnósis, sophón)* fördern, das der Dao-Pfad (Parmenides: Weg der Wahrheit) als Wiedererinnerung an Verborgenes aus sich heraus hervorbringt. Sie meinen, es handele sich dabei um das uns allen vertraute nachgeburtliche Wissen, das durch das Diesseits konditioniert ist und durch Empirik[304] erworben wird.

Die Dao-Praxis erfordert die Qi-Übertragung

Die formlose Taiji-Stehübung ist, Fangfu zufolge, die beste Haltung, um Wuwei, das schöpferische Wirken (Wei) aus dem Unbekannten (Wu), innig im Üben zu erfahren. Dem Leib wird damit die Möglichkeit gegeben, sich frei in (fast) allen Richtungen selbst zu bewegen und sich somit nicht einzuschränken. Die Durchführung von derartig ungewohnten freien spontanen Selbstbewegungen erfordert die Qi-Übertragung, die alle Taiji-Anfänger von Fangfu erhalten.[305] Nur so ist die Dao-Praxis (Dao Xing = Dao Üben) sicher durchzuführen. Sie unterscheidet sich von formvollen Taiji-Übungen dadurch, dass sie ohne Anweisung in lockerer Stehposition willentlich unkontrolliert vollzogen wird. Sie lässt somit das aufsteigende Yang-Qi und absteigende Yin-Qi besonders gut fließen (siehe Kapitel 9).

Die zwei Facetten von Wuwei

Die Notwendigkeit der Qi-Übertragung ergibt sich daraus, weil Wuwei sowohl eine positive wie auch negative Wirkung (Wei) aus dem

---

[304]http://de.wikipedia.org/wiki/Empirie. Das Wort Empirie stammt von *empeiría* ab, womit Erfahrung und Erfahrungswissen gemeint sind, die sich auf die Erfahrung mit der Übung beziehen.
[305]Ich beschriebe die formlose Übung wie auch die Qi-Übertragung ausführlich in TLC.

Nichtsein (Wu) sein kann. Die Qi-Übertragung garantiert jedoch, dass Wuwei dem Taiji-Übenden nur seine gute Seite zeigt, also seine Übung in positiver Weise beeinflusst.[306] Wenn immer ich also von Wuwei im Zusammenhang mit der Taiji-Praxis berichte, setze ich die Qi-Übertragung voraus. Sie ist eine Navigationshilfe auf dem Pfad (I) durch die Taiji-Welten (Bild 2), der ohne sie durchaus Gefahren aufweist. Auch die Griechen kannten die Qi-Übertragung.[307] Das Wuwei-Prinzip erfordert sie. Sie gibt dem Übenden Schutz.

Es gibt nur ein einziges Wuwei-Prinzip

Die Hinwendung (Erforschung und Bewältigung) zum Diesseits basiert auf vielen Prinzipien (Theorien, Praktiken, Lehren, Anweisungen). Sie genügen dem Youwei-Prinzip (Handeln). Sie sind durch das Diesseits konditioniert. Dazu gehören auch die Übungsanweisungen in Taiji-Schulen, die stilvoll üben. Dazu zählt Qigong[308] und Taijiquan[309] . Aus der Sicht von Taijixue sind dies Youwei-Praktiken, die nichts mit der ursprünglichen Wuwei-Praxis, dem großen Dao (Dadao), über das Laozi berichtet, zu tun haben. Wäre es anders, so müssten auch Youwei-Schulen das erkannt haben, worüber ich hier berichte.

Daoisten nennen das zweite Erkenntnisprinzip, also das Hinwenden zum Diesseits mit seinen Youwei-Praktiken, das kleines Dao (Xiaodao). Es genügt unzähligen Prinzipien. Es gibt im Gegensatz dazu nur ein einziges Prinzip, sich vom Diesseits rigoros ab- und dem Jenseits zuzuwenden, um es zu erforschen und zu bewältigen: Dies ist das Wuwei-Prinzip (Handle nicht im Üben, sondern lass Körper, Geist und Seele aus sich heraus frei handeln). Damit wird das große Dao (Dadao) realisiert.

---

[306]Darüber berichte in TLC.
[307]Siehe TSC und TLC.
[308]http://de.wikipedia.org/wiki/Qigong
[309]http://de.wikipedia.org/wiki/Taijiquan

Freiheit liegt im Nichtwollen

Das Wuwei-Prinzip lässt sich Dao-Schriften, wie z.B. dem *Daodejing,* in dem Wuwei erstmals von Laozi erwähnt wird, nicht entnehmen. Dazu ist die kompetente Unterstützung des Dao-Meisters gefragt. Er weist seine Schüler in die Dao-Praxis ein, mit der sie Wuwei, also die ihnen nützliche Wirkung (Wei) aus dem Unbekannten (Wu), zunehmend mit Leib und Seele erfahren können.

Das Wuwei-Prinzip befreit also den Übenden von den Fesseln des Diesseits (Sein). Damit beginnt er seine Magical-mystery-Taiji-Tour in immer höhere Taiji-Welten. Dies kann in den Schulen der *philosophía* nicht anders gewesen sein. Darauf verweist auch die Etymologie von *philosophía: Philosophía* = mit *philía* (Wuwei) zur *sophía* (Weisheit)! Wenn ungeübte Analysten behaupten, *philosophía* sei Liebe zur Weisheit, so ist die eine unakzeptable Verzerrung, die der Tiefgründigkeit des Begriffs nicht gerecht wird.

Der Dao-Pfad entsteht erst durch Begehen

Der Pfad (I), der vom Anfang bis zum Ende durch Anwendung des Wuwei-Prinzips entdeckt wird, entsteht erst durch Begehen. Nur wer ihn von Anfang bis Ende erforscht hat, ist berechtigt, die Dao-Praxis zu unterrichten.

Was ich in darüber schreibe, basiert auf den Äußerungen von Fangfu, die ich - dank eigener Taiji-Übungserfahrung - bis zu einem gewissen Grad nachvollziehen, somit bestätigen kann und folglich nicht glauben muss. Doch meine Erfahrung ist aufgrund meines Alters – Jahrgang 1940 – eingeschränkt, was meine Begeisterung zu üben nicht mindert. Alles, was meine Taiji-Schule anzubieten hat, resultiert aus den Erfahrungen mit der Dao-Praxis. Alles, was ich berichte, resultiert ebenfalls daraus. Doch man sollte keinen Hehl daraus machen: Je jünger man ist, wenn man mit Üben beginnt, umso besser sind die Chancen, das Große Dao – in regelmäßiger meditativer Trunkenheit - zu erreichen, um bei Wu, also D (Bild 2), anzukommen.

Dao-Praxis: Ursprung allen Taiji/Dao-Vokabulars

Das Taiji-Vokabular (Taiji, Dao, Wuwei, Youwei, Shen, Qi, Xing, Yin-Yang, usw.), das auf dem Dao-Pfad aus sich heraus in der Selbstbeobachtung entdeckt wird, ist in chinesischen Traditionen (Taijixue, Traditionelle Chinesische Medizin, Philosophie, Qigong, Kungfu, usw.) von großer Bedeutung. Es ist, wie ich zeige, weder vom Himmel gefallen, noch stammt es aus dem Munde eines Propheten. Es resultiert einzig und allein aus der Dao-Erfahrung, die vom Übungsfortschritt abhängt. Es ist schon erstaunlich, wie viel Taiji-Wissen dadurch zustande kommt. Es ist zwar nur Übenden direkt zugänglich, es kann aber auch Ungeübten indirekt erklärt werden.

Das Taiji/Dao-Vokabular besteht aus Metaphern

Das Taiji-Vokabular besteht ausschließlich aus Metaphern, deren Inhalte nur durch regelmäßiges Üben zunehmend erfasst werden können. Dies bedeutet, dass den Metaphern eine Erfahrungsdimension zugewiesen wird. Dies wiederum beinhaltet, dass man sie nicht wortwörtlich nehmen darf. Anders ausgedrückt: Man kann sie mit dem zweiten Erkenntnisprinzip nicht erfassen. Die darauf basierende Etymologie ist, wie angedeutet, für ihre Entschlüsselung ungeeignet. Was für das Vokabular der Taiji-Lehre gilt, trifft ebenso für das der *philosophía* und jeder anderen traditionellen Lehre zu, die das Wuwei-Prinzip zum Einsatz bringt. Es kann nur durch Üben aufgedeckt werden, was aber nicht heißt, dass es Ungeübten nicht erklärt werden kann.

Auch Zahlen, Symbole und Bilder sind Metaphern

Nicht nur alle Taiji-Begriffe, sondern auch alle griechischen Originalbegriffe der *philosophía,* wie *arithmétike, astronomía, átomos, kósmos, geometría, idéa, planétes, práxis, psyché, mousiké, sympósion, theoría,* usw. sind Metaphern. Dies gilt auch für die vier Zahlen von Laozi und die vier Zeilen mit 1, 2, 3, 4 Punkten der *Tetraktys.* Es sind Metaphern (Allegorien) mit tiefgründigen eidetischen Inhalten, was für die vier Symbole in Bild 2 ebenso zutrifft. Damit habe ich längst nicht alles zum Ausdruck gebracht, was es über Metaphern (Allegorien) zu berichten gibt. Doch Leser, die in diesem Buch nach einem Verständnis der Schöpfungsmythen suchen, sollten bereits erahnen: *Schöpfungsmythen kommen dadurch zustande, weil man die Worte (Zahlen, Symbole) nicht als Metaphern erkennt, sondern wort-wörtlich nimmt.*

Dao-Schlüsselmetaphern

Unter den vielen Metaphern der Dao-Lehre sind wenige, die man als Schlüsselmetaphern bezeichnen kann. Die wichtigsten davon sind in der Tabelle am Anfang des Buches zusammengefasst. Sie reichen aus, um das Wesentliche über Taijixue zu verstehen.[310] Sie sind sozu-sagen das Gerüst (die Säulen), das alle anderen Metaphern zusam-menhält. Man sollte zuerst nach ihnen suchen, bevor man das Netz-werk aller Metaphern im Detail zu entschlüsseln versucht.

Zumal ich die Schlüsselmetaphern immer wieder benutze, gehe ich davon aus, dass interessierte Leser ihre Bedeutung erkennen, zumal ich sie immer wieder anspreche. Jede einzelne hat oft, wegen ihrer Tiefgründigkeit, viele Umschreibungen. Dies erweckt bei ungeübten Analysten den Eindruck, es würde sich um unterschiedliche Begriffe mit verschiedenen Inhalten handeln. Dies ist aber oft nicht der Fall.

Dazu ein Beispiel: Dao-Meister benutzen z.B. die Schlüsselmeta-phern Dao, Dadao, Mutter der 10.000 Dinge, Wuyou, Chaos und Eins als Äquivalente für Taiji. Sie beleuchten damit jeweils einen beson-deren Aspekt, hat Taiji doch viele Facetten. Ungeübte Analysten mei-nen jedoch, hinter den vielen Facetten würden sich unterschiedliche Phänomene verbergen! Somit erzeugen sie eine große Konfusion! Hinter der Taiji-Lehre verbirgt sich nichts, das streng voneinander getrennt werden kann, sondern dahinter steckt: *Alles ist Eins!* Dies er-fährt man umso mehr, je weiter man auf dem Dao-Pfad vorankommt.

---

[310]http://www.taijixue.de/inhalt_e.htm, siehe auch TLC.

Griechische Äquivalente für Taiji

Auch hinter der geschriebenen *philosophía* stecken wenige Schlüssel-metaphern. So haben auch die Griechen viele Äquivalente für Taiji: *tó hèn, eón, kósmos noetós, lógos, pléroma,* usw. Auch bei der *philo-sophía* dreht sich alles um *lógos* (Taiji) und seine vielen Äquivalente! Es ist mein Anliegen, die Schlüsselmetaphern der *philosophía* mit Verweis auf die der Taiji-Lehre immer wieder hervorzuheben. Dabei benutze ich die mir vertraut gewordene Dao-Lehre als Maßstab.

Anhang I.4: Kritik an den Verdrehungen der *philosophía*

Die von Mas'udi angesprochene Verdrehung der alten Wissenschaft *(philosophía)* im Byzantinischen Reich erfolgte durch „byzantinische Theologen". Sie wurde von den „heidnischen Neoplatonikern" heftig kritisiert, weil sie aufgrund ihrer jenseitigen Erfahrung - im Gegen-satz zu den „Theologen" - weder Gott, Hölle, Teufel, Sündenfall, usw. akzeptierten. Das war nicht ihr Ding!

Die Kritiken von Porphyros (233 - 309)[311] , einem Schüler von Plotin (205-270)[312] , wie auch die von Iamblichos (240/245 – 320/325)[313] und Kelsos (Celsus, zweite Hälfte 2. Jhd. n.u.Z.)[314] sind uns erhalten geblieben. Sie warfen den ungeübten „Theologen", „Schriftgelehrten" und „Gesetzgebern", die durch ihren Glauben kon-ditioniert und somit eingeschränkt waren, Unverständnis der Meister vor. Auch Jesus *(Lukas 11,52)* schreibt (Einowski; 2013)[315] : *Weh euch ihr Gesetzesgeber! Ihr habt den Schlüssel weggenommen, der die Tür der* (unkonditionierten) *Gnosis öffnet. Ihr seid selbst nicht hineingegangen, und ihr habt alle gehindert, die hinein wollten.*

Das umfangreiche Vokabular der ursprünglichen *gnósis,* das dem der

---

[311]https://www.google.de/#q=Porphyrios
[312]https://www.google.de/#q=Plotin
[313]http://de.wikipedia.org/wiki/Iamblichos_von_Chalkis
[314]http://de.wikipedia.org/wiki/Kelsos
[315]Einowski, *Gnosis - Der Schlüssel der Erkenntnis,* Visionen, Mai 2013

philosophía entspricht, genügte, bevor es verzerrt wurde, dem ersten Erkenntnisprinzip.

Was sich damit in den Mythen aufdecken lässt, bleibt für all diejenigen geheim, die den Dao-Pfad nicht folgen. Es bleibt auch all denen unzugänglich, die sich nicht dem *Lógos* (Taiji), sondern dem Mythos zuwenden, womit ich das konditionierte (glaubensbasierte) Diesseits meine, mit dem sich das Jenseits nicht erkunden lässt.

Die mangelnde Kompetenz der Schriftgelehrten

Nachdem die Schulen der *philosophía* geschlossen wurden, haben „(ungeübte) Schriftgelehrte", die geschriebene *philosophía* in hoch angesehen Kulturzentren, wie dem *Haus der Weisheit*[316] in Bagdad, übersetzt und so analysiert, als wären ihre umfangreichen Inhalte dem zweiten Erkenntnisprinzip zugänglich. Vermutlich waren sich die „weisen Schriftgelehrten" noch nicht einmal des Unterschieds zwischen dem ersten und zweiten Prinzip bewusst. Ihnen war offenbar nicht klar, was für die heutigen ungeübten Analysten immer noch gilt, dass sich hinter der *philosophía* nicht nur ihre geschriebene, sondern auch ihre ungeschriebene Lehre verbirgt, die der geschriebenen ohne Üben nicht zu entnehmen ist.

Celsus hatte noch den Durchblick

Wir lesen in *Contra Celsum* (XL II)[317] in meiner Übersetzung aus dem Englischen: *Es ist schwierig den Schöpfer und Vater des Universums* (*kósmos* = Taiji-Welten) *ausfindig zu machen; und nachdem man ihn gefunden hat, ist es unmöglich ihn allen zugänglich zu machen.* Damit drückt er aus, was Heraklit lange zuvor so formulierte (B 112): *Verständigsein ist die wichtigste Tugend; und die Weisheit besteht darin, das Wahre zu sagen und zu tun, auf die* (unkonditionierte) *Natur hinhorchend* (mit den Yang-Liugen). Doch haben dies die „großen Denker mit Rang und Namen", „Theologen", „Schriftgelehrten", usw., die das „heutige Weltbild" geformt haben, getan?

---

[316]http://de.wikipedia.org/wiki/Haus_der_Weisheit_%28Bagdad%29
[317]http://www.intratext.com/IXT/ENG0291/_PEE.HTM

Erforsche nicht, sondern glaube

Celsus wusste noch bestens, was unkonditioniertes Erfahren bedeutet, wie ich den Worten *(Contra Celsum* 3.44) entnehme: *Sie* (die Christlichen Prediger) *betonen immer wieder: Erforsche nicht, sondern glaube nur*.[318] Celsus liefert überzeugende Hinweise, dass er sich mit *Erforschen* auf die hypothesenfreie (unkonditionierte) Platonische Übung bezieht.[319]

Diese liefert, Platon zufolge, eine klare Erkenntnis im Einklang mit dem ersten Erkenntnisprinzip. Platon verwendet in *Timaios* (Tim. 49A, 50A, vgl. Tim. 54B), wo er sie charakterisiert, die Metapher *akribester__on__* als Synonym für Klarheit (*enargester__on__, saphester__on__*). Die Endung *__on__* verweist auf Taiji (*eón*).

Seit dem Untergang der *philosophía* hat sich jedoch die Vorstellung von klar, richtig, genau, exakt, rein, usw. geändert, denn diese Attribute werden seit jener Zeit - auf der Basis des zweiten Erkenntnisprinzip - mit Glauben in Verbindung gebracht. Man spricht heute von reiner Wissenschaft und exakter Mathematik, obwohl diese konditioniert und somit unbeweisbar sind.

Wir lesen im Einklang mit der Taiji-Lehre in *Contra Celsum*, dass es Platon bewusst war, dass es nicht allen Menschen möglich sei, den (unkonditionierten) Weg (Dao-Weg, Wuwei-Weg, Weg der Weisheit, Weg der Gnosis, Weg des Herzens, Weg der Wahrheit, Weg des Lichtes[320]) zu gehen. Aber die Weisen hätten ihn gefunden und konnten somit eine Beschreibung davon liefern.

Es handelt sich hier um die Weisheit, die auch großen „Denkern mit Rang und Namen" „Theologen", „Schriftgelehrten" und „Gesetzgebern" unzugänglich und somit unverständlich bleibt. Es ist Weisheit, die nicht über Worte, sondern nur durch Üben zu erfassen ist, denn es gilt: *Das Dao über das man spricht, ist nicht das wahre Dao.* Dies

---

[318]*Porphyry Against the Christians,* S.150 (Englisch: *Do not inquire, just believe!*).
http://www.amazon.com/Porphyrys-Against-Christians-Porphyry/dp/0879758899
[319]Siehe TPC.
[320]*Licht* ist eine Metapher für Qi!

soll aber nicht heißen, dass Dao-Meister nicht darüber sprechen. Würde es Fangfu nicht tun, so könnte ich hier nicht über die Taiji-Lehre, ihr griechisches und andere Äquivalente dieser einst universellen Lehre schreiben.

Anhang I.5: Glauben vermittelt keine universelle Wahrheit

Betrachten wir die zwei Sätze[321] : *Platon glaubte, dass das Universum die rationale Schöpfung eines göttlichen Baumeisters sei, des Demiurgen. .... Pythagoras glaubte wie die Milesier, dass es viele Welten gebe.* Wenn immer wir lesen, dass dieser oder jener Meister an dies oder jenes glaubte hat, so ist dies *Mythos,* denn die Meister reden niemals vom Glauben, sondern stets vom Erfahren. Sie lehren nur das, was erfahrbar ist! Sie berichten über den *Lógos* (Taiji).

So kann *Pythagoras nicht an viele Welten geglaubt haben,* sondern er muss diese – so wie Taiji-Schüler heute noch – persönlich erfahren haben, sonst wäre er kein Meister. Es ist unglaublich, wie oft man bei ungeübten Analysten liest, dieser oder jener Meister hätte an dies oder jenes geglaubt, als ob dies von irgendeiner Relevanz wäre. Glauben heißt doch: Nicht wissen! Auch Fangfu unterrichtet nicht, woran er glaubt, sondern was er erfahren hat. Damit unterscheidet er sich von Menschen, die an dies oder jenes glauben und meinen, sie müssten andere davon überzeugen. Wäre es anders, wäre die Taiji-Lehre keine Erfahrungslehre, sondern eine Glaubenslehre. Dies gilt ebenso für die *philosophía,* in der ich – aufgrund intensiver vergleichender Studien[322] - das griechische Pendant der Taiji-Schule (Taiji-xue) erkenne, was ich in all meinen Büchern umfangreich belege.

Entstehung der modernen konditionierten Wissenschaften

Der Übergang vom unkonditionierten Erfahren zum konditionierten Glauben fand im Westen viel früher als im Osten statt. Er wird von

---

[321]https://fjordman.wordpress.com/2010/05/17/mathematik-und-religion/
[322]Siehe MWD, TSC, TPC und TLC.

Mas'udi angesprochen. Es war ein signifikanter Paradigmenwechsel weg von der alten hypothesenfreien natürlichen Wissenschaft, die ich hier beschreibe, hin zur neuen hypothesenbasierten, mit der ich mein Leben lang die Butter auf mein Brot verdient habe. Ohne diesen Wechsel gäbe es keine Wissenschaften[323] im heutigen Sinn. Diese sind – im Vergleich zur Taiji-Erfahrungslehre - Glaubenslehren.

Betrachten wir z.b. die Mathematik, Geometrie und Naturwissenschaften, die viele als klar, richtig, genau, exakt, rein, logisch, usw. bezeichnen. Dies würden die Meister nicht billigen, da es Disziplinen sind, die durch Hypothesen konditioniert sind. Damit sind es menschliche (gesellschaftliche) Konstrukte, die es – im Gegensatz zu den hypothesenfreien natürlichen Gesetzen, die ich anspreche - nicht verdienen *klar, richtig, genau,* usw. genannt zu werden. Sie verdienen nicht das Attribut *Lógos* (Dao), obwohl viele Disziplinen mit ihrer Endung darauf verweisen, wie Soziologie, Psychologie, Philologie, Theologie, Geologie, usw..

Zumal Hypothesen (z.B. mathematische Axiome) grundsätzlich unbeweisbar sind, können somit auch die Schlussfolgerungen nicht klar, genau, exakt, usw. im Vergleich zu dem sein, was die Meister so nennen. Diese würden auch der heute oft benutzen Floskel widersprechen, dass dies oder jenes Problem schon oder noch nicht „wissenschaftlich bewiesen" sei. Im Diesseits, der Welt des Glaubens, gibt es grundsätzlich nichts, was sich klar, genau, exakt, usw. beweisen lässt.[324]

Jede wissenschaftliche Analyse und Problemlösung basiert auf Hypothesen (Annahmen, unbeweisbaren Vereinbarungen), an die man glauben muss. Alle Gedankengänge und Schlussfolgerungen müssen damit im Einklang sein. Sie sind Teil des „kreisförmigen Denkens". Damit kann nichts erkannt werden, was von den Hypothesen (Postulierungen, Theorien, Vorstellungen) abweicht, denn der Kreis muss sich schließen. Das Denken ist folglich zielgerichtet.

---

[323]Dazu zählen alle Wissenschaften, denn keine von ihnen ist hypothesenfrei.
[324]Darüber berichtet Platon im Liniengleichnis, das ich in TSC beschreibe.

Der Denker kann sich damit keinen Dingen jenseits der Hypothesen öffnen. Der Philosoph der Naturwissenschaften Sir Karl Popper[325] scheint dies erkannt zu haben: *Wir sind dann mit der Realität in Kontakt, wenn wir alle Theorien vergessen.* Anders ausgedrückt, moderne Wissenschaften sind nicht im Einklang mit der schöpferischen Natur (Ziran, *phýsis)*.

Sie sind durch die gesellschaftlichen Errungenschaften (kurz: Gesellschaft) und nicht durch die Natur selbst konditioniert. Dies gilt auch für die Naturwissenschaften. Folglich ist es nicht gerechtfertigt, diese natürlich und deren Resultate klar, genau, exakt, usw. zu nennen, oder die Geometrie - was oft genug getan wird – sogar als heilig und göttlich zu beschönigen.

Während Popper keinen Weg andeutet, um mit der Realität in Kontakt zu kommen, kennen ihn die Meister seit Jahrtausenden. Er verbirgt sie sich hinter dem *Lógos* (Taiji). Ich wiederhole: *Was könnte natürlicher (klarer, genauer, exakter, usw.) sein, als was, dank des Lógos, unkonditioniert erfahren wird?* Was hingegen auf konditionierte Weise erlangt wird, ist nicht im Einklang mit der schöpferischen Natur. Es ist – krass ausgedrückt - ein Akt gegen die Natur, ein *opus kontra naturam!*

---

[325]http://de.wikipedia.org/wiki/Karl_Popper

Der Drang weg von der Natur hin zum Mythos

Sollten wir in Anbetracht der Bedrohung von Natur und Gesellschaft nicht darüber nachdenken, warum sich der Westen so viel früher als der Osten dem konditionierten Erkenntnisweg, den Daoisten das kleine Dao (Xiaodao) nennen, hingegeben hat? Sollten wir nicht akzeptieren, dass er uns zwar der materiell-körperlichen Welt immer näher gebracht, aber von der spirituell-natürlichen Welt der Väter der westlichen Kultur, der Meister[326] der *philosophía,* immer mehr entfernt hat? Wer mit der Schöpfung im Einklang leben will, sollte sich keinem Mythos über sie hingeben! Mythen sind von Menschen gemacht und somit unnatürlich.[327] Folglich sollte man sie nicht ernst nehmen. Das, was sie erzeugt, die universelle Schöpfung, ist hingegen gänzlich natürlich.

Befreiung vom Glauben

Was Platon in *Timaios,* seinem „Werk über die Schöpfung", berichtet, ist im besten Einklang mit der Dao-Schöpfungslehre. Auch Ungeübte mögen es dem folgenden Text, der durch die Verzerrung zum Mythos geworden ist, schon entnehmen. Ich habe Fragezeichen dort angebracht, wo - aufgrund der Anwendung des zweiten Erkenntnisprinzips - die Abweichung von der Dao-Schöpfungslehre am größten sind[328] :

Nach Timaios' Darstellung ist der Kosmos (?) hauptsächlich von zwei Faktoren geprägt, der Vernunft (?) und der Notwendigkeit (?). Bei der Erschaffung des Alls wollte der vernünftige, wohlwollende

---

[326]Sie werden auch Naturphilosophen genannt. Doch sie haben sich nicht mit der kreierten (erschaffenen), sondern mit der kreierenden (schaffenden) Natur (*phýsis*) auf diese Weise auseinandergesetzt, wie ich es hier beschreibe.

[327]Man mag darüber streiten, was natürlich und unnatürlich ist. So schreibt Goethe, dass das Unnatürlichste immer noch Natur ist. Auch für die Taiji-Lehre gibt es nichts Unnatürliches. Für Daoisten gibt es nichts, das über der Natur steht. Um einen Begriff zu erklären, muss man ihn von einem anderen abgrenzen. Ich bezeichne alles was hypothesenfrei (unkonditioniert) erfasst wird als natürlich und was konditioniert erfasst wird als unnatürlich. Dazu gehört alles, was die Gesellschaft anzubieten hat. Was ich natürlich nenne, nenne andere übernatürlich!

[328]http://de.wikipedia.org/wiki/Timaios

Schöpfergott (?), der Demiurg, das Bestmögliche erreichen. Dazu musste er sich mit der „Notwendigkeit (?)" – vorgegebenen Sachzwängen (?) – arrangieren und aus dem Chaos der bereits vorhandenen (?) Materie Ordnung schaffen. Er bildete die Weltseele (?), mit der er den Kosmos (?) zu einem lebendigen, beseelten Wesen machte. Den von ihm hervorgebrachten untergeordneten Gottheiten (?) wies er die Aufgabe (?) zu, den menschlichen Körper zu erschaffen.

Ich bin sicher, dass einige Leser schon erahnen, warum ich von Abweichungen spreche, wo Fragezeichen angebracht sind.

Konditioniertes Wissen: Hindernis für unkonditioniertes Erfahren

Ungeübte Analysten alter Weisheitsschriften haben oft ein Leben lang nichts anderes getan, als diese zu studieren und unzählige Artikel und dicke Bücher darüber zu verfassen. Sie stellen – auf der Basis des zweiten Erkenntnisprinzips - die Meister seit vielen Jahrhunderten gänzlich anders dar, als ich es tue, was mich Laozi verstehen lässt: *Wisst ihr, dass das was ihr Wissen nennt, Unwissen ist!* Dazu Fangfu: *Wer die Taiji-Lehre kennenlernen will, muss alles was er darüber weiß vergessen. Während des Übens muss er von allem vertrautem Wissen loslassen.*

Dies ist nicht leicht und erklärt, warum selbst Weisheitssucher vom unkonditionierten Wissen nicht angezogen sind. Nur wenige Menschen können sich dafür begeistern, was schon Laozi (Kapitel 70) erkannte: *Weil man die* (Worte von mir) *nicht versteht, versteht man mich nicht. Dass ich so selten verstanden werde, darauf beruht mein Wert.* Menschen lieben viel mehr den Mythos als das, woraus er hervorgegangen ist.

Subjektivität: Ursprung der Objektivität

Die moderne Wissenschaftlich rühmt sie sich, objektiv zu sein. Alles, was subjektiv ist, ist für „objektive Wissenschaftler" ein rotes Tuch. Auf dem Dao-Weg ist es jedoch umgekehrt. Persönliches (subjektives) Erfahren ist für Dao-Praktizierende wahrer als ein objektives Daran-Glauben und Für-Wahr-Halten. Schließlich wissen sie, dass das Subjektive die Wurzel für das Objektive ist. Über die Auslegung der *philosophía* in Form ihrer Lehnworte haben tausende von Analysten einen „objektiven Konsens" gefunden. Für meine Auslegung, die das Subjektive an ihr hervorhebt, gibt es bisher nur wenig Konsens und das mag sich nicht ändern.

Das Vokabular der *philosophía* ist das Resultat subjektiver Erfahrungen, woraus sich - als Folge des „objektiven Konsens' von „gleichgesinnten Analysten" - die Lehnworte entwickelt haben, die durch die Yin-Liugen eingeschränkt sind. Dies gilt ebenso für die objektive konditionierte Wissenschaft. Auch sie fördert den Mythos (die Mythen) über die alte (spirituelle) Wissenschaft (Anhang I.6).

Ursache wissenschaftlicher Fehlurteile

Wissenschaftler sind, so wie der Junge in der *Fabel von der Ratte,* nicht das Maß aller Dinge, auch wenn es ihnen von vielen Zeitgenossen zugebilligt wird. Auch für sie gilt: *Gleiches wird durch Gleiches erkannt.* Was mit den Yang-Liugen über die Welt erfahren wird, lässt sich nicht mit den Yin-Liugen verstehen! Was in die Meister der *philosophía* hineingedichtet wird, ist ein beeindruckendes Fehlurteil.

Baruch Spinoza (1632 – 1677) erkannte die Wurzel des Dilemmas: *Die Wurzeln aller größeren Fehlurteile in der Wissenschaft basieren darauf, dass wir unsere eigenen Wünsche in das ‚objektive Verständnis' des Universums hineinspiegeln.* Kein Wissenschaftler hört derartige Worte gern.

Die Ursache wissenschaftlicher Fehlurteile liegt im Glauben, Hoffen, Erwarten und Wünschen, die nicht im Einklang mit der schöpferischen Natur (*phýsis*) sind. Ich könnte auch sagen: Alles was konditioniert ist, ist nicht im Einklang mit Sixiang (4), womit uns das Diesseits in einer Weise präsentiert wird, die im Einklang mit der Schöpfung ist (Kapitel 5).

Anhang I.6: Philosophische Kosmologie: Moderner wissenschaftlicher Mythos

Die Selbst- und Weltentstehung *(kosmogonía, kosmología)* der Griechen ist identisch mit der Dao-Schöpfungslehre, denn beide Lehren resultieren aus den hypothesenfreien Gesetzen *(nómoi)*, die auf dem Dao-Pfad (Bild 2) entdeckt werden. Dies sind keine Gesetze der Naturwissenschaft, die das zweite Erkenntnisprinzip befriedigen. Sie genügen vielmehr dem ersten.

Ich zitiere nun eine Analyse[329] , in der der Versuch unternommen wird, die *kosmogonía* der *philosophía* naturwissenschaftlich, d.h. mit dem zweiten Prinzip, zu erklären. Dieser Versuch muss – aus der Sicht der Dao-Lehre – fehlschlagen, denn mit dem zweiten Prinzip lässt sich das nicht erfassen, was das erste hervorgebracht hat. Dies bedeutet, dass die folgende Analyse der *kosmogonía (kosmología)* eine Fehlinterpretation ist, auch wenn sie wissenschaftlich plausibel erscheint. Hier kommt die Textpassage, in der ich einige Worte unterstrichen habe, deren ursprüngliche Bedeutung eine gänzlich andere war[330] :

Die philosophische Kosmologie der griechischen Vorsokratiker begann spekulativ und leitete sich von älteren mythologischen Vorstellungen her.

Kosmogonie als Wissenschaft begann, als im antiken Griechenland dem Mythos der Begriff von Vernunft Logos entgegengestellt und der Versuch, die Welt zu erklären, über das Ziel, Sinn zu stiften, gestellt wurde; Dies ist daran zu erkennen, dass nicht mehr handelnde Götter oder Helden, sondern Elemente oder Atome zur Erklärung von Naturphänomenen herangezogen wurden. Es ging darum, alles mit allem zu verknüpfen, vom ersten Grundstoff ausgehend die Welt als

---

[329]http://de.wikipedia.org/wiki/Kosmogonie

[330]Ich zeige in *The Socrates Code* nicht nur, dass die Lehnworte Philosophie, Kosmologie, Götter, Elemente, Atome, erster Grundstoff, Wasser, Luft, Unbegrenztes nichts mit ihren ursprünglichen Metaphern *philosophía, kosmología,* usw. zu tun haben, sondern auch was sie bedeuten.

System zu betrachten.

Dieses ist Aufgabe der <u>Naturphilosophie,</u> deren <u>spekulative Anfänge</u> bei den Vorsokratikern (etwa 610–547 v. Chr.) liegen. Hervorzuheben ist Anaximander, der bei der Suche nach dem Ursprung als erster nicht einen Urstoff (Arché) wie <u>Wasser oder Luft,</u> sondern das „<u>Unbegrenzte" (Apeiron)</u> in eine erstmals <u>mythologiefreie physikalische Kosmogonie</u> einführte.

Um die Frage zu beantworten, was Philosophische Kosmologie überhaupt ist, muss man als erstes akzeptieren, dass Philosophie und Kosmologie nichts mit *philosophía, kosmología, kósmos* und *lógos* zu tun haben. Letztere sind Metaphern, deren Inhalte der Dao-Pfad (Weg der Wahrheit) aus sich heraus offenbart und die ich Schritt für Schritt erkläre. Sie belegen, dass das, was sich einst hinter der *philosophischen Kosmologie* verbarg, nicht spekulativ begann, sondern als persönliche Erfahrung auf dem Dao-Pfad (Weg der Wahrheit).

Dass sich hinter der *philosophischen Kosmologie* verdrehte Vorstellungen verbergen erkennt man daran, dass *Urstoff (Arché)* und *Unbegrenztes (Apeiron)* identisch sind. Es ist gänzlich falsch zu behaupten, dass *kosmología* und *philosophía,* woraus *philosophische Kosmologie* zusammengesetzt ist, aus *älteren mythologischen Vorstellungen* entstanden. Beide Metaphern, *kosmología* und *philosophía,* sind vielmehr mit *Lógos* verbunden, der nichts mit (vertrauter) Vernunft zu tun hat.

Lógos ist eins von vielen Äquivalenten von Taiji (siehe <u>Anhang VI.3</u>). Insofern muss ich schlussfolgern: Die Fehlinterpretation von *kosmología* und *philosophía* und anderen ursprünglichen Metaphern, die zur Fehlbezeichnung *Philosophische Kosmologie* geführt hat, verursacht den *Mythos*[331] , der unser angeblich „rationales Verständnis" der alten Griechen prägt. Er begann mit dem Untergang der *philosophía* und bestimmt immer noch ihre Analyse. Diese ist ein Armutszeugnis der westlichen Kultur.

---

[331]http://www.tattva.de/logos-und-mythos-3/

Anhang I.7: Kommentiertes Höhlengleichnis

Das Höhlengleichnis beschreibt den Aufstieg der *psyché* auf dem Dao-Pfad. Wir befinden uns im *Siebten Buch* von *Politeía*. Sokrates und Glaukon sprechen miteinander. In Klammern stehen meine Erklärungen.

Teil I

(Teil I befasst sich mit der unvollständigen Realitätswahrnehmung auf der Basis der Yin-Liugen. Die Yang-Liugen sind die Erweiterungen davon, die auf dem Dao-Pfad (Weg der Wahrheit) - Weg aus der Höhle - wieder erweckt werden).

- *Dann, sprach ich, vergleiche unsere Natur in Bezug auf Bildung* (erlangt durch die wiedererweckten Yang-Liugen) *und Unbildung mit folgendem Zustand. Stelle dir nämlich Menschen* (ohne wieder erweckte Yang-Liugen) *in einer unterirdischen höhlenartigen Wohnung vor, die einen gegen das Licht geöffneten Zugang zur Höhle hat. In dieser sind sie seit Kindheit an Hals und Schenkel gefesselt, so dass sie an derselben Stelle bleiben müssen und nur nach vorne sehen, ohne ihre Köpfe umdrehen zu können, da sie* (durch das Diesseits konditioniert) *gefesselt sind. Sie haben Licht von einem Feuer, das von oben und von Ferne hinter ihnen brennt. Zwischen dem Feuer und den Gefangenen läuft oben ein Weg; längs diesem, so stelle dir das vor, ist eine niedere Mauer gebaut gleich den Tribünen, die sich die Gaukler vor den Zuschauern bauen, um darauf ihre Kunststücke zu zeigen* (Hier verweist Platon darauf, dass den Gefangenen – Menschen im Diesseits - etwas vorgegaukelt wird. Die Verdrehung der *philosophía* deutet an, was damit gemeint ist).

- *Ich sehe,* sagte er.

- *Siehe nun längs dieser Mauer Menschen, die allerlei Gefäße über die Mauer vorbeitragen, und Bildsäulen sowie Bildwerke aus Stein und Holz und allerlei vom Menschen künstlich Erzeugtes. Einige der Vorübertragenden unterhalten sich dabei, wie zu erwarten, andere schweigen.*

- Du stellst da, sagte er, ein außergewöhnliches Bild und ungewöhnliche Gefangene (Menschen in einseitigem Hinwenden zum Diesseits, zum Körperlichen, zum Greif- und Begreifbaren, zum willentlichen Handeln, zur Gesellschaft, zu Worten) *vor.*

Sie sind uns ganz ähnlich, erwiderte ich. Denn was glaubst du wohl? Solche Menschen haben von sich selbst und voneinander nie etwas anderes zu sehen bekommen als die Schatten (des Daseins, das mit den Yang-Sinnesfunktionen vollständiger als mit den Yin-Liugen erfahren wird), *die das Feuer* (Taiji) *auf die ihnen gegenüberstehende Wand der Höhle* (You) (als Schatten) *wirft.*

Wie sollte es anders sein, sagte er, wenn sie (als Folge des Abstiegs der *psyché*) *gezwungen sind, zeitlebens den Kopf unbeweglich* (d.h. in Richtung des Diesseits) *zu halten?*

- Und von den in ihrem Rücken vorbeigetragenen (jenseitigen ewigen) *Dingen sehen sie nicht eben auch nur die* (diesseitigen vorübergehenden) *Schatten?*

- Was sonst?

- Wenn sie nun miteinander reden könnten, glaubst du nicht, dass sie das für das Wirkliche halten, was sie (mit den Yin-Liugen) *sehen und benennen?*

- In der Tat.

- Wie aber, wenn das Gefängnis (Diesseits, Höhle) *auch einen Widerhall von der ihnen gegenüberstehenden Wand hätte? Wenn einer von den Vorübergehenden* (der das Diesseits transzendierte) *sprechen würde, würden sie nicht* (zumal Gleiches durch Gleiches erkannt wird) *denken, dass der vorübergehende Schatten spricht?*

- Nichts anderes, bei Zeus!

- Auf keine Weise können sie (ohne Yang-Liugen) *etwas anderes für*

das Wahre halten als die Schatten jener künstlichen (konditionierten) *Dinge* (im Diesseits)?

- *Notwendigerweise,* sagte er.

Teil II

(Nun wird auf die Problematik hingewiesen, die Erleuchtung zu schnell zu erlangen. Erinnern wir uns beim Lesen von Teil II an Platons *Zweiten Brief* (314b-c): *Veteranen, mit nicht weniger als 30 Jahren Praxis, betonen, dass das was ihnen anfänglich* (vor Übungsbeginn) *als höchst unglaublich erschien nun äußerst klar und begreifbar sei und was sie einst für richtig hielten sich nun in das Gegenteil verwandelt hätte.*)

- *Betrachte jetzt, erwiderte ich, was den Gefangenen, sobald sie gelöst und geheilt von ihren Fesseln und ihrer Einsichtslosigkeit sind, zustoßen würde. Wenn einer entfesselt wäre und gezwungen würde, sogleich aufzustehen, den Hals umzudrehen, zu gehen und gegen das Licht zu sehen, dann hätte er Schmerzen und wegen des Geflimmers könnte er jene* (jenseitigen) *Dinge nicht richtig erkennen, wovon er vorher die Schatten sah.*

- *Was meinst du wohl, würde er sagen, wenn ihm einer versicherte, damals* (vor Beginn des Übens) *habe er nur Nichtigkeiten gesehen, jetzt wäre er dem Seienden* (SEIN = wahren Sein = Immerseienden = *óntos on = lógos = Taiji*) *näher, und indem er sich ihm zugewendet hätte, würde er auch richtiger blicken?*

Und wenn jener ihm jedes Vorübergehende zeigend ihn fragte und ihn zwänge, auf die Frage, was es sei, zu antworten, glaubst du nicht, dass er da weder ein noch aus wüsste und überdies dafür hielte, das, was er vormals gesehen hatte, sei wahrer als das jetzt Gezeigte?

- *Allerdings, sagte er* (denn er würde seinen Sinnen nicht trauen, wenn er mit Taiji plötzlich konfrontiert wäre, zumal es Stufe für Stufe erkannt wird).

- *Und wenn ihn einer nötigte, in den 'Feuerschein* (Metapher für Tai-ji)' *selbst zu sehen, würden ihm dann nicht auch die Augen schmerzen und würde er nicht fliehen und zu jenem zurückkehren, was er* (vom Diesseits) *anzusehen im Stande ist, fest überzeugt, dies sei weit gewisser als das, was ihm jetzt* (vom Jenseits) *gezeigt werde?*

- *So ist es, sagte er* (denn der Mensch haftet am Vertrauten und verneint das Unvertraute).

- *Wenn ihn aber einer mit Gewalt von da weg durch den holprigen und steilen Aufgang schleppte, und nicht losließe bis er ihn an das Licht der Sonne* (Taiji, *lógos*) *gezogen hätte, wird er nicht Schmerzen haben und sich ungern schleppen lassen? Und wenn er nun an das Sonnenlicht kommt und die Augen voll Strahlen hat, wird er nichts sehen können von dem, was ihm nun für das Wahre gegeben wird?*

- *Freilich nicht, sagte er, wenigstens nicht plötzlich. Er wird also, meine ich, eine Gewöhnung nötig haben, um das Obere* (mit den allmählich wieder erweckten Yang-Sinnesfunktionen) *zu sehen. Und zuerst würde er Schatten* (*sóma, phainómena*) *am leichtesten sehen, danach die Bilder der Menschen und der anderen Dinge, wie sie sich im Wasser widerspiegeln, und dann erst die Dinge selbst und was am Himmel* (Wu) *ist, und den Himmel selbst würde er am liebsten in der Nacht betrachten und in das Mond- und Sternenlicht sehen als bei Tage in die Sonne und ihr Licht.*

- *Wie sollte er nicht?*

- *Zuletzt aber, denke ich, wird er auch in den Stand kommen, die Sonne selbst, nicht ihre Bilder im Wasser oder sonst wo, sondern sie selbst an ihrer eigenen Stelle anzusehen und zu betrachten, wie sie beschaffen sei.*

- *Notwendigerweise,* sagte er.

- *Und dann wird er herausbringen, dass sie* (Taiji = Mutter der 10.000 Dinge) *es ist, die alle Jahreszeiten und Jahre schafft und alles* (in Taiji = im *kósmos nóetos; kósmos* = schöne Ordnung) *ordnet in dem* (mit erweckten Yang-Liugen) *sichtbaren Raum, und auch von dem, was sie dort* (zuvor mit den Yin-Liugen) *in der Höhle sahen, gewissermaßen die Ursache ist.*

- Offenbar, sagte er, würde er, über jene hinausgehend, zu diesen gelangen.

Teil III

(Hier werden die Kommunikationsprobleme zwischen Menschen mit und ohne Erleuchtung angesprochen, ebenso Gefahr und Unverständnis, die von Höhlenmenschen gegenüber Erleuchteten ausgehen. Dies kommt in der *Geschichte vom Sehenden und den Blinden* in Anhang I.8 zum Ausdruck.)

- Und wie, wenn er (der Erleuchtete und in die Höhle zurückgekehrte) *sich wieder seiner ersten Wohnung, der dortigen* (Pseudo-) *Weisheit und der damaligen Mitgefangenen erinnert, meinst du nicht, er werde sich selbst glücklich preisen über die Verwandlung* (die er vollzogen hat) *und jene bedauern?*

- Ganz gewiss.

- Und wenn sie (die Zurückgebliebenen) *dort in der Höhle unter sich Ehre, Lob und Belohnung für den bestimmt hatten, der das Vorübergehende* (Unbeständige des Seins) *am schärfsten sah und am besten im Gedächtnis behielt, was zuerst zu kommen pflegte und was zuletzt und was zugleich und daher auch am besten vorhersagen konnte, was am ehesten künftig eintreten könnte* (hier werden ziel-orientierte Denker charakterisiert), *glaubst du, es werde ihn danach noch verlangen, und er werde die bei jenen Geehrten und Machthabenden* (die alles nur mit den Yin-Liugen erfassen und dementsprechend handeln) *beneiden? Oder wird er nicht das viel lieber wollen, wovon Homer sagt: das Feld eines unbegüterten Mannes als Tagelöhner bestellen und lieber alles über sich ergehen lassen als wieder solche Ansichten* (und Verhaltensweisen) *zu haben und so zu leben wie früher in der Höhle?*

- *Ich glaube,* sagte er, *er würde lieber alles über sich ergehen lassen, als so zu leben wie früher* (, denn wie könnte sich ein Sehender nach seiner Blindheit zurücksehnen?).

- *Und nun bedenke auch dieses, erwiderte ich. Wenn ein solcher wieder hinabstiege und an den Platz sich nieder setzte, würden ihm die Augen nicht ganz voll Dunkelheit sein, da er so plötzlich von der Sonne herkommt?*

- *Ganz gewiss,* sagte er.

- *Und wenn er wieder in der Begutachtung jener* (vorüber fliegenden) *Schatten wetteifern sollte mit jenen, die immer dort gefangen gewesen, während es ihm noch vor den Augen flimmert, ehe er sich wieder angepasst hat, was nicht geringe Zeit der Eingewöhnung verlangte, würde man ihn nicht auslachen und von ihm sagen, da er hinaufgestiegen sei, sei er mit verdorbenen Augen zurückgekommen, und es lohne sich nicht, dass man versuche hinaufzukommen, sondern man müsse jeden, der sie lösen und hinauf bringen wollte, wenn man seiner habhaft werden und ihn umbringen könnte, auch* (so wie Sokrates) *wirklich umbringen.*

- *So sprächen sie,* sagte er.

Abschließender Kommentar: Hier wird das Desinteresse am übersinnlich erfahrbaren Jenseits und das aggressive Verhalten (*hýbris*) von Höhlenmenschen gegenüber Weisen angesprochen, dem Anaxagoras, Sokrates, Suhrawardi und andere Meister zum Opfer fielen. Mein Fazit ist: *Weisheit ist dort unerwünscht, wo Menschen an festen Überzeugungen (Glaubensvorstellungen) anhaften, weil sie glauben, bereits von der Wahrheit geführt zu sein!*

Anhang I.8: Das Dilemma der Analysten

Wer beide Aspekte der *philosophía,* die zu artikulierenden und nicht zu artikulierenden, begreifen will, kann sie – so erfährt man es im Üben - nicht über die *geschriebene Lehre* erfassen. Er muss ihre

Übung kennen. Diese ist einzigartig, denn es gibt nur eine, die rigoros dem ersten Erkenntnisprinzip, d.h. *philía* (Wuwei), genügt. Je mehr er übt, umso besser erkennt er die Fehlinterpretationen der geschriebenen *philosophía*. Was ich andeute, ist ungeübten Analysten fremd. Diese sind durch das Diesseits (*sóma*) so sehr konditioniert, dass sie noch nicht einmal auf die Idee kommen, dass es etwas anderes geben könnte. Dazu Heraklit (B 18): *Wenn das Unerwartete nicht erwartet wird, wird man es nicht entdecken, da es dann unaufspürbar ist und unzugänglich bleibt.* Die Analysten bleiben also mit ihren Meinungen im vertrauten Diesseits gefangen.

Die Kinderein der ungeübten Analysten der *philosophía*

Was Analysten in die *philosophía* fälschlich hineingedichtet haben, wie *philosophía* = Philosophie, *arithmétike* = arithmetisch, *átomos* = Atom, usw., erscheint zwar – aufgrund der Indoktrination über Jahrhunderte - plausibel, es ist dennoch gänzlich verdreht.[332] Dies gilt ebenso für die Gleichsetzungen *kósmos* = (physikalischer) Kosmos, *kosmogonía* = (physikalische) Weltentstehung, *kosmología* = Lehre des (physikalischen) Kosmos und *theogonía* (Entstehung der Götter). Was jeweils links in den Gleichsetzungen steht, basiert auf dem ersten und was rechts steht auf dem zweiten Erkenntnisprinzip.

Man könnte all das, was ungeübte Analysten in die *philosophía* hineindichten, als Kinderein betrachten, so wie es Iamblichos[333] ausdrückt, wenn er über Heraklit (B 70) schreibt: *Heraklit war der Überzeugung, dass die menschlichen Meinungen Kinderein seien.*

Die Kopie sieht besser aus als das Original

Die Gleichsetzungen *philosophía* = Philosophie, *arithmétike* = arithmetisch, *átomos* = Atom, usw. sind in der Tat Kinderein! Es ist viel einfacher, sie als wahr zu akzeptieren, als Taiji zu üben, um zunehmend – in Funktion des Übungsfortschritts - zu erkennen, dass sie falsch sind. Wenn man etwas Falsches nur oft genug wiederholt,

---

[332]Siehe TSC.
[333]http://de.wikipedia.org/wiki/Iamblichos_von_Chalkis

glaubt man irgendwann, dass es wahr sei. Ernst Bloch[334] : *Die Kopie sieht besser aus als das Original.*

Die Kopie genügt dem zweiten und das Original dem ersten Erkenntnisprinzip. Das zweite stützt sich auf Worte, das erste nicht. Für das erste ist Dao-Erfahrung erforderlich, für das zweite nicht. Platon hatte umfangreiche Erfahrung, Aristoteles offenbar keine. Er wusste: Mit der Kopie hat man mehr Erfolg in der Gesellschaft als mit dem Original.

Die verzerrte *philosophía*

Das Diesseits ist die Welt der Vielfalt (10.000 Dinge). Kein Wunder, dass man in der verzerrten *philosophía,* die durch ihre vielen Lehnworte repräsentiert ist, eine Vielfalt von Disziplinen erkennt, die sie nicht besitzt.

Gewisse Metaphern (*geometría, astronomía,* usw.) erwecken den Eindruck, die Meister würden über unterschiedliche Disziplinen (z.B. Geometrie, Astronomie, Mathematik, Kosmologie, Theologie, Arithmetik, usw.) berichten. Die Metaphern beschreiben jedoch – so wie die Dao-Lehre - einzig und allein das, was die hypothesenfreie Praxis des Sterbens (Dao-Praxis) aus sich heraus hervorbringt. Dies ist etwas ganz Besonderes! Hätten die griechischen Meister es nicht erkannt, so wären sie zu bedauern.

Wer steht in der ersten und zweiten Reihe?

Würde das, was ich über die Meister der *philosophía* berichte, nicht zutreffen, müsste ich schlussfolgern, dass daoistische, buddhistische, vedische und zoroastrische Meister ihnen in der Selbst- und Welterkenntnis signifikant überlegen waren. Die Meister der *philosophía* hätten der Nachwelt dann nichts anzubieten, was sich von der Gedankenakrobatik der ungeübten Analysten unterscheidet. Sie ständen in der zweiten und nicht, so wie die östlichen Meister, in der ersten Reihe.

---

[334]http://de.wikipedia.org/wiki/Ernst_Bloch

Es würde vielen Westlern sicherlich nicht leicht fallen zu akzeptieren, dass ihre „geistigen Väter" in ihrer Wahrnehmung der Realität eingeschränkter als die Meister im Osten waren. Was letztere mit ihren inneren Augen sahen, wäre ihnen unzugänglich gewesen. Wie würden die Westler darauf reagieren? Dazu folgende Geschichte:

Auf einer Insel lebten seit vielen Generationen Blinde, ohne zu wissen, dass sie blind waren. Sie wussten sich gut zu beschäftigen und zu versorgen. Sie kamen mit ihrem Leben gut klar. Eines Tages kam ein Arzt und versuchte sie zu überzeugen, dass sie in ihrer Wahrnehmung eingeschränkt sind. Er bot ihnen eine Operation an, um das Augenlicht zu erlangen. Die Blinden ließen sich jedoch nicht von ihrer Blindheit überzeugen. Sie kamen zum Konsens, dass der Arzt ein Lügner sei. Sie schuldigten ihn an, dass seine Behauptung - von einem objektiven Standpunkt aus betrachtet - unlogisch sei und ihrer tiefsten Überzeugung widerspräche, wonach der Mensch ein Abbild Gottes sei. Ich überlasse es den Lesern darüber zu spekulieren, was sie mit dem Sehenden anstellten.

Konditioniertes Wissen liefert keine Wahrheit

Galileo Galilei (1564 - 1641/48) hat mit Mathematik und Geometrie, die durch Axiome konditioniert sind, den physikalischen Kosmos erkundet, was ihn – in den Augen seiner Bewunderer - unsterblich machte. Auf dem Dao-Weg, der Dao-Praktizierende stufenweise durch den psychischen *kósmos* führt, wäre er damit aber keinen einzigen Schritt vorangekommen. Er hätte mit seiner Vorgehensweise niemals den Unsinn entdeckt[335] , der hinter *geometría* = Geometrie, *astronomía* = Astronomie und vielen anderen Gleichsetzungen steckt.

Galilei sieht, so wie viele andere „große Wissenschaftler", seine Aktivität durch Gott gerechtfertigt: *Ich glaube nicht, dass derselbe Gott, der uns Sinne, Vernunft und Verstand gab, uns ihren Gebrauch verbieten wollte.* Doch *Sinne* sind nicht Sinne, *Vernunft* nicht Vernunft und *Verstand* nicht Verstand.

---

[335]Siehe TSC.

Diese Begriffe können sowohl auf konditionierte nachgeburtliche Erkenntnis durch Weltzugewandtheit, wie in seinem Fall, aber auch – wie im Fall der Meister - auf unkonditionierte vorgeburtliche Erkenntnis durch Weltabgewandtheit verweisen. Es ist erstaunlich, wie oft „große Denker" wie Galilei, ihr konditioniertes (weltliches) Engagement im Einklang mit einem Schöpfergott sehen wollen.

Wer das akzeptiert, was ich über die zwei Erkenntniswege, den welt- zu- und den weltabgewandten berichte, sollte erkennen, dass Wissenschaft und Glaube viel enger verbunden sind, als es viele von uns wahrhaben wollen. Beide sind durch Hypothesen konditioniert. Dies erklärt, warum dort, wo der Glauben einst festen Fuß fasste, sich die modernen konditionierten Wissenschaften etablieren konnten, was im Westen offensichtlich viel früher als im Osten der Fall war.

Am Vertrauten anhaften ist leichter, als sich Neuem zu öffnen

Mark Twain[336] : *Menschen mit einer neuen Idee gelten solange als Spinner, bis sich die Sache durchgesetzt hat.* Neues zur Geburt und danach an den Mann oder die Frau zu bringen, ist nicht leicht. Kein Wunder, warum Vertrautes, wie nutzlos es auch sein mag, vielen von uns attraktiver als Unvertrautes erscheint. Unattraktiv ist für die meisten das vorgeburtliche Wissen, das nicht ausreichend in Worte gefasst werden kann, weil es übersinnlich (eidetisch) erfahren wird und somit Ungeübten nur unvollständig zu vermitteln ist.

Anhaften am Vertrauten liefert keine Weisheit

Mit Anhaften, Glauben, Wortklauberei, Gedankenakrobatik, Rhetorik[337] , usw. lässt sich - auf der Basis des Vertrauten (Diesseits) - keine Weisheit, Tugend und kein Aufstieg der *psyché* erlangen. Er kommt aus sich heraus durch Üben zustande. Heraklit (B 108): *Von*

---

[336]http://de.wikipedia.org/wiki/Mark_Twain

[337]Rhetorik ist für Plato die Kunst der Verführung der Menge (großen Masse): Sie ist für ihn, so wie die „Dichtkunst (Poesie)", das Gegenteil der *philosophía*. Dies kann man der folgenden Website entnehme, in der – wie immer - *philosophía* mit Philosophie gleichgesetzt und somit alles total verdreht wird: http://plato.stanford.edu/entries/plato-rhetoric/

welchen Leuten ich auch Erklärungen hörte, keiner kommt dahin, zu erkennen, dass das Weise etwas von allem sich Abgeschiedenes ist. Das Weise ist dem Einsatz des Wuwei-Prinzips zu verdanken.

Seine Realisierung ist eine hohe Kunst *(téchne)*. Es ist die Kunst der meditativen Trunkenheit, die im Westen seit Schließen der Schulen der *philosophía* nicht wiederentdeckt wurde. Wir haben sie heutzutage östlichen Meistern zu verdanken, die sie Suchenden weltweit zugänglich machen. Auch die griechischen Meister haben vermutlich, so wie die östlichen, ihr Wissen darüber nicht absichtlich geheim gehalten, denn es tarnt sich von ganz alleine, zumal es nur durch Üben Schritt für Schritt aufgedeckt wird. Für Leser, die mehr über die „griechische Geheimlehre" erfahren wollen, habe ich den <u>Anhang I.3</u> geschrieben.

Anhaften an der geschriebenen *philosophía*

Ungeübte Analysten sind „Poeten", auch wenn sie sich über das, was sie in die geschriebenen *philosophía* hineingedichtet haben, fast alle einig sind. Einige von ihnen sind sich des Dilemmas bewusst, das die Unkenntnis der ungeschriebenen *philosophía* für die Interpretation der geschriebenen verursachen mag. So schreibt Franz Vonessen (1923–2011) in *Platons Ideenlehre*[338] : *Was haben wir davon, die ungeschriebene Lehre* (die sich auf die Übung bezieht) *zu verstehen, wenn wir noch nicht einmal die geschriebene verstehen?* Er war nicht, wie dieses Buch zeigt, auf dem aktuellsten Stand, denn wir kennen beide Aspekte der Lehre im Gewand der Taiji-Lehre. Meiner Kritik werden viele Analysten widersprechen, denn damit wird ihnen die Möglichkeit genommen, ihre „Dichtkunst" weiterhin in vertrauter Weise auszuüben.

---

[338]<u>http://www.amazon.de/Platons-Ideenlehre-Wiederentdeckung-eines-verlorenen/dp/3906336301</u>
Vonessen krempelt, wie er meint, die gesamte Philosophie von Platon um. Damit verzerrt er sie aber auf neue Weise. Auch ich krempel sie gänzlich um, indem ich sie an die moderne Taiji-Lehre anpasse, die jedoch nicht-spekulativ, sondern für diejenigen reell existiert, die sie ausüben. Davon sind ungeübte Analysten wie Vonessen weit entfernt.

Unsichtbarer Wahnsinn

Bertolt Brecht hat vollkommen recht, wenn er schreibt: *Unsichtbar wird der Wahnsinn, wenn er genügend große Ausmaße angenommen hat.* Ich hätte – bevor ich anfing Taiji zu üben - nie gedacht, dass Analysten (Philosophen) in ihrer „Liebe zur Weisheit" so sehr „ins Fettnäpfchen treten", wie sie es tun, ohne es selbst zu merken. Ich hätte niemals akzeptiert, dass so viele Ungereimtheiten über das *Daodejing* von Laozi und die *Platonischen Dialoge* verbreitet werden. Mein Taiji-Üben hat mir – mit Unterstützung von Fangfu - die inneren Augen geöffnet.

Anhang I.9: Wuwei = *philía* und Youwei = *neíkos*

Der jeweils erste Begriff in beiden Paarungen (Wuwei, Youwei) und (*philía*, *neíkos*) wird im (formlosen) Taiji-Üben (Bild 1a) erfasst. Der jeweils zweite charakterisiert das alltägliche konditionierte Denken und Handeln im Diesseits. So wie Taiji schwer verständlich ist, so ist es auch Wuwei, sein Attribut. Dies gilt für alle Wuwei-Schulen in welcher Kultur auch immer. Sie haben äquivalente Begriffe, denn ohne Wuwei gibt es keine universelle Schöpfungslehre.

Wuwei? Nein Danke!

Fangfu: *Buddha hat einmal vor Zuhörern über Wuwei berichtet. Darauf haben alle aus Protest den Saal verlassen.* Warum? Nun, Wuwei lässt sich nicht nur nicht leicht durch Üben erfahren, es lässt sich Ungeübten auch nicht leicht erklären, sodass sie es verstehen. Der Grund ist, weil Worte auf das Diesseits, auf Gesellschaftliches, und nicht auf das Jenseits (Übersinnliche[339]), ausgerichtet sind.

Sie können nicht das über Wuwei vermitteln, was tief in uns schlummert und darauf wartet – mit Unterstützung des Lehrers - in rigoroser

---

[339]Übersinnlich ist nicht zu verwechseln mit übernatürlich. Alles ist Natur. Die Taiji-Lehre unterscheidet zwischen erster (kreativer) und zweiter (kreierter) Natur.

Weltabgewandtheit entdeckt und mobilisiert zu werden. Nur so gelingt die Beseitigung der Qi-Blockaden, der Aufstieg (*anabasis)* der *psyché.*

Auch Fangfu hat gelegentlich Zuhörer in seinen Kursen, die nicht akzeptieren wollen, was er ihnen über Wuwei erklärt und denen er antwortet, sofern sie sich nicht dafür öffnen: *Wenn sie weiterhin an das glauben wollen, was sie bisher über Wuwei gelesen oder erfahren haben, dann machen sie doch weiter so wie bisher!* Fast alles, was man über Wuwei im Westen liest und hört, wird nicht mit der Dao-Praxis in Zusammenhang gebracht, auf die sich Wuwei jedoch bezieht. Es ist daher überwiegend „Dichtkunst", die jedoch von den „Dichtern" nicht als solche erkannt wird, klingt sie doch meist überzeugender als das Ungewohnte, was wirklich dahinter steckt. Laozi (Kapitel 81): *Wahre Worte sind nicht schön. Schöne Worte sind nicht wahr.*

Wuwei (*philía)* und Youwei (*neíkos)* sind streng zu trennen

Der Taiji-Lehre zufolge ist, was nicht oft genug betont werden kann, streng zwischen weltzugewandtem Verhalten (Youwei) im Alltag und weltabgewandtem Verhalten (Wuwei) im Üben zu unterscheiden. Das erste ist gesellschaftlich geprägt (konditioniert), das zweite ist natürlich, weil es spontan aus sich heraus zustande kommt. Beides ist nicht zu vermischen, was jedoch immer wieder passiert, zumal ungeübte Analysten das zweite Erkenntnisprinzip zur Erklärung des ersten benutzen.

Wuwei: Das höchste Prinzip?

Als ich einmal in einem Vortrag Wuwei als höchstes Prinzip der Dao-Lehre und sein Äquivalent *philía* als höchstes Prinzip der *philosophía* bezeichnete, widersprach mir ein Zuhörer. Er betonte, die höchsten Prinzipien seien Liebe, Demut und Barmherzigkeit. Darauf antwortete ich ihm, dass ich von einem Übungsprinzip, er jedoch von gesellschaftlichen Verhaltensregeln spräche. Ich sagte ihm, seine Vorstellung von Liebe habe nichts mit *philía,* das in der Literatur mit

Liebe, höchster Liebe und Freundschaftsliebe übersetzt wird, zu tun. Ich erklärte ihm, dass seine Vorstellung von *philía* mit willentlicher (gewollter, bewusster) Aktion zu tun hat und nicht, so wie *philía* (Wuwei), aus sich heraus (selbstbewegt) ohne Aktion (Absicht, Tun, Handeln) im Üben zustande kommt. Ich betonte, dass man mit Liebe, Demut und Barmherzigkeit nicht die Erkenntnisse gewinnen kann, die mit *philía* (Wuwei) im Üben erlangt werden und über die ich hier – im Zusammenhang mit Bild 2 - berichte.

Dieses Beispiel zeigt, dass man als Ungeübter stark geneigt ist, Gesellschaftliches (Vertrautes) in die Metaphern traditioneller Lehren hineinzudichten und sie damit verzerrt. Beides (Jenseitiges und Diesseitiges) ist nicht zu vermischen, was jedoch immer wieder passiert, zumal ungeübte Analysten das zweite Erkenntnisprinzip zur Erklärung des ersten benutzen. Die Diskrepanz ist, was nicht oft genug betont werden kann, die Ursache fast aller Fehlinterpretationen der Dao-Lehre und geschriebenen *philosophía*.

Dazu ein Beispiel[340] zur Verzerrung von Wuwei: *Wuwei bedeutet ein Handeln ohne den Dualismus von Subjekt und Objekt, ohne ein Ego, das handelt; ein absichtsloses, selbst vergessenes Handeln, dass ganz selbstverständlich, wie von selbst der jeweiligen Situation entspricht; ein spontanes Handeln, dass sich völlig unvorbedacht dem jeweiligen Sachverhalt angepasst und auf ihn antwortet. Es kommt darauf an, im entscheidenden Augenblick intuitiv auf die Eingebung des Augenblicks zu vertrauen, anstatt nur auf den rationalen Diskurs und die Kalkulation zu setzen. Letztere sind zwar oft notwendig, um zu entscheiden, was wir tun sollen, oft aber auch nicht hinreichend im entscheidenden Augenblick, in dem es ankommt auf das, was wir tun können,....wer intuitiv handelt, ist leer, er reagiert spontan rezeptiv, er tut, ohne selbst zu tun.*

Dazu mein Kommentar: *Spontanes Handeln, dass völlig unvorbedacht dem jeweiligen Sachverhalt angepasst ist und auf ihn antwortet ist – im Vergleich zur Aktivierung von Wuwei im Üben – immer noch bewusstes (bedachtes) Handeln. Dieses kann keine Spontaneität*

---

[340]http://www.achtsamkeit-meditation.de/geisteshaltung/wuwei/

bewirken, die man im Üben (Wuwei-Üben) als Selbstbewegung „aus sich heraus" erfährt und erst im Nachhinein wahrnimmt.

Hier kommt ein zweites Beispiel für eine Verzerrung von Wuwei[341], das durchaus akzeptable Äußerungen beinhaltet, sofern man diese mit der Dao-Praxis in Zusammenhang bringen würde, was jedoch nicht der Fall ist:

Wu Wei bedeutet nicht, dass man gar nicht handelt, sondern dass die Handlungen spontan in Einklang mit dem Dao entstehen und so das Notwendige getan wird, jedoch nicht in Übereifer und blindem Aktionismus, die als hinderlich betrachtet werden, sondern leicht und mühelos. Es ist ein Zustand der inneren Stille, der zur richtigen Zeit die richtige Handlung hervortreten lässt.

Der letzte Satz - mit Verweis auf *richtige Zeit* und *richtige Handlung* - hinterlässt den Eindruck, Wuwei hätte mit alltäglichem Verhalten zu tun. Dieses ist jedoch - und dazu zählt auch *Handlung ohne Anstrengung des Willens* – immer noch Youwei (bewusstes Handeln).

Die folgenden Worte auf der gleichen Webseite[342] beziehen sich ebenfalls auf alltägliches Verhalten und nicht auf die Übungspraxis*: Die beste Übersetzung des Begriffes Wu Wei wäre somit „Nicht-Eingreifen" bzw. „Handeln durch Nicht-Handeln", und es handelt sich um eine Art von kreativer Passivität.*

Dazu mein Kommentar: Wuwei ist keine *Art von kreativer Passivität* (im Alltag). Fangfu zufolge lässt sich Wuwei in seiner schöpferischen Tiefgründigkeit nur durch die Dao-Praxis erfassen.

Es gibt viele Bücher, die Wuwei nicht damit in Zusammenhang bringen. Ihre Autoren bringen Wuwei entweder mit überhaupt keiner Übung oder mit Taijiquan und Taiji Qigong in Zusammenhang. Alles, was ich darüber von Analysten im Westen gelesen habe, wird nicht mit dem ersten, sondern dem zweiten Erkenntnisprinzip erklärt. Es ist oft sehr „schöne Dichtkunst", gibt jedoch nicht das wieder,

---

[341]http://de.wikipedia.org/wiki/Wu_wei
[342]http://de.wikipedia.org/wiki/Wu_wei

worum es bei Wuwei geht. Dies gilt ebenso für seine äquivalenten Begriffe in anderen Kulturen.[343]

Alles kommt aus dem Nichts

Hinter dem Taiji/Dao-Vokabular wie auch dem der Griechen (*arithmétike, astronomía, átomos,* usw.) verbergen sich eidetische Erfahrungen, die sich in der Dao-Praxis durch (Hinwenden zum) Nichts und somit durch Wuwei aus sich heraus ergeben. Dies heißt, dass alles vorgeburtliche Wissen so zustande kommt. Gleichermaßen gilt auch für das nachgeburtliche Wissen: Alles kommt aus dem Nichts(ein): *Creatio ex nihilo!* Es ist Wuwei *(philía),* dem (himmlischen) Wirken (Wei) aus dem Nichts (Wu, Himmel) zu verdanken.

Anhang I.10: Wenn die *psyché* den Körper (*sóma*) verlässt

Ein Indiz für die Richtigkeit meiner Interpretation von *sóma* als Äquivalent des Diesseits oder Seins ist, dass Platon sich wie folgt über das (einseitige) Hinwenden dazu (Phaedo, 66c-d)[344] äußert: *Kriege, Umwälzungen und Kämpfe sind einzig und allein sóma (Körper = Diesseits = materielle Welt) und all den damit verbundenen Lüsten zu verdanken. Alle Kriege werden wegen Bereicherung unternommen; der Grund dafür ist sóma, denn wir sind ihm ständig zu Diensten.*

Sóma erscheint auch in "τὸ μὲν σῶμά ἐστιν ἡμῖν σῆμα" (*To men sóma estin hemin séma*), das - mit dem zweiten Erkenntnisprinzip - mit *Der Körper* (Leib) *ist das Grab (séma) der psyché*[345] übersetzt

---

[343]Siehe TSC und TPC.

[344]Übersetzung aus dem Englischen: *Wars and revolutions and battles are due simply and solely to sóma* (dedication to Being) *and its desires. All wars are undertaken for the acquisition of wealth; and the reason why we have to acquire wealth is sóma, because we are at its service.*

[345]Platon, Phaidon 64a–65a, 67b–68b. Die berühmte Charakterisierung des Körpers als Grab der Seele findet sich im Gorgias 493a und im Kratylos 400c; Siehe dazu Pierre Courcelle: *Grab der Seele.* In: Reallexikon für Antike und Christentum, Bd. 12, Stuttgart 1983, Sp.

wird. Es lässt uns seinen Autor als leibesfeindlich erscheinen.

Wird *sóma* jedoch mit körperlicher Welt (Sein, Diesseits, materielle Welt) gleichgesetzt, so drückt es aus[346] : *Das* (ausschließliche) *Hinwenden zur körperlichen Welt* (Anhaften an den *sinnlichen trennbaren Dingen*) *ist das Grab der psyché.* Das Originalzitat, das sich hinter dieser Kurzfassung von Platon *(Kratylos,* Capelle, S.40) verbirgt ist: *Es behaupten ja auch gewisse Leute, der Körper* (sóma) *sei das Grab* (séma) *der psyché, weil sie meinen, sie sei in dem jetzigen Dasein* (Diesseits) *begraben.*

Sóma erscheint auch in Platons *Höhlengleichnis,* wo Sokrates das *Höhlendasein* (vertraute Welt) allegorisch mit Tod gleichsetzt: *Was ich auch sonst (493) schon von einem der Weisen gehört habe, dass wir jetzt tot wären, und unsere Leiber wären nur unsere Gräber,..*

Sóma erscheint auch in Platons Phaidon (83d1-e3): *Denn jede Lust und Unlust ist wie ein Nagel, der die psyché an den Körper* (sóma) *nagelt, [...] indem sie der Meinung* (dóxa) *frönt, dass dies wahr sei, was auch sóma* (Wahrnehmung mit den Yin-Liugen)' *als solches behauptet.*

Platon (Phaidon 82e): *Die psyché ist ,in den Körper* (sóma = Diesseits) *eingekerkert',* so dass sie die Dinge (dort) *nur wie ,durch ein Gitter betrachtet'.* 'Gitter' verweist auf die Vielfalt *(tà pánta;* Laozi: 10.000 Dinge), die der Mensch über die Yin-Liugen erfasst, auf die sein zielorientiertes Denken und seine Sprache zurückgreifen. Diese lassen die Einheit (Taiji, *hén, eón,* Monade, usw.), die von A bis D mit den wiedererweckten Yang-Liugen zunehmend erfahren wird, als getrennte Vielfalt im Sein *(sóma,* Diesseits) erscheinen. Ungeübte Analysten verstehen das letzte Platon Zitat und ähnliche Zitate nicht. Sie behaupten, die *psyché* sei im Leib *(sóma)* eingesperrt.

455–467; vgl. Phaidros 250c; zur verwandten Metapher „Gefängnis der Seele" siehe Pierre Courcelle: Gefängnis (der Seele). In: Reallexikon für Antike und Christentum Bd. 9, Stuttgart 1976, Sp. 294–318.
[346]In moderner Taiji-Sprache heißt dies: *Weltzugewandtheit* **erzeugt** *Qi-Blockaden.* Dem steht gegenüber: *Weltabgewandtheit* **beseitigt** *Qi-Blockaden.*

Der leibesfreundliche Platon

Hinter obigen Zitaten steckt weder eine Abwertung des Leibs noch eine Verneinung des Diesseits (*Körpers*). Sie charakterisieren vielmehr die Einschränkung, die das (exklusive) Hinwenden zur körperlichen (materiellen) Welt (*sóma*) mit den Yin-Liugen beinhaltet. Zumal *sóma* sowohl Leib wie allegorisch Diesseits (Nicht-SEIN = *mè eón*) bedeutet, übersetzte ich *sóma* in den Textpassagen immer in der Weise, wie es zur Begründung meiner These erforderlich ist. Mal verweist es auf Leib und ein anderes Mal auf das Diesseits.

Dies bedeutet, dass Platon, sofern man ihn mit dem ersten Erkenntnisprinzip analysiert so wie ich es tue, immer leibesfreundlich erscheint, während er uns mit dem zweiten Prinzip oft auch als leibesfeindlich dargestellt wird. Das erste Erkenntnisprinzip, das nur durch Üben realisiert wird, geht jedoch automatisch mit Leibesfreundlichkeit einher.

Ohne Befreiung von *sóma* kein Aufstieg der *psyché*

Platon (Gesetze V, 727a ff) deutet an, wie die *psyché* befreit wird: *Nicht die psyché hat sóma* (der diesseitigen Welt) *zu dienen, sondern sóma* (der Leib, der im Taiji-Üben zum Einsatz kommt) *hat der psyché* (hier: dem Erwecken der Yang-Liugen) *zu dienen; nur dann ist die Beziehung zwischen beiden gesund und steigert die wahre menschliche Eigenschaft, die Tugend.*

Nicht die psyché hat sóma zu dienen heißt, dass sich die *psyché* nicht zu einseitig dem Körper (Diesseits), der Welt des Glaubens, hinwenden soll. Vielmehr sollte ihr der selbstbewegte Leib im Üben dienen, sodass sie sich 'erweitert (und somit aufsteigt)', was Wuwei (*philía*) ermöglicht. Nur so kann sich die *psyché* vom konditionierten Diesseits (eingeschränkten Selbst, Höhle, Illusion) befreien.

Einstein im Einklang mit Plato

Für die meisten Zeitgenossen ist das konditionierte Diesseits (Anhänge II.1 - II.3) die absolute Realität, ihr wahres Leben. Dies gilt jedoch nicht für die Meister und auch nicht für einige „große Denker", die im Hinwenden zum Diesseits eine Einschränkung erkennen. Dazu Albert Einstein[347] [348] : *Die Tragik des modernen Menschen liegt – allgemein gesehen – darin, dass er sich selber Daseinsbedingungen geschaffen hat, denen er aufgrund seiner phylogenetischen Entwicklung nicht gewachsen ist.*

Die Tragik ist für Platon die Folge einseitiger Weltzugewandtheit (Phaedo, 66c-d): *Kriege, Umwälzungen und Kämpfe sind einzig und allein sóma* (Körper = Diesseits = materielle Welt) *und all den damit verbundenen Lüsten zu verdanken.... denn wir sind ihm ständig zu Diensten.* Seine Worte lassen uns auch Heraklit (B 43*)* verstehen, der darin Hochmut erkennt und weiß, wie schwer dieser zu beseitigen ist*: Hochmut* (Hybris) *muss man noch viel eher löschen, als eine Feuersbrunst.* Der Hochmut lässt sich aber nicht willentlich löschen. Er löscht sich zunehmend aus sich heraus mit der Dao-Praxis. Darüber berichte ich in Kapitel 7, in dem ich die Hybris[349] - Nemesis[350] - Interaktion erkläre. Auch in sie wird – wie könnte es anders sein? – viel Falsches hineingedichtet. Der Grund dafür ist, dass sie nur mit dem ersten Prinzip ausreichend verstanden werden kann.

Anhang I.11: Der Unterschied zwischen Platon und Aristoteles

Man muss keine Taiji-Erfahrung haben, um den Unterschied zwischen Platon und Aristoteles anhand ihrer Schriften zu erkennen. Darüber berichten auch ungeübte Analysten, was darauf hinweist, dass man ihn bereits mit dem zweiten Prinzip, wenn auch nur oberflächlich, erkennt. Er ist jedoch umso markanter, wenn das erste Prinzip anstatt des zweiten in der Analyse zum Einsatz kommt. Das Resultat lässt sich dann zusammenfassen: Platon war ein Befürworter

---

[347]http://de.wikipedia.org/wiki/Albert_Einstein

[348]Einstein, A. *Aus meinen späten Jahren*, Wunderkammer-Verlag, 2005. S. 183

[349]http://de.wikipedia.org/wiki/Hybris

[350]http://de.wikipedia.org/wiki/Nemesis

des ersten und Aristoteles, sein Schüler, einer des zweiten Erkenntnisprinzips. Dies hat viele Konsequenzen!

Die niederen und höheren Dinge

Aristoteles gab sich somit – aus der Sicht der Meister - den niederen Dingen hin. Platon gab sich hingegen, so wie alle Meister der *philosophía*, den höheren Dingen hin, so wie sich diese in den Kapiteln 3-9 kundtun, die Bild 2 umfangreich erklären.

Qutb al-Din al Shirazi[351] schreibt über den Unterschied: *In der philosophía haben sich die Perser auf ‚Intuition und Offenbarung (al-kashf wa al-dhawp)' verlassen, so wie es die alten Griechen* (so wie Platon) *taten mit der Ausnahme von Aristoteles und seiner Schule, die sich auf ‚Studium und Demonstration' verließ. Intuition und Offenbarung* bezieht sich auf das erste und *Studium und Demonstration* auf das zweite Prinzip. *Intuition und Offenbarung* kommen spontan aus sich heraus, *Studium und Demonstration* werden willentlich realisiert. Ob Qutb al-Din al Shirazi die Praxis noch kannte, die den Unterschied erklärt, sei dahingestellt. Aristoteles wandte sich also dem körperlichen Diesseits und Platon den spirituellen Dingen des Jenseits zu.

Auch Martin Luther[352] äußert sich zum Unterschied. Er drückt in *Probationes*[353] seine Zustimmung für Platon und Abneigung gegen Aristoteles aus: *Und so ist es gut bekannt, dass die Philosophie von Aristoteles im Abschaum [reptat in faecibus] der körperlichen und sinnlichen Dinge herumkriecht, wohingegen Plato sich zwischen den trennbaren* (unterhalb A) *und spirituellen Dingen* (oberhalb A) *bewegt.* Die trennbaren Dinge verweisen auf das Diesseits (10.000 Dinge) und die spirituellen auf die Taiji-Welten.

Doch die religiöse Spiritualität, die Luther in Platon zu erkennen vermeint, ist nicht die „säkulare" der Meister der *philosophía* und Dao-

---

[351] http://en.wikipedia.org/wiki/Qutb_al-Din_al-Shirazi
[352] http://de.wikipedia.org/wiki/Martin_Luther
[353] Aus dem Englischen von http://calvinistinternational.com/2013/05/20/the-platonism-of-martin-luther/

Meister. Er hat eine Vorstellung von Spiritualität, die schon vor seiner Zeit weitverbreitet war und die ungeübte Analysten immer noch einsetzen. Wer damit die *philosophía* analysiert, wird diese genau so wenig erkennen, wie Analysten, die sie wissenschaftlich erforschen, denn sie genügte einst, so wie Taijixue, dem ersten Erkenntnisprinzip. Die (heutige) Philosophie genügt, so wie alle anderen Disziplinen inklusive Religion, dem zweiten. In der *philosophía* wurde geübt, in der daraus resultierenden Philosophie, die nach deren Untergang entstand, nicht mehr.

Unkonditionierte *philosophía* kontra konditionierte Philosophie

Der Dao-Pfad (Parmenides: Weg der Wahrheit[354]) lieferte den griechischen Meistern der *philosophía* die ursprünglichen Metaphern *arithmétike, astronomía, átomos,* usw. Sie charakterisieren das vorgeburtliche (unkonditionierte) Wissen, das mit den Yang-Liugen erfasst wird. Was wir hingegen - seit dem Untergang der *philosophía* - mit den Lehnworten Arithmetik, Astronomie, Atom, usw. assoziieren, ist nachgeburtliches (konditioniertes) Wissen, das mit den Yin-Liugen erfasst wird.

Das vorgeburtliche Wissen (*gnósis, epistéme* = wahres Wissen, *sophón* = das Weise über *ón)* wird in den jenseitigen Taiji-Welten erfahren und braucht nicht geglaubt werden. Das nachgeburtliche Wissen wird durch Studium und Demonstration erlangt und muss geglaubt werden. Das vorgeburtliche resultiert durch den Aufstieg der *psyché,* das nachgeburtliche ist der abgestiegen (verkörperten) *psyché* geschuldet, die all das vergessen hat, was sie vor ihrer Menschwerdung (Verkörperung, Abstieg) besaß.[355]

Die Philosophie und viele modernen Disziplinen haben das ursprüngliche Vokabular der *philosophía* übernommen und mit der abgestiegenen (verkörperten) *psyché* verzerrt. Auf diese Weise entstand aus dem *Lógos* der Antike der heutige *Mythos* über das Jenseits. Damit verwandelte sich die *philosophía* zur Philosophie, die nun – so wie

---

[354]Siehe TSC.
[355]Dies kann jedoch wiedererweckt werden.

alle weltzugewandten Disziplinen - eine Glaubenslehre ist, was Philosophen nicht gerne hören wollen.

Alles was mit ihr erforscht wird, ist spekulativ und muss geglaubt werden, denn sie basiert auf Hypothesen, was für die *philosophía* nicht zutrifft. Kein Wunder also, warum Philosophen - in ihren Analysen der *philosophía* – immer noch von Gott, Göttern, Engeln und Dämonen sprechen, die den Meistern unvertraut waren. Für sie haben sich – im Gegensatz zum griechischen Volk - ursprünglichen hinter diesen religiösen Begriffen übersinnlich erfahrbare Phänomene verborgen, an die sie nicht zu glauben brauchten. Wäre es anders, so würde die *philosophía* mit der Dao-Lehre nicht auf so beeindruckende Weise übereinstimmen. Dann könnten auch ihre Schöpfungslehren nicht identisch (universell) sein, die es jedoch eindeutig sind, wie ich zeige.

Kurzum, ungeübte Analysten haben – mangels eigener Übungserfahrung - den Unterschied zwischen der *philosophía* und Philosophie nicht erkannt. Sie sorgen mit ihrer „Dichtkunst" seit dem Schließen der griechischen Schulen dafür, dass wir mit Fehlinterpretationen der *philosophía* überflutet werden. Dazu zählen auch viele Persönlichkeiten, denen man besonders viel Aufmerksamkeit schenkt.

Erkenne dich selbst

Geheimrat Goethe 1823 schreibt: *Hierbei bekenne ich, dass mir von jeher die große und so bedeutend klingende Aufgabe ‚Erkenne dich selbst' immer verdächtig vorkam, als eine List geheimverbündeter Priester, die einen Menschen durch unerreichbare Forderungen verwirren und [...] zu einer inneren falschen Beschaulichkeit verleiten wollten. Der Mensch kennt sich nur selbst, wenn er die Welt kennt [...]. ...*

Daraus kann man schließen, dass ihm, so wie den meisten von uns, nur das zweite Prinzip vertraut war. Damit hat er die Welt und somit auch Sokrates in verzerrter Weise erfasst. Damit lässt sich viel über Sokrates zusammendichten. Kein Wunder, dass Taiji-Meister von dieser „Dichtkunst" wenig halten. Kein Wunder, dass Heraklit, so wie auch Platon[356] , dem größten aller griechischen „Dichter" Homer (ca. 850 v.u.Z)[357] nicht zugeneigt war (B 42): *Homer, sagte er, verdient es, aus den Wettbewerben hinausgeworfen und verprügelt zu werden.* Warum? Nun, schon Homer hat, so wie viele „große Poeten" nach ihm bis in die heutige Zeit, viel Unsinn in die *philosophía* hineingedichtet. Er hat sie auf diese Weise in Platons Augen verraten. Dies hat seitdem eine Heerschar von „Poeten" ebenso getan.

Eine Ursache dafür ist, dass ihnen gesellschaftliche Anerkennung wichtiger als die Erkundung der Wahrheit war. Dem Druck und Verlangen danach wird so manche Wahrheit geopfert. Man plappert viel nach, was andere, besonders mit Rang und Namen und in renommierten Institutionen, behaupten. Doch dies hat seine Tücken. Dazu ein Beispiel.

Fallstrick: Sozialisierung

Rumi: *Ein Derwisch kam beritten in ein Dorf. Er wurde von den Dorfbewohnern hofiert und begann in gelassener Runde fröhlich mit ihnen immer wieder zu singen: ‚Wir sind den blöden Esel los, wir sind ihn endlich los!' Am nächsten Morgen stellte er fest, dass die Dorfbewohner seinen Esel verhökert hatten.*

Dazu Zhuangzi: *Das Glück des gewöhnlichen Menschen scheint darin zu bestehen, genau das zu tun, was die Masse vormacht.* Wenn eine Lüge oft genug erzählt wird, glaubt man sie früher oder später. Dies gilt besonders dann, wenn sie einen göttlichen Anstrich hat, der nicht infrage gestellt wird.

Anhang II.1: Menschliche Vorstellungen über das Diesseits

Der Ausgangspunkt für Übende zur Erforschung der Taiji-Welten

---

[356]Siehe was ich in TSC über Platons Kritik an Homer schreibe.
[357]http://de.wikipedia.org/wiki/Homer

und der Dao-Schöpfungslehre ist das Diesseits (unterhalb D in Bild 2). Ungeübte haben, im Vergleich zu langjährig Geübten, darüber recht unnatürliche Vorstellungen. Nur wer das Diesseits verlässt und zunehmend in die Taiji-Welten vordringt, erkennt, dass es eine gesellschaftlich konditionierte (unnatürliche) Welt – ein menschliches Konstrukt - ist. Es ist, was nicht oft genug wiederholt werden kann, die Welt des Glaubens, Meinens und Für-wahr-haltens; für Platon eine Höhle. Ihre Erkundung ist - im Vergleich zur Erforschung der Taiji-Welten (kurz: Taiji) durch die Dao-Praxis - durch unzählige Erkenntniswege geprägt, die Daoisten das kleine Dao nennen. Das kleine Dao basiert auf vielen Ideologien, Glaubenslehren, Hypothesen, Modellvorstellungen und Theorien, die die Kultur erzeugt und uns für weitere Erforschungen auferlegt. Wir sind dadurch konditioniert.

Das Diesseits ist auch die Welt des Entweder-oder-Denkens, wobei die Gegensätze nicht von Natur aus gegeben, sondern vom kulturellen Umfeld festgelegt sind. Was für den einen von uns gut ist, kann für den anderen schlecht sein. So behaupten einige Analysten, dass im Diesseits Gut ohne Böse existiert oder beides gleich ist. Andere betonen, dass beide streng getrennt oder gar Gut dem Bösen übergeordnet ist. Alle Behauptungen und viele andere lassen sich nicht beweisen. Es sind Hypothesen. Sie sind konditioniert. Dazu äußert sich Buddha: *Alle konditionierten Wege sind wie Träume, Illusionen, Schatten, Tautropfen und Blitze, und sollten so gesehen werden.*

Zum Diesseits gehört, dass die „10.000 Dinge (Wege, Theorien, usw.)", aus denen es zusammengesetzt ist, relativ beurteilt werden. Daraus ergibt sich die Frage: *Gibt es ein natürliches unkonditioniertes, ein wahres Diesseits?* Die Antwort ist: *Ja!* Ich liefere sie in Kapitel 5. Sie mag Leser überraschen, die das vertraute Diesseits als wahr und als die einzige Realität – das wahre Sein (Englisch: true reality) - betrachten.

Was ist Wahrheit?

Es ist unmöglich im Diesseits, das mit Hypothesen erkundet wird, zu entscheiden, was wahr oder nicht wahr ist. Ich stimme daher voll und ganz mit Max Born (1882–1970) überein: *Der Glaube, dass nur eine Wahrheit* (im konditionierten Diesseits = Welt der Sprache = Welt der Yin-Liugen = Welt des Glaubens = Welt der Theorien und Ideologien = 10.000 Dinge) *existiert, ist das größte Übel auf der Welt.* Man kann an einem bestimmten Glauben nur festhalten, wenn man einen anderen oder andere ablehnt. Er animiert zum Polarisieren, womit ich extremes Entweder-oder-Denken meine.

Man muss den Dao-Pfad nicht folgen, um zu Buddhas oder Platons Erkenntnissen zu gelangen. Im Diesseits, wo der eine dies oder jenes meint oder glaubt, gibt es keine Wahrheit. Doch wo gibt es sie, wenn überhaupt?

Platon und Buddha (und viele andere Meister) haben sie gekannt, sonst hätte sie nicht das konditionierte Diesseits als Höhle und Illusion bezeichnet. Man findet die Wahrheit nicht auf konditionierten Erkenntniswegen, nicht mit Streben (Glauben, Analysieren) auf der Basis der Yin-Liugen, mit der wir heutzutage das Diesseits erkunden. Selbstverständlich gibt es andere, die behaupten genau das Gegenteil. So betont Bernhard von Clairveaux (ca. 1090 - 1153): *Der Glaube ist wahrhaftig, die Erfahrung trügt.* Hätte er Taiji geübt, dann würde ich seine Worte ernst nehmen. So aber sind sie lediglich eine von vielen Meinungen im „Sumpf der Meinungen".

Platons Vorstellung von Wahrheit

Platons *Sonnengleichnis*[358] fasst seine Kernaussage über Wahrheit zusammen:

---

[358]http://de.wikipedia.org/wiki/Sonnengleichnis

Das also, was dem Erkannten Wahrheit (alétheia) verleiht und dem Erkennenden die Kraft zum Erkennen gibt, ist – das kannst du jetzt behaupten – die idéa des Guten.

Ungeübte Interpreten meinen, auf der Basis des zweiten Erkenntnisprinzips, *idéa* sei Idee! Einige behaupten gar mit Verweis auf dieses Zitat, dass Ideen, die ja auf konditionierte Weise erlangt werden, beständige Wahrheit seien. Doch dies ist Wunschdenken in der Welt des Glaubens, in der so viele Dinge wie die *philosophía* verdreht wurden und auch verdreht wahrgenommen werden. Wenn Platon vom (wahren) Erkennen spricht, dann bezieht er sich auf die Erkenntnis *(gnósis)*, die in *rigoroser Weltabgewandtheit,* also unkonditioniert, auf dem Dao-Pfad erlangt wird.

Idéa (des Guten) ist eine Metapher für Taiji[359] , mit der er zum Ausdruck bringt, dass *idéa* (Taiji) auf eidetische Weise erfahren wird. Und was ist dann die *Kraft zum* (außergewöhnlichen) *Erkennen* der *idéa* (Taiji)?

Die Kraft zum außergewöhnlichen Erkennen

Dahinter steckt - was könnte es anders sein? - *philía* (Wuwei). Sie allein bringt aus dem Unbekannten das Neue – Gute[360] - hervor! Dies geschieht spontan in Momenten der Weltabgewandtheit (Wu)[361] als Wiedererinnerung an Verborgenes. Das so erworbene vorgeburtliche

---

[359]Siehe TSC.

[360]Es ist eine Qi-Übertragung notwendig, damit alles Neue für den Übenden auch gut für ihn ist!

[361]Siehe Kapitel 8 und TSC.

Wissen liefert den Übenden die eidetisch-erfahrbare universelle Wahrheit *(alétheia)*, die sie mit wiedererweckten Yang-Liugen persönlich wahrnehmen und somit nicht infrage stellen können. Es ist ewig beständige Wahrheit. Sie ist nicht zu vergleichen mit den „Wahrheiten" im unbeständigen Diesseits. Um sie zu erlangen, müssen alle Ideen, Theorien, Ideologien, Glaubenssätze, Axiome, Hypothesen im Üben über Bord geworfen werden!

Was ich andeute lässt vermuten, dass es sich bei der Äußerung von Galilei[362] um eine signifikante Einschränkung handelt: *Die Mathematik ist das Alphabet, mit dem Gott die Welt geschrieben hat. Wer die Geometrie begreift, vermag in dieser Welt alles zu verstehen.* Keine Disziplin ist strenger konditioniert als die Mathematik durch ihre Axiome und dazu gehört auch die Geometrie. Sie sind Konstrukte der Kultur und keine natürlichen Gegebenheiten, die auf dem Dao-Pfad gänzlich aus sich heraus zustande kommen.

Die Meister, die einst die *philosophía* mit Leib und Seele erforschten und deren Metaphern die Lehnworte Mathematik und Geometrie liefern[363] , würden Galileis Worten also absolut nicht zustimmen. Kein Wunder, dass sie nichts mit einem „Gott" zu tun haben wollten, der sich über das erfreuen würde, was Galilei in ihn hineindichtet (Anhang II.2).

Das Diesseits im Einklang mit der Schöpfung

Ich habe die Frage mit Ja beantwortet, dass es eine natürliche Vorstellung über das Diesseits – jenseits aller eigenartigen Meinungen darüber – gibt. Fragen wir deshalb: *Welches Diesseits, wenn nicht das durch Hypothesen konditionierte, ist im Einklang mit der Schöpfung?* Die Antwort der Daoisten ist: *Im Einklang ist das unkonditionierte Diesseits, das durch Sixiang (4), dem Yin-Yang-Symbol (Bild 2), symbolisiert wird. Dahinter stecken natürliche hypothesenfreie (unkonditionierte) Gesetze, die auf dem Dao-Pfad mit Leib und Seele erkannt werden. Es sind solche, die die moderne konditionierte Wis-*

---

[362] http://de.wikipedia.org/wiki/Galileo_Galilei
[363] Siehe TSC.

senschaft (Mathematik, Geometrie, Physik, usw.) nicht kennt und folglich auch ignoriert.

Anhang II.2: Ist das Buch der Natur in der Sprache der Mathematik geschrieben?

Viele Zeitgenossen glauben, Naturwissenschaften und Mathematik seien der einzige Weg zum Verständnis der Natur, obwohl beide Disziplinen – im Vergleich zum Dao-Pfad - konditioniert und somit in Relation dazu unnatürlich sind. Damit meine ich, dass sie gesellschaftlich (kulturell) konditioniert sind. Wir lesen heutzutage immer wieder, dass dieses oder jenes Problem schon oder noch nicht wissenschaftlich gelöst und bewiesen sei, so als ob die mathematisierten Naturwissenschaften der Maßstab aller Dinge seien.

Diese Vorstellung haben wir unter anderen Galilei zu verdanken. Er hat in *Il Saggiatore* die Mathematik, die sich ausschließlich dem Diesseits zuwendet, sogar zum *Grundprinzip der Naturerkenntnis* erhoben, indem er behauptete, *das Buch der Natur sei in der Sprache der Mathematik geschrieben*. Dies haben die Meister seit eh und je aber gänzlich anders gesehen. Diese hätten ihre tiefgründigen Erkenntnisse nicht mit Mathematik und Naturwissenschaften erlangen können. Diese Disziplinen sind für eine tiefgründige Erkenntnis der Natur und Schöpfung nutzlos, sind sie doch durch gesellschaftliche Vorstellungen konditioniert! Dennoch gibt es kluge Wissenschaftler, die damit nach einer Weltformel gesucht haben und immer noch suchen.

Doch auch die Naturwissenschaft erzeugt Mythologien, wenn es um die Erkenntnis der Schöpfung geht (Anhang I.6), denn sie basiert auf den Yin-Liugen. Auch sie gibt sich – im Sprachgebrauch von Buddha - den *Träumen, Illusionen, Schatten* und *Tautropfen* hin. Sie wendet sich – im Sprachgebrauch von Platon - dem Schatten an der (Platonischen) Höhlenwand zu (Anhang I.7) zu. Ein Schatten steht im Zusammenhang mit dem, was ihn wirft. Die Lehnworte der *philosophía* haben jedoch, bis auf die Worthülsen, nichts mit ihren Originalen gemein.[364]

Zum Ursprung der modernen Wissenschaften

Die modernen Wissenschaften, die sich auf das zweite Erkenntnisprinzip, also sprachlich erfassbare Diesseits, beschränken, konnten sich nur deshalb entwickeln, weil sie „sinnvolle" Hypothesen, (z.B. mathematischen Axiome), akzeptierten, indem sie die jenseitigen noch sinnvolleren Taiji-Welten (Bild 2) ignorierten. Nur so war der wissenschaftlichen Fortschritt, der überwiegend im Westen erfolgte, möglich. Die dort schon früh kultivierte einseitige Weltzugewandtheit, mit ihrer Hinwendung zur körperlichen (materiellen) Welt, hat damit dazu beigetragen, den wahren Ursprung der Westlichen Kultur zu verschütten und das beeindruckende vorgeburtliche Wissen der *philosophía* zu verdrehen. Platons Warnung wurde ignoriert: *Der Körper* (einseitige Weltzugewandtheit) *ist das Grab der psyché!* Das was die westliche Kultur hervorgebracht hat, im Guten wie im Schlechten, hat gewiss damit zu tun.

Wer die Tiefgründigkeit von Platons Worten erahnt, mag sich fragen: *Welche Kräfte waren im Spiel?* Kräfte, die letztendlich zur Erderwärmung und Umweltzerstörung geführt haben, von denen heute die Menschheit bedroht ist? Platon liefert uns dafür Antworten im *Sonnengleichnis, Liniengleichnis*[365] und im *Höhlengleichnis*[366] , die jedoch – so wie alles vorgeburtliche Wissen der *philosophía* – verzerrt mit dem zweiten Erkenntnisprinzip erklärt werden. Seine Antworten lassen sich nur dann erkennen, wenn die Verzerrungen der *philosophía* rückgängig gemacht werden.

Dies ist umso schwieriger zu bewerkstelligen, je mehr man sich einredet, man sei das Maß aller Dinge, wozu die Aufklärung[367] uns Westler ermutigt hat. Die Gewissheit, dass man angeblich das Maß ist, wurde seither vielen von uns in die Wiege gelegt, ebenso die

---

[364]Siehe TSC.
[365]http://de.wikipedia.org/wiki/Liniengleichnis
[366]Siehe Anhang 5
[367]http://de.wikipedia.org/wiki/Aufkl%C3%A4rung

Überzeugung, wir Westler würden zur fortschrittlichsten aller Kulturen gehören. Wer möchte nicht auf der Seite des Globus leben, wo angeblich die Wiege der Aufklärung und des unaufhaltsamen Fortschritts steht? Einbildung ist jedoch nicht die Bildung, die die einst aufgeklärten griechischen Meister ihren Schülern beibrachten. Sie zeigten ihnen den Weg aus der platonischen Höhle.

Platon: Forscher gehören zu den besten Männern der Welt

Kein Wunder, dass Platon (Politeia 406e) die 'Höhlenforscher' seiner Zeit kritisiert, die sich mit Lust dem Diesseits (Platon: Höhle) zuwenden: *Forscher* (Wissenschaftler) *gehören zu den besten Männern der Welt, die immerfort* (konditionierte) *Gesetze*[368] *geben und sie dazu noch ständig verbessern, ohne zu begreifen, dass sie in Wahrheit nur Menschen sind, die die Hydra köpfen.* Schaut man sich an, was ungeübte Forscher (Analysten) in sein Werk hineingedichtet haben, so findet man keine bessere Bestätigung dafür, was er damit ausdrücken will.

Er macht sich im *Höhlengleichnis* auch lustig über diejenigen, die sich gegenseitig für ihre Erkenntnisse im Diesseits belobigen: *Und wenn sie* (die „Höhlenforscher") *dort unter sich Ehre, Lob und Belohnungen für den bestimmt hatten, der das Vorüberziehende am schärfsten sah und am besten behielt, was zuerst zu kommen pflegte und was zuletzt und was zugleich, und daher also am besten vorhersagen konnte, was nun erscheinen werde: glaubst du, es werde ihn* (der die „Höhle" verließ und das Ende des Pfads erreichte) *danach noch groß verlangen und er werde die bei jenen Geehrten und Machthabenden beneiden?*

Die „Höhlenforscher" nehmen auch heute noch ihr „Geschäft" ernst, sind sie doch davon überzeugt, *das Maß aller Dinge* zu sein, das ihnen ihr Schöpfer anvertraut hat.

---

[368]Es handelt sich hier um konditionierte Gesetze, so wie sie uns die Naturwissenschaftler liefern, die einem steten Wandel unterworfen sind. *Unkonditionierte Gesetze*, die auf dem Dao-Pfad entdeckt werden, brauchen jedoch nicht ständig geändert werden. Sind sie vollständig bekannt am Ende des Dao-Pfads.

Platon war kein Asket

Man könnte nun meinen, Platon sei wissenschaftsfeindlich. Das Gegenteil ist aber der Fall. Er war innig an der (schöpferischen, jenseitigen) Natur (φύσις, *phýsis)* interessiert. Doch die einseitige Begeisterung der „Höhlenforscher" für das Diesseits konnte er nicht teilen. Er wollte sich nicht einschränken lassen. Wie sonst hätte er vom Dasein (Diesseits und Jenseits) mehr erfahren können, als ihm in der „Höhle" zugänglich ist. In andern Worten, sein Reich war nicht nur von dieser Welt. Er lehrte das *Sterben,* um weise (klug) zu werden.

Heißt dies nun, dass er gänzlich weltabgewandt war? Nein, im Gegenteil! Er war kein Asket.[369] Sein regelmäßiges Abwenden vom Diesseits im Üben diente – so wie ich es in Taijixue erfahre – der Weltzugewandtheit. Er wusste, dass sich das Diesseits nicht ohne Jenseits erfassen lässt.

Wissenschaft – Weg zu Gott?

Es gibt viele „große Denker", die das, was sie durch ihr Hinwenden zum Diesseits erkannt haben, Gott oder seiner Führung verdanken. Darunter sind Analysten, die die Verzerrung der *philosophía* verursacht, akzeptiert, propagiert und das Lügengebäude darüber konstruiert haben. Unter ihnen gibt es genügende, die es uns als „höchste Wahrheit" anpreisen, so als vermittle die Philosophie - nicht die *philosophía* - eine göttliche Botschaft.

Nehmen wir Johannes Kepler (1571-1630)[370] , der sich der Unsinnigkeit von *kósmos* = (physikalischer) Kosmos, *astronomía* = Astronomie, *geometría* = Geometrie, usw. nicht bewusst war. Er schreibt: *Astronomie treiben heißt, die Gedanken Gottes nachlesen..... Es gibt nichts Wunderbareres, nichts, was die Weisheit des Schöpfers bei den Verständigen heller bezeugt, als die Bewegungen der fünf Plane-*

---

[369]Wer *áskesis* mit Askese übersetzt, weiß nicht was dahinter steckt, nämlich die Taiji-Übung. Es nutzt nichts, einzelne ursprüngliche Worte mit dem zweiten Erkenntnisprinzip zu übersetzen. Sie alle genügen dem ersten Erkenntnisprinzip.
[370]http://de.wikipedia.org/wiki/Johannes_Kepler

ten.[371]

Oder nehmen wir Immanuel Kant (1724 -1804): ... *die wichtigste aller unserer Erkenntnisse: Es ist* (existiert) *ein Gott.*[372] *.... Ich musste also das* (konditionierte) *Wissen aufgeben, um zum Glauben Platz zu bekommen.*[373] Oder nehmen wir Max Planck (1858 -1947)[374] , der ebenfalls die (konditionierte) Wissenschaft im Einklang mit Gott sieht: *Religion und Naturwissenschaft - sie schließen sich nicht aus, wie manche heutzutage glauben oder fürchten, sondern sie ergänzen und bedingen einander. Wohl den unmittelbarsten Beweis für die Verträglichkeit von Religion und Naturwissenschaft auch bei gründlich-kritischer Betrachtung bildet die historische Tatsache, dass gerade die größten Naturforscher aller Zeiten, Männer wie Kepler, Newton, Leibniz von tiefer Religiosität durchdrungen waren.* (Gefunden bei W.-E. Lönnig: Artbegriff, Evolution und Schöpfung).

Ebenso schreibt Planck: *Es ist der stetig fortgesetzte, nie erlahmende Kampf gegen Skeptizismus und Dogmatismus, gegen Unglaube und gegen Aberglaube, den Religion und Naturwissenschaft gemeinsam führen, und das richtungsweisende Losungswort in diesem Kampf lautet von jeher und in alle Zukunft: Hin zu Gott!* - (aus: Vorträge und Erinnerungen, 8. Auflage 1965, Seite 333, zitiert von Wikipedia).

In der Tat, Religion und (mathematisierte) Wissenschaft schließen sich nicht aus, denn beide genügen dem zweiten Erkenntnisprinzip. Sie basieren auf Hypothesen, die nicht infrage gestellt werden und somit – im Gegensatz zu Plancks Behauptung – durchaus dogmatisch sind. Sie sind - im Gegensatz zum ersten Erkenntnisprinzip - Glaubenslehren! Es sind kulturelle Errungenschaften und keine aus sich heraus ergebenden natürlichen Gegebenheiten.

Wenn also die *philosophía* das griechische Äquivalent der Dao-Lehre

---

[371]Planeten stammt von *planetes* ab, hinter dem Qi-Felder stecken. Dies zeige ich in TSC.
[372]*Der einzig mögliche Beweisgrund zu einer Demonstration des Daseyns Gottes,* Kant-W Bd. 2, S. 621
[373]Kritik der reinen Vernunft, Vorrede zur zweiten Auflage; Bd. 3, 32
[374]http://de.wikipedia.org/wiki/Max_Planck

ist, so wie ich es ihr unterstelle, so kann auch sie keine göttliche Botschaft vermittelt haben, die viele ungeübte Analysten in der Philosophie zu erkennen vermeinen. Auch damit wollen Daoisten nichts zu tun haben. Für sie ist die Dao-Lehre eine nüchterne Angelegenheit, auch wenn damit das Taiji-Wissen im Zustand meditativer Trunkenheit erlangt wird. Wer sich jedoch mit den eingeschränkten Yin-Lügen nur mit nachgeburtlichem Wissen auseinandersetzt, so wie es obige „Höhlenforscher" tun, ist geneigt an Übernatürliches zu glauben. Der Grund ist, weil es von ihnen nicht – so wie von den Meistern – als etwas gänzlich Natürliches erfahren wird. Kein Wunder, dass auch Wissenschaftler, so wie Gläubige, „ihre Heiligen" haben (Anhang IV.3)!

Vertraute Logik hat nichts mit *lógos* (Taiji) zu tun

Wir geben uns heute in einer Zeit, in der viele Zeitgenossen die Wissenschaft als Weg zur Erkenntnis Gottes betrachten – einem Mythos über Pythagoras, Platon und viele andere Meister hin. Während diese sich dem *lógos* (Taiji) zuwandten, bilden wir uns ein, sie hätten sich der Logik bedient und diese sogar entdeckt, die heutzutage die Wissenschaft charakterisiert. Diese hat aber nichts mit dem *lógos* zu tun, den die Meister einst lehrten. Auch nichts mit der intelligiblen Welt,[375] die viele Analysten mit dem *kósmos noétos* (*lógos,* Taiji) – der schöpferischen Welt - in Verbindung bringen.[376]

In Anbetracht all dieser Verdrehungen darf man sich nicht wundern, warum Platon das vertraute Diesseits eine Höhle nennt. Sie hat die Eigenschaft, dass ihre „Bewohner" nicht erkennen, dass sie darin gefangen sind. Sie erfassen nicht ihre erste Natur (Taiji), sondern die zweite Natur (konditioniertes Diesseits), die einige als göttlich ansehen. Wären die Meister das, was man ihnen andichtet, so hätten sie nicht das entdeckt, worüber ich hier schreibe: Den Pfad aus der Höhle zur unkonditionierten Erkenntnis der Schöpfung!

---

[375] http://de.wikipedia.org/wiki/Intelligibel
[376] Siehe TSC.

Anhang II.3: Wirre Vorstellungen über das Jenseits

Der Mensch ahnt, dass es ein Jenseits gibt. Der Grund dafür ist, weil er vieles mit seinen weltlichen Sinnen (Yin-Liugen) nicht erklären kann. Er glaubt an das, was er sich darüber zusammenreimt oder was ihm andere, denen er seinen Glauben schenkt, darüber berichten. Seine Vorstellung davon ist durch das geprägt, was ihm im Diesseits vertraut ist: *Gleiches wird durch Gleiches erkannt.* Er projiziert das, was er versteht, in das hinein, was er nicht versteht. Alles was er sich über das Diesseits und Jenseits vorstellt, prägt seine zweite Natur, die dem zweiten Erkenntnisprinzip genügt.

Projektion des eingeschränkten Selbst[377] in das Göttliche

Parmenides (ca. 580 – 478 v.u.Z.)[378] [379] : *Die Äthiopier sagen, ihre Götter seien stumpfnasig und schwarz. Die Thraker, blauäugig und blond. Doch die Sterblichen* (Menschen) *wähnen, die Götter würden geboren und hätten Gewand, Stimme und Gestalt ähnlich wie sie selbst.*

Empedokles (Frag. 133) übt Kritik am Anthropomorphismus[380] : *Unmöglich ist es, uns ,Gott' nahezubringen, sodass wir ihn mit Augen sehen und Händen greifen könnten, was jedoch der Hauptweg ist, auf dem der Glaube in das Menschenherz dringt.*

Ibn Al Arabi (1076 - 1141)[381] war sich, so wie alle „großen Meister", darüber im Klaren, dass nicht der Schöpfer den Menschen, sondern der Mensch den Schöpfer erschaffen hat, so wie es auch Ludwig Feuerbach (1775-1833)[382] zum Ausdruck bringt. Al Arabi: *Den Schöpfer,*

---

[377]Das eingeschränkte Selbst ist durch das vertraute Sein konditioniert.
[378]http://de.wikipedia.org/wiki/Parmenides
[379]https://www.thf-paderborn.de/fileadmin/philosophiegeschichte/Vorsokratiker_I.pdf
[380]http://de.wikipedia.org/wiki/Anthropomorphismus
[381]http://de.wikipedia.org/wiki/Ibn_al-%CA%BFArab%C4%AB_al-Ma%CA%BF%C4%81-fir%C4%AB
[382]http://de.wikipedia.org/wiki/Ludwig_Feuerbach

den der Mensch gedanklich erschaffen hat, setzt er gleich mit der Schöpfung. Dieser erzeugt aber (weil diese Gleichsetzung unnatürlich ist) *Intoleranz und Fanatismus. [...] (Deshalb) heftet euch nicht an eine bestimmte Ideologie, so dass ihr allem anderen misstraut. Damit verfehlt ihr viel Gutes, um die Wahrheit in allen Dingen zu erkennen. Das Allgegenwärtige und Allmächtige lässt sich nicht begrenzen durch einen einzigen Glauben. Wo immer man hinschaut findet man die Kraft der Schöpfung. Doch jeder betet nur das an, an das er selber glaubt. Sein Schöpfer, den er anbetet, ist seine eigene Kreation; das heißt letztendlich betet er sich damit selber an. Als Folge davon verurteilt er andere, was er nicht tun würde, wenn er gerecht wäre. Die Missachtung anderer basiert also auf seiner eigenen Ignoranz.*

Suhrawardi (1153-1191)[383] : *Mache dir keine Vorstellung, dass der ‚Herr der Schöpfung' einen Körper hat oder ein körperliches Aussehen oder dass er Kopf und zwei Füße hat. Wir wissen von Hermes*[384] *: Eine spirituelle Essenz* (Qi) *gab mir mein* (vorgeburtliches) *Wissen* (Weisheit).' *Deshalb fragte ich sie ‚Wer bist du?' Und sie antwortete: ‚Ich bin deine vollkommene* (erste) *Natur'.*

Gottes Segen für alles Tun und Handeln im Diesseits

Zum Anthropomorphismus zählt nicht nur, dass man das menschlich Äußerliche auf „menschliche Kreationen" wie Gott, Götter, Engel und Dämonen projiziert, auch gehört die weit verbreitete Vorstellung dazu, diese „himmlischen Wesen" würden denken und handeln wie man selbst. Damit haben sich viele westliche „große Denker" und „Humanisten" identifiziert.

Wenn man sein (eingeschränktes) Denken in diese „Wesen" projiziert, sollte man anstelle vom Anthropomorphismus („göttliche Wesen sehen aus wie man selbst") vom Anthropomentalismus („göttliche Wesen denken wie man selbst") reden. Es gibt viele „aufgeklärte Denker", die zwar den Anthropomorphismus belächeln, aber selbst

---

[383]http://de.wikipedia.org/wiki/Schihab_ad-Din_Yahya_Suhrawardi
[384]http://de.wikipedia.org/wiki/Hermes_Trismegistos

Anthropomentalisten sind.

Die Vorstellung, dass das Hinwenden zum Diesseits, zur Welt der Yin-Liugen, göttlich sei, wurde von Martin Luther (1483 – 1546) sanktioniert, wie ich folgender Analyse von Gerhard Wehr in *Europäische Mystik*[385] (S.218) entnehme: *Für ihn* (Luther) *gibt es keine 'Leiter des Seelenaufstieges' zu Gott. Entscheidend fürs Sein und Heil des Menschen ist 'Gottes Herabstieg* (Kondeszendenz)'*, seine 'Menschwerdung.'*

Wie kam der Glaube in diese Welt?

Der Glaube ist die Folge der Regression (des Abstiegs), der Menschwerdung und damit einhergehenden eingeschränkten Wahrnehmung des Daseins. Demokrit[386] werden diesbezüglich von Sextus Empiricus (ca. 200 – 250)[387] folgende Worte über den Ursprung des Glaubens zugewiesen: *Als die Menschen der Vorzeit die Vorgänge in der Höhe sahen, wie Donner und Blitz, das Zusammentreffen von Sternen und das Verfinstern von Sonne und Mond, da gerieten sie in Furcht, weil sie glaubten, göttliche Wesen seien die Urheber dieser Erscheinungen.* Epikur (341 – 272 v.u.Z.)[388] , so erklärt Sextus, führt den Vorgang auf die *Erscheinung der Götter im Traum* zurück.

Es gibt genügend Hinweise in der *philosophía*, die über die Einschränkung der Sinne durch die Menschwerdung berichten, wodurch der Glaube zustande kam. Der beste Beweis ist der Dao-Pfad. Er erfordert es, dass man rigoros von Dogmen, Glauben, Wünschen, Erwartungen, usw., loslässt, um die verlorenen Wurzeln wieder zu erlangen. Nur so überwindet man seine gesellschaftliche und erfährt seine natürliche wahre Natur, was das *Erkenne dich Selbst* zum Ausdruck bringt.

---

[385]Wehr, Gerhard; *Europäische Mystik:* Eine Einführung, Panorama Verlag, Wiesbaden, 2005
[386]http://de.wikipedia.org/wiki/Demokrit
[387]http://www.uni-protokolle.de/Lexikon/Sextus_Empiricus.html
[388]http://de.wikipedia.org/wiki/Epikur

Dao-Lehre: Leitfaden aus dem wirren Platonischen Höhlenlabyrinth

Die Dao-Lehre ist für mich zum Leitfaden aus dem Labyrinth der Verdrehungen geworden, die ungeübte Analysten den weisen Gründern der westlichen Kultur (Hermes, Pythagoras, Heraklit, Sokrates, Platon, usw.) andichten. Ein berühmter Verdrehungskünstler war Homer (ca. 850 v.u.Z).[389] Schon Xenophanes von Kolophon (um 570 - 480 v.u.Z) klagte ihn an, so wie später auch Platon[390] : *Alles haben Homer und Hesiod den Göttern angehängt, was bei Menschen Schimpf und Schande ist: Stehlen, ehebrechen und sich gegenseitig betrügen!* Homer ist Schöpfer von Mythen, die die westliche Kultur bis heute noch prägen. Nicht viel hat sich also seit seiner Zeit geändert.

Dazu hat die universelle Schöpfungslehre selbst beigetragen, denn sie ist anfällig, verdreht zu werden. Der Grund ist, weil vieles davon geheim gehalten wird und somit viel Freiraum für Spekulationen bietet. Die Geheimhaltung hat ihren guten Grund. Wer noch mehr darüber erfahren will, als ich im Buch berichte, sollte anfangen Taiji zu üben.

Anhang II.4: Eine verzerrte Darstellung der *De Vita Pythagorica*

Hier kommt eine für die Auslegung der Pythagoreer typische Analyse[391] : *In* weihevollen*, durch ein eingeflochtenes Timaios-Zitat in ihrer Bedeutung und Gültigkeit hervorgehobenen Worten verkündet Jamblich(os) dem Leser, die* Seele des Pythagoras sei in Menschengestalt *erschienen (30, p. 18, 6f.), um einen bestimmten Auftrag zu erfüllen: die '*Wiederherstellung*' und die ,*Erlösung der Menschheit*'. Die eigentliche* heilsgeschichtliche *Sendung des Pythagoras war es nämlich, ,der Menschheit das größte Gut darzureichen, das je* von

---

[389]http://de.wikipedia.org/wiki/Homer
[390]Siehe TSC.
[391]http://www.academia.edu/3189276/Pilgerbuch_der_Seele_zu_Gott_Jamblichs_De_Vita_P ythagorica_als_neuplatonische_Biographie_und_als_Manifest_der_neuplatonischen_Paideia

den Göttern herniederkam und herniederkommen wird', den heil-bringenden, den erlösenden Funken der zur Glückseligkeit führenden Philosophie. .....

Für Jamblich bedeutet das, dass der Mensch, dessen Seele beim Ab-stieg, oder vielmehr Absturz in die sterbliche Welt durch die Schlech-tigkeit der Materie belastet und an den Leib gekettet wurde, es nicht vermag, sich aus eigener Kraft zur Schau des Intelligiblen zu erhe-ben, sondern einen Führer benötigt. ....

... und deren Ziel es ist, die Seele des Schülers in einem stufenweisen Aufstieg zu dieser Schau – und, wie sich noch zeigen wird, sogar noch weiter – hinaufzuführen. Auf die Definition der Philosophie und der philosophischen Paideia (12 §58–59) und auf die Demonstration der übermenschlichen, durch Wunder bewiesenen Macht der Lehrga-be des Pythagoras (13 §60–62) folgt nämlich zunächst (14–17 §63–79) die Darstellung des Grundrisses, des Programms der Paideia ... .

Ich verzichte darauf, die unterstrichenen Worte – um nicht zu sagen: Unterstellungen - rückgängig zu machen, denn meine Rekonstruktion der *philosophía* aus dem, was man über Jahrhunderte in sie hineinge-dichtet hat, sollte für sich selbst sprechen. Was sonst könnte ich noch tun, um zu belegen, dass sie das griechische Äquivalent der unreligi-ösen Taiji-Lehre ist? Wer dies akzeptiert, sollte ebenso anerkennen, dass nicht nur das Wort Philosophie, sondern so ziemlich alle ande-ren in obiger messianischen Interpretation, *Menschengestalt, Erlö-sung, Sendung, Götter, Heilsbringung, Schlechtigkeit der Materie, an den Leib gekettet, Schau des Intelligiblen, philosophische Paideia,* usw., usw., signifikante Verzerrungen ihrer Originalbegriffe darstel-len. Kein Taiji-Übender, der nur einigermaßen bei Sinnen ist, wird dies akzeptieren. Hätten die Pythagoreer das praktiziert, was ihnen die Analyse unterstellt, dann wären sie zu bedauern.

Anhang II.5: 9 Stufen der Läuterung

Es gibt 9 Stufen der Läuterung auf dem Pfad nach oben, womit 9 Geheimnisse[392] entdeckt werden. Ihnen lässt sich die Zahlenreihe 9, 8, 7...2, 1 von A nach D (Bild 2) zuordnen. Die Stufen werden rückwärts gezählt, ist doch der Dao-Pfad der Weg zurück zur Natur. Er endet im absoluten Wu (Erleuchtung), dem die 0 zugewiesen ist. Im Gegensatz dazu wird dem Diesseits unterhalb A (Bild 2), vor Eintritt in die Taiji-Welten, die 10 zugewiesen. Der Dao-Pfad beginnt also mit Stufe 9 und endet mit Stufe 0. Alle Stufen mit kleiner werdenden Zahlen sind den neun Geheimnissen geschuldet. Dies bedeutet, dass der Übende eine zunehmende Läuterung *(kátharsis)* erlangt, die mit immer mehr Weisheit *(sophía)* und Vertrautheit mit dem *lógos* einhergeht. Ich möchte betonen, dass einige besonders begabte Personen auch ohne Üben zur Erleuchtung gelangt sind. So werden Buddha zwar, wie angedeutet, neun Stufen zugewiesen, doch, Fangfu zufolge, hat er seine Erleuchtung ohne Dao-Praxis erlangt.

Die 9 Stufen (Himmel) der *Gnosis*

Die *Gnosis* erstreckte sich einst über den gesamten Mittleren Osten. Sie hat viele Facetten. Diese kamen dadurch zustande, weil sie von der *philosophía*, in der sie ihren Ursprung nimmt, mal mehr oder weniger stark abwich. Diese Lehre hat nun einmal das Potential, in vielfältiger Weise verdreht zu werden. Die heutige Philosophie zählt mit dazu. Der Grund ist, weil ihr Wissen *(gnósis, epistéme, sophón),* das mit dem ersten Prinzip – also mit Üben - erlangt wird, durch das zweite in vielfältiger Weise ausgelegt werden kann.

Hier kommen Hinweise, die die große Ähnlichkeit zwischen der mittelöstlichen Gnosis und chinesischen Dao-Lehre erkennen lassen: Gnostiker[393] berichten, dass man durch verschiedene Himmel (Taiji-Welten) schreiten kann (Einowski[394]). Auch zitiert Rumi[395] (*Divan e Shams e Tabrizi: Fortyeight Ghazals)*[396] seinen gnostischen Lehrer

---

[392]Das Wort für Geheimnis ist **mysterión**, dessen Endung auf **ón** (SEIN = Taiji*)* verweist.

[393]Man muss unterscheiden zwischen Gnostikern, die noch das erste und denen, die das zweite Prinzip einsetzten.

[394]Einowski, *Gnosis - Der Schlüssel der Erkenntnis,* Visionen, Mai 2013

[395]http://de.wikipedia.org/wiki/Dschalal_ad-Din_ar-Rumi

[396]http://de.wikipedia.org/wiki/Diwan-e_Schams-e_Tabrizi

Shams e Tabrizi[397] mit: *Ich schwöre beim neunten Himmel* (S.55), ...
Alle 9 Himmel versanken im Mond (S.81). Rumi verweist im gleichen
Werk auf das Wiedererwecken der Yang-Liugen: *Augen, die von die-
ser Welt in die nächste sehen gehören den Klarsichtigen und besitzen
einen Status der Begabten* (S.73). Ebenso schreibt er in *Masnavi I
Manavi*[398] : *Die Groben* (Ungeübten) *verstehen nicht die Reifen* (Er-
leuchteten). Dies ist wie immer die Folge von: *Gleiches wird durch
Gleiches erkannt.*

Anhang II.6: Die Entdeckung der natürlichen Dekade

Hinter der Taiji-Dekade (1, 2, 3, ..., 10) steckt für all diejenigen, die
die neun Geheimnisse übersinnlich erfahren haben, allegorisch ausgedrückt, eine reell existierende immaterielle Stufenleiter. Sie führt
durch 9 Welten (Himmel, Bereiche, Metamorphosen) von unten nach
oben im psychischen *kósmos*. Da sie aus sich heraus übersinnlich erfahren wird, macht es keinen Sinn, sie als arithmetische Zahlenfolge
aufzufassen. Sie ist viel natürlicher, als was Mathematiker unter natürlichen Zahlen[399] verstehen.

Mit dem, was ich andeute, liefere ich Hinweise, warum ungeübte
Analysten Zahlen aus dem Umfeld der *philosophía,* so wie die Pythagoreische Monade, Dyade, usw., göttlich, heilig oder himmlisch nennen. Dies sind Begriffe, die der Taiji- Lehre gänzlich fremd sind, was
nahelegt, dass es sich dabei um Verzerrungen ungeübter Analysten
handelt.

Ursprung des Dezimalsystems

Die Dekade ist die Basis für das natürliche Dezimalsystem, dessen
Ursprung heutzutage meist den 10 Fingern der Hände zugeschrieben

---

[397]http://de.wikipedia.org/wiki/Schams-e_Tabrizi
[398]http://en.wikipedia.org/wiki/Masnavi
[399]http://de.wikipedia.org/wiki/Nat%C3%BCrliche_Zahl

wird. Robert Temple (1987) schreibt in *The Genius of China*[400] diese für uns heute so fundamentale Entdeckung den Chinesen in der Shang Dynastie (1766 - 1122 v.u.Z.) zu. Sie muss jedoch allen traditionellen Kulturen (Chinesen, Indern, Iranern, Griechen, usw.) bekannt gewesen sein, die mit der Dao-Praxis – wie auch immer sie genannt wurde - vertraut waren.

Es handelt sich bei den 10 Zahlen auf keinen Fall, wie immer wieder behauptet wird, um arithmetische Zahlen. Wäre dies der Fall, so wären sie durch Axiome (Addition, Subtraktion, usw.) konditioniert. Dann wären sie nicht hypothesenfrei erlangt worden, was für die Taiji-Dekade zutrifft. Diese besteht vielmehr aus Zahlen *(arithmoí)*, die es verdienen arithmologisch und/oder arithmosophisch[401] genannt zu werden, zumal sich ihre Inhalte aus sich heraus durch Hinwenden zum *lógos* (SEIN =Taiji) ergeben und zur *sophía* (Weisheit) führen.

Philon von Alexandria (5/10 - 40 n.u.Z.) schreibt dazu in *Quaestiones et Solutiones in Genesim* (4.110), d.h. in „Fragen und Antworten zur *génesis"* (Waterfield, S.21): *Sowohl in der Welt wie auch im Menschen ist diese Dekade Alles.* Ja, sie ist in uns allen verborgen und wartet darauf unter kompetenter Anweisung eines traditionellen Meisters entdeckt zu werden, was nur wenigen im vollen Umfang gelingt.

Anhang III.1: Qi: Überbegriff für (Shen, Qi, Xing)

So wie Wasser der Überbegriff ist für (Eis, Wasser, Dampf), so ist Qi der Überbegriff für (Shen, Qi, Xing) oder (Existenz, Mischexistenz, Nichtexistenz). Auch Wuyou ist der Überbegriff von (Wu, Wuyou = Taiji, You). Ebenso ist *psyché* der Überbegriff für das Triplet *(pneuma, psyché, sóma)*, das sein chinesisches Äquivalent in (Xing, Qi, Shen) hat, das in Bild 2 dargestellt ist. Das Triplet wird den drei Wel-

---

[400]http://www.robert-temple.com/books.html
[401]Die Worte arithmologisch und/oder arithmosophisch werden heutzutage, so wie alles was den psychischen *kósmos* prägt, mit konditionierten Vorstellungen verbunden.

ten (Wu, Wuyou, You) zugeordnet, in dem das Qi drei Metamorphosen unterworfen ist.

Shen *(pneuma)* ist Qi *(psyché)* übergeordnet und Qi *(psyché)* ist wiederum Xing *(sóma)* übergeordnet. Man könnte auch sagen, Xing *(sóma)* ist die Verkörperung von Qi *(psyché)* und Shen *(pneuma)* ist seine Vergeistigung. Qi *(psyché)* ist die Mischung aus beiden, so wie Taiji (Wuyou) die Mischung aus You und Wu ist.

Qi (psyché) ist auf dem Dao-Pfad (I) drei essentiellen Metamorphosen unterworfen, worauf Bild 2 hinweist. Diese sind der Grund dafür, die drei Welten (You, Wuyou = Taiji, Wu) und Existenzen (Shen, Qi, Xing) einzuführen. Jede der drei essentiellen Metamorphosen ist wiederum in drei Metamorphosen unterteilt, sodass es zu 9 Metamorphosen, neun Welten und/oder neun Stufen kommt (Anhang II.5-II.6)

Den untersten 3 Stufen (Welten, Metamorphosen) von den 9 Stufen sind die drei untersten Symbole in Bild 2 zugewiesen. Den mittleren 3 Stufen (Welten, Metamorphosen) ist das Taiji-Symbol zugewiesen. Die Felder in den Symbolen sind nicht identisch mit der Nummerierung der Stufen. Sie charakterisieren vielmehr die Inhalte der Stufen.

Anhang III.2: Dao-Schöpfungslehre = Griechische *kosmogonía*

Es folgen Zitate von Platon und Empedokles mit Bemerkungen, die zur Bestätigung von Dao-Schöpfungslehre = griechische *kosmogonía* beitragen.

Platon's *kosmogonía* in Timaios

Platon beschreibt in *Timaios* (36) die Weltentstehung[402] im psychischen *kósmos* (von D nach A in Bild 2): *Arithmetiké, harmoniké, geometriké waren die drei Prinzipien mit denen der demiurgos* („Werkmeister") den *psychischen kósmos* proportioniert hat. Er

---

[402]http://de.wikipedia.org/wiki/Timaios

spricht hier nur drei der vier Metamorphosen der *psyché* an.

Die *kosmología* des Empedokles

Empedokles ist Meister der Pythagoreischen/Platonischen Tradition. Auch er äußert sich zu ihrer *kosmogonía*. Kein anderer als er verweist so kompetent auf die Rolle, die *philía* und *neíkos* dabei einnehmen, die von ungeübten Analysten – was anderes kann man von ihnen erwarten? - mit Liebe (Freundschaftsliebe) und Hass übersetzt werden. Hier erkläre ich nun die Bedeutung von beiden Begriffen mit Verweis auf Bild 2:

Der durch die vier Symbole (Bild 2) dargestellte Wandel in der Wahrnehmung des Qi *(psyché),* wird - im Schöpfungsverlauf (Abstieg) von D nach A – durch zunehmende Intensivierung von Youwei *(neíkos)* und in umgekehrter Richtung – im Aufstieg auf dem Dao-Pfad von A nach D – durch zunehmende Intensivierung von Wuwei *(philía)* bewirkt.

Dies ist zu berücksichtigen, um Empedokles zu verstehen, der *neíkos* Ares[403] und *philía* Aphrodite[404] nennt. Er benutzt - statt der vier Symbole oder Zahlen 1, 2, 3, 4 - die „vier Elemente[405] " *Feuer, Luft, Wasser und Erde*, womit er – im Einklang mit der Taiji-Lehre - die vier Metamorphosen des Qi *(psyché)* charakterisiert, die sich hinter den vier Symbolen („Elementen") und deren Zahlen verbergen. Auch in der Dao-Schöpfungslehre werden 2, 3, 4 die Existenzen Shen, Qi, Xing zugewiesen.

Empedokles drückt deren übersinnliche Erfahrung allegorisch wie folgt aus (Frag. 109)[406] : *Denn mit der Erde (chthón,* Xing, *sóma) in uns sehen wir die Erde (*You*), mit dem Wasser (*Qi, psyché*) in uns das Wasser, mit der Luft (aér,* Shen, *pneúma) in uns die göttliche Luft.* Er schreibt im Einklang mit der Taiji-Lehre, dass *Feuer, Was-*

---

[403]Ares wurde zum Kriegsgott degradiert: http://de.wikipedia.org/wiki/Ares

[404]Aphrodite wurde zur Liebesgöttin degradiert: http://de.wikipedia.org/wiki/Aphrodite

[405]Was in der Interpretationsliteratur – http://de.wikipedia.org/wiki/Vier-Elemente-Lehre - den vier Elementen zugewiesen wird ist absolut verdreht und unakzeptabel.

[406]http://www.philos-website.de/index_g.htm?autoren/empedokles_g.htm~main2

ser, Erde und *Luft* durch *philía* (Wuwei) und *neíkos* (Youwei) in Bewegung gehalten werden.[407]

Philía (Wuwei) sorgt für ihn für die Vereinigung (Zusammenführung) der vier Elemente - Metamorphosen von Qi (*psyché*) - im *Feuer* (Taiji).[408] *Neíkos* (Youwei) sorgt für deren Trennung. Er schreibt (Frag.17): *Bald kommt Alles* (wie es im Diesseits erscheint) *durch philía in EINS zusammen, bald wieder scheiden sich alle Dinge* (im EINEN = *tó hèn* = Taiji = SEIN) *von einander durch neíkos* (Youwei) ... *Insofern entstehen die Dinge* (im Diesseits) *und haben kein ewiges Leben* (dort). *Insofern aber ihr ständiger Wandel niemals aufhört, sind sie ewig unerschüttert im Kreislauf.*

Er nennt die Vereinigung der 4 Elemente (Metamorphosen) durch *philía* (Wuwei) den *sphaíros* (Qi-Ball). Damit meint er Taiji (Dadao), das auf den höchsten Stufen als etwas Rotierendes (Kugelmensch) erfahren wird und das Laozi (Kapitel 25) beschreibt: *,Chaos', das schon vor Himmel und Erde existierte, still und formlos. Es befindet sich in einem Zustand einer ,aus sich selbst heraus' ernährenden kreisenden Bewegung.* In anderen Worten, Taiji (Dadao, SEIN) wird auf höheren Stufen – vor Entstehung der Zweiheit (*Himmel und Erde)* – als rotierender Energieball (Qi-Ball) wahrgenommen.

Wie wir sehen, sind die vier angeblichen „Urstoffe" oder vier „Elemente"[409] *Feuer, Luft, Wasser* und *Erde,* die uns ungeübte Analysten aufgeschwätzt haben, also nicht das, was in der Originalliteratur darüber berichtet wird. Sie sind, so wie alles in der Taiji-Lehre und *philosophía,* Metaphern. Sie charakterisieren die vier Wahrnehmungen vom Qi *(psyché),* also seine Metamorphosen, die in Bild 2 durch die vier Symbole dargestellt sind. Diese beschreiben die Welt- und Selbstentstehung *(kosmogonía),* die aus sich heraus zustande kommt

---

[407]Auch die *Bhagavad Gita* verweist auf *Feuer, Wasser, Erde* und *Luft (Ether),* die dort jedoch von ungeübten Analysten genauso falsch interpretiert werden wie die „vier Elemente" von Empedokles.

[408]Vom Standpunkt in Taiji gibt es keine vier Metamorphosen (Elemente), sondern nur *Feuer.* Es gibt sie vom Standpunkt am Anfang des Weges!

[409]Siehe TSC und TLC.

und mit der Zahlenfolge 1, 2, 3, 4 assoziiert wird.[410]

Empedokles kommentiert die schöpferische Mischung

Empedokles (Frag. 8)[411] kommentiert die Mischung (Wuyou = Taiji = SEIN): *Doch ich will Dir ein anderes verkünden. Geburt gibt es* (eigentlich) *bei keinem einzigen von allen sterblichen Dingen* (im Sein) *und kein Ende in verderblichem Tode. Nur Mischung gibt es vielmehr und Austausch des Gemischten: Geburt ist nur ein dafür bei den Menschen üblicher Name.*

Empedokles (Frag 117)[412] hat - ich wiederhole - zur Mischwelt noch mehr zu sagen: *Ich war bereits einmal Knabe, Mädchen, Pflanze, Vogel und flutenttauchender, stummer Fisch.* Heraklit nennt die Mischung *lógos: Lógos ist Tag und Nacht, Winter und Sommer, Krieg und Frieden, Überfluss und Hunger.*

Karl Jaspers (1883-1969)[413] schließt daraus: *Für Heraklit ist per Definitionem der Logos „alles zugleich und nichts ausschließlich".* Doch *lógos* (Wuyou, Taiji, SEIN) kann man nicht definieren, sondern nur persönlich erfahren.

Die Verzerrung der *kosmología* des Empedokles

Hier kommt ein verzerrter Text[414] mit meinen Kommentaren[415] , die zum Verständnis der *kosmología* des Empedokles – die mit der Dao-Schöpfungslehre im Einklang ist - beitragen sollen: *Die Philosophie* (eigentlich: *philosophía* = mit *philía* zu *sophía) des Empedokles ist in seinen beiden nur fragmentarisch erhaltenen Gedichten – dem Lehrgedicht über die* (unkonditionierte) *Natur (phýsis* = erste Natur) *und den ‚Reinigungen (kátharsis* = Läuterung durch regelmäßiges Üben)' – dargelegt. Wie bei den Vorsokratikern üblich, befasste er*

---

[410]Zur Begründung siehe TSC und TLC.
[411]http://www.classicpersuasion.org/pw/empedocles/empalleng.htm
[412]http://www.classicpersuasion.org/pw/empedocles/empalleng.htm
[413]http://en.wikipedia.org/wiki/Karl_Jaspers
[414]http://de.wikipedia.org/wiki/Empedokles
[415]Zur Begründung der Kommentare siehe TSC und TLC.

sich mit der Frage der (unkonditionierten) *Weltentstehung (kosmogonía) und versuchte die* (natürliche) *Ordnung und Beschaffenheit des Weltalls* (psychischen *kósmos) zu klären* (was das Anliegen der unkonditionierten *kosmología* ist). So weit, so gut! Aber in der Fortsetzung ist nun alles total verdreht. Sie beinhaltet viel Hokuspokus, den die Analysten in den Originaltext hineingezaubert haben:

In diesem Zusammenhang entwickelte er eine von mythischem Denken (?) geprägte physikalische (?) und biologische (?) Theorie (theoría *verweist auf „inneres Sehen mit den Yang-Liugen"), zu der auch eine Vorstellung von der Entstehung des Lebens auf der Erde und der Evolution (?) der Lebewesen gehörte. Er führte die Lehre von den vier Urstoffen* (Vier-Elemente-Lehre)[416] *ein, die für das naturwissenschaftliche Weltbild (?) der Antike maßgeblich (?) wurde und auch die Medizin (?) beeinflusste (?).*

Empedokles war weder durch mythisches Denken geprägt, noch hat er *physikalische und biologische Theorien* entwickelt. Diese sind nicht hypothesenfrei, die *kosmogonía (kosmología),* über die er berichtet, ist es jedoch.

Anhang III.3: Kulturell konditionierte und natürlich unkonditionierte Bildung

Weder Mythen noch Evolutionslehre (Anhang III.5) können die innige persönliche Erfahrung der Schöpfung vermitteln, was einst das Anliegen der *philosophía*, der ältesten säkular-spirituellen Wissenschaft des Westens war. Sie wurde seit ihrem Untergang im Westen bisher nicht wieder entdeckt. In ihrem Zentrum stand die hypothesenfreie Bildung, die Platon *paidèia*[417] nennt und über die viel Unsinn berichtet[418] wird, weil ungeübte Analysten nicht erkennen, dass sie nicht ohne Üben erlangt werden kann.

---

[416]http://de.wikipedia.org/wiki/Vier-Elemente-Lehre
[417]Siehe TSC.
[418]http://de.wikipedia.org/wiki/Paideia

Sie förderte übersinnliche schöpferische Erfahrungen. Auf was sonst sollte Mas'udi [p.4] hinweisen, der den Untergang der griechischen „Wissenschaft" beklagt: *Alles, was die alten Griechen ans Licht gebracht hatten, verschwand, und die Entdeckungen der alten Weisen wurden bis zur Unkenntlichkeit verstellt (verzerrt). .... Man trifft nur noch Leute, die von Ehrgeiz und Ignoranz geprägt sind, unvollkommene Gelehrte, die sich mit oberflächlichen Ideen zufrieden geben und die Wahrheit nicht erkennen.*

Alles Neue ist nicht unser Eigen

Was Übende wie Ungeübte im Laufe ihres Lebens Neues erfahren, ist – man höre und staune - nicht ihr Eigen. Es wird ihnen vielmehr durch die Mischung dessen, was sie sind und nicht sind, aus sich heraus offenbart. Es ist dem Wu-Anteil in Wuyou (Taiji) und Wuwei, Wirkung (Wei) aus Wu (Nichtsein), zu verdanken. Wuyou und Wuwei können nur im Loslassen von Allem agieren. Das Neue kann nicht bewusst erlangt werden!

Kapitel 8 erklärt, wie der Dao-Weg das Denken aus sich heraus erweitert. Dazu Heraklit: *Allen Menschen ist zuteil, sich selbst zu erkennen und verständig zu denken.* Das vertraute kulturelle Denken, verwandelt sich durch regelmäßiges Üben zunehmend in natürliches Denken, das die *paidèia* prägt.

In anderen Worten, Wuyou und Wuwei werden auf dem Dao-Pfad mobilisiert und zunehmend intensiviert. Dabei wird, am Anfang des Pfads, der Wu-Anteil von Wuyou (Taiji) nur wenig und mit zunehmenden Fortschritt von A nach D immer mehr aktiviert.

Wuwei, das die Dinge zusammenbringt, nimmt also an Intensität zu und Youwei, das die Dinge trennt, nimmt bis am Ende des Pfads ab, wo dann nur noch das wahre WUWEI agiert. Damit hat man die Schöpfung im vollen Umfang erfahren. Man hat sozusagen die hypothesenfreie Ausbildung (*paidèia*) abgeschlossen!

Anhang III.4: Die vedische *kosmología* (*kosmogonía*)

Es folgen kommentierte Zitate aus der traditionellen vedischen Kultur zur persönlichen Schöpfungserfahrung, die mit Bild 2 übereinstimmen[419] und somit im Einklang mit der universellen *kosmogonía* sind. Sie ergänzen das, was ich in den Kapiteln 1 - 2 über Krishna, aber auch Buddha und Zoroaster berichtet habe. Meines Wissens gingen die vedische und zoroastrische Lehre verloren. Die buddhistische wird, Fangfu zufolge, nur noch in geheimen tibetischen Schulen gelehrt.

Bhagavadgita[420] : *Du musst dir letztendlich über diese gewaltige Lehre klar werden: Alle Geschöpfe* (im konditionierten Diesseits unterhalb A) *sind zwar dem Anschein nach* (in ihrer Vielfalt) *getrennt, aber wahrhaft nur Eines; alle Wesen gehen von der 'Gottheit* (hier: Taiji = SEIN = Monade)' *aus und sind in der 'Gottheit' vereint. Wer dies wirklich erfasst, wird* (selbst) *die 'Gottheit'* (zum „Kugelmenschen") *und erlangt dadurch Befreiung.*

Das Wort *Gottheit* (Gott) verwirrt Taiji-Praktizierende, die sich so wie ich mit Heraklit (B 31) identifizieren: *Diese Weltordnung* (im psychischen *kósmos* von A bis D)*, die selbige für alle Wesen, hat kein Gott und kein Mensch geschaffen, sondern sie war immerdar und ist....* Die *Weltordnung* wird für alle Taiji-Übende, die sich – wo und wann auch immer der Wuwei-Praxis hingeben - auf unkonditio-

---

[419]Wer diese Übereinstimmung nicht zu seiner Zufriedenheit erkennt, der wird mehr Details dazu in meinen drei englischen Büchern TSC, TPC und TLC finden.
[420]Übersetzung von Peter Kobbe, 3. Aufl. München: Goldmann (Arkana), 2002, S. 176

nierte Weise erfahren. Darauf deuten viele Zitate in unterschiedlichen Kulturkreisen hin, die im Einklang mit der Dao-Schöpfungslehre sind, sofern sie nicht allzu sehr religiös oder mystisch verzerrt wurden.

Der Sklave eigener Schöpfungsvorstellung

Die Dao/Taiji-Lehre betrachtet sich als säkular-spirituelle Lehre, die sich nicht durch das zweite Erkenntnisprinzip einschränkt, so wie es auch Krishnamurti[421] betont: *Wenn der Geist von einem Prinzip* (das zielorientiert, konditioniert oder dogmatisch ist) *geleitet wird, wird er ein Sklave seiner eigenen Schöpfung, und in dieser Sklaverei ist kein Frieden, kein kreatives Verstehen und keine Freude.* Damit sagt Krishnamurti nichts anderes als Buddha: *Alle konditionierten Wege* (Lehren = Dharmas) *sind wie Träume, Illusionen, Schatten, Tautropfen und Blitze, und sollten so gesehen werden.* Beide verweisen damit indirekt auf Befreiung von der Sklaverei (Illusion), was die persönliche Erfahrung der Schöpfung ermöglicht. Schöpfungsmythen und Evolutionslehre (Anhang III.5) sind hingegen unpersönliche Glaubenslehren, es sei denn man erfreut sich an Mythen und der Hypothese (Glaubensüberzeugung), dass der Mensch vom Affen abstammt.

Die vier vedischen Yugas (Welten)

Folgendes Zitat ist im Einklang mit dem, was ich über die vedische Lehre bereits berichtet habe. Es spricht die vier Metamorphosen des *Atman* (Qi, *psyché*) an[422] : *Es wird also ähnlich wie in den Weltaltern der Antike die Entwicklung der Welt als ein kontinuierlicher Abstieg beschrieben von einem „goldenen" Satya Yuga, über das immer noch „silberne" Tretā Yuga zum „bronzenen" Dvāpara Yuga mit einem Tiefpunkt im „eisernen" Kali Yuga.* Die Reihenfolge der „Metalle" symbolisiert die Abnahme im Reinheitsgrad des *Atman* (Qi, *psyché)*. Daraus kann man schließen, dass auch die vedische Kultur den läuternden Dao-Pfad (Weg der Wahrheit) kannte. Auch Platon spricht

---

[421] http://www.zitate-aphorismen.de/zitate/autor/Krishnamurti/108/270
[422] http://de.wikipedia.org/wiki/Yuga

übrigens vom goldenen Zeitalter[423] .

Anhang III.5: Evolutionslehre im Antlitz der Dao-Schöpfungslehre

Die folgenden Zeilen findet man in *Science, Evolution and Creationism* (2008). Sie sind publiziert von der National Academy of Sciences (NAS): *Heutzutage akzeptieren viele Religionen, dass die biologische Evolution die Vielfalt der lebendigen Dinge über Milliarden von Jahren in der Erdgeschichte produziert hat.*[424] Ich vergleiche nun, was die Dao-Schöpfungslehre zum vollständigen Text[425] zu sagen hat. Diesem ist zu entnehmen, dass es für die NAS nur zwei Vorstellungen über die Schöpfung gibt: Religiöse Schöpfungsmythen, wie die biblische Genesis, und die Evolutionstheorie. Welche Überraschung? Ich hätte von der NSA mehr wissenschaftliche Seriosität erwartet.

Die universelle Schöpfungslehre, die für die Meister seit Jahrtausenden die einzig wahre Lehre ist, weil sie hypothesenfrei ist, wird also von der NAS gänzlich ignoriert, obwohl sie, wie dieses Buch zeigt, weltweit in unzähligen Schriften, wenn auch mehr oder weniger verzerrt, erwähnt wird. Die Beschränkung der NAS ist sehr unwissenschaftlich. Der Artikel will Leser von der Evolutionstheorie überzeugen, denn er suggeriert, dass sie wissenschaftlich und somit den Mythen überlegen sei. Doch auch sie ist spekulativ, so wie alle Theorien, denn sie sind auf Hypothesen basiert, an die man - so wie an die Mythen - glauben muss.

Dazu zählt die Hypothese, dass das Leben angeblich seinen Ursprung in lebloser Materie nimmt. Dazu zählt ebenso, dass die Evolutionslehre, die früheren Weltzustände aus dem heutigen Zustand in Raum und Zeit zu rekonstruieren versucht und ihre Erkenntnisse vollständig

---

[423]Siehe TSC und TPC.

[424]In Englisch: *Today, many religious denominations accept that biological evolution has produced the diversity of living things over billions of years of Earth's history.*

[425]http://en.wikipedia.org/wiki/Creation%E2%80%93evolution_controversy.

mit Worten, Bildern, Symbolen, Zahlen, usw. vermitteln kann. In anderen Worten, das schöpferische Jenseits spielt für sie keine Rolle. Ihre Sichtweise ist rein körperlich (materiell). Ihre Erkenntnisse sind somit menschengemachte Konstrukte, aber keine natürlichen Gegebenheiten. Sie beschreiben nur das, was den Yin-Liugen in Raum und Zeit zugänglich ist.

Dazu Albert Einstein: *Zeit und Raum sind Denkweisen, deren wir uns bedienen, nicht* (natürliche) *Zustände, unter denen wir leben.* Natürlich oder reell ist – ich wiederhole - für Sir Karl Popper[426] das, was auf keinen Hypothesen (Theorien) beruht: *Wir sind dann mit der Realität in Kontakt, wenn wir alle Theorien* (also auch Evolutionstheorie, Raum und Zeit, Glaubenslehren) *vergessen.* Doch seine Äußerung nützt wenig, wenn man keinen Weg (Pfad) kennt, ohne Theorien mit der Realität in innigen Kontakt zu kommen.

Dafür sind nun einmal die Meister seit eh und je zuständig. Sie haben den Weg gefunden. Wer ihm folgt, überwindet die konditionierten Gesetze des Diesseits, die durch Raum und Zeit geprägt sind. Er entdeckt neue unkonditionierte Gesetze *(nómoi),* die nicht mit den vertrauten verstanden werden können. Wäre es anders, dann wäre die Schöpfung nicht mehr als Menschen seit eh und je in sie hineindichten.

Wenn zwei sich streiten, freut sich der dritte

Wenn zwei Parteien sich streiten, heißt dies noch lange nicht, dass die eine Recht und die andere Unrecht hat. Damit meine ich die Evolutionisten und Kreationisten.[427] Aus Taiji-Sicht sind beide Parteien kritikwürdig, denn sie beschränken sich auf das zweite Erkenntnisprinzip! Deren Schöpfungsvorstellungen sind also konditioniert. Dies gilt jedoch nicht für die erfahrbare universelle Schöpfungslehre. Diese hebt sich von religiös-kreationistischen und wissenschaftlich-evolutionistischen Vorstellungen über die Schöpfung mehr ab, als sich

---

[426]http://de.wikipedia.org/wiki/Karl_Popper
[427]http://de.wikipedia.org/wiki/Kreationismus

diese beiden voneinander unterscheiden.[428]

Evolutionslehre: Schatten der universellen Schöpfungslehre?

Für Platon ist das konditionierte Diesseits allegorisch die „Höhle", in der das „Wahre" als Schatten an der Höhlenwand wahrgenommen wird. Insofern liegt es auf der Hand, die konditionierte Evolutionslehre ebenfalls als Schatten der unkonditionierten universellen Schöpfungslehre zu betrachten.

So wie man einen Schatten nicht als falsch im Vergleich zu dem, was ihn wirft, bezeichnen kann, so kann man auch die Evolutionslehre nicht als falsch im Vergleich zur universellen Schöpfungslehre bezeichnen. Letztere weist, wie Bild 2 andeutet, zweifellos Metamorphosen im stufenweisen Abstieg der *psyché* auf, was die Frage aufwirft, ob die „sprunghaften Verwandlungen" von einer zur nächsten Metamorphose, auch in der Evolutionslehre angetroffen werden? Der Rest dieses Anhangs gibt eine Antwort aus meiner naturwissenschaftlichen Perspektive.

Diskontinuitäten in der Evolutionstheorie und Schöpfungslehre

Die Evolution erfolgt, Darwin zufolge, durch langsame zufällige Mutationen. Wir lesen dazu[429]: *Charles Darwin hat vor 150 Jahren sein epochales Werk 'Über die Entstehung der Arten' veröffentlicht. Darin gestand er mit erfrischender Offenheit ein, dass er keine Ahnung habe, warum man aus der* (vorangegangen) *Zeit (die Jahrmilliarden*

---

[428]Wer an einer Diskussion zwischen Befürworten und Gegnern von beiden Vorstellungen interessiert ist, dem empfehle ich die Reaktionen darüber zu lesen, die beide Bücher von Armin Risi ausgelöst haben. Ihre Titel sind ***Ihr seid Lichtwesen – Ursprung und Geschichte des Menschen*** und ***Evolution –Stammt der Mensch von Tieren ab?*** Risis Interpretation der vedischen Schriften ist gänzlich anders als meine. Ich erkenne darin die hier vorgestellte universelle Schöpfungslehre, auch wenn ich sie nur am Rande erörtere! Risi interpretiert die vedischen Schriften mit dem zweiten und nicht wie ich mit dem ersten Erkenntnisprinzip. Insofern zählt auch er für mich zu ungeübten Analysten. Sie können die vedischen Mythen, über die er viel schreibt, nicht entmythologisieren. Könnten sie es, zu müssten sie zu denselben Schlussfolgerungen wie ich kommen.

[429]http://www.spiegel.de/wissenschaft/natur/150-jahre-evolutionstheorie-ist-darwin-gescheitert-a-601661.html

dauerte) *vor dem Kambrium - jener Ära, die vor rund 542 Millionen Jahren begann - einfach keine Fossilien finden könne.*

Im Kambrium spielte sich Erstaunliches ab. Die sogenannte Kambrische Explosion stellte Wissenschaftler lange vor Rätsel. Religiöse führen sie gern als Gottesbeweis ins Feld: Wie, wenn nicht durch die Hand des Allmächtigen, konnte eine derartig komplexe Vielfalt binnen so kurzer Zeit entstehen?

Wir lesen[430] , dass in der Kambrischen Explosion der *Sauerstoffanteil in der Atmosphäre vergleichsweise plötzlich auf bis zu 10 Prozent anstieg. Zuvor gab es auf der Erde lediglich einzellige Lebensformen. Die Wissenschaft ging bislang davon aus, dass es vorher schlicht und einfach nicht genügend Sauerstoff gab, als dass sich das Leben zu größeren Wesen hätte entwickeln können.*

Die Kambrische Explosion geht mit Auseinanderbrechen des Urkontinents Pangea[431] einher, bei dem - wie Wissenschaftler der Yale University mit Untersuchungen von Sedimentproben jüngst bestätigt haben - im großen Umfang Sauerstoff freigesetzt wurde, was die Mutationsrate stark antrieb. Mein Fazit: Die Evolutionstheorie liefert also ein Indiz für den sprunghaften Wandel des Bewusstseins im Abstieg der *psyché.* Umgekehrt: *Die universelle Schöpfungslehre wirft ihren Schatten auf die Evolutionslehre!*

Eine zweifelhafte Hoffnung

Es gibt Analysten, die hoffen, den einen oder anderen Schöpfungsmythos mit der Evolutionslehre, die ja als wissenschaftlich seriös gilt, oder direkt mit der Naturwissenschaft unter einen Hut zu bringen. Sie erwarten, dass der eine oder andere Schöpfungsmythos somit wissenschaftlich bestätigt und glaubwürdig wird. Dazu zählen die Anhänger des Kreationismus[432] , die die Evolutionslehre ablehnen, aber die Naturwissenschaften akzeptieren. Sie suchen nach einem wissenschaftli-

---

[430]http://grenzwissenschaft-aktuell.blogspot.de/2013/10/viel-sauerstoff-fuhrt-nicht.html

[431]http://de.wikipedia.org/wiki/Pangaea

[432]http://de.wikipedia.org/wiki/Kreationismus

chen Beweis für das, was sie den Schöpfungsmythen wortwörtlich entnehmen. Doch einen derartigen Beweis kann es – in Anbetracht der Dao-Schöpfungslehre - niemals geben, so wie es auch keine physikalisch-mathematische Weltformel geben kann. Warum?

Nun, ich habe meine Antwort - mit Verweis auf Laozi, Buddha, Pythagoras, Sokrates, Platon, Parmenides, usw. - schon teilweise geliefert. Für diese Meister ist lediglich die persönliche unkonditionierte Erfahrung der Schöpfung wahr, die sich – und das ist meine These - hinter vielen Schöpfungsmythen verbirgt. Diese unterscheidet sich von der Evolutionslehre und den Mythen so, wie sich der psychische *kósmos* (von A bis D) vom irdischen Kosmos (unterhalb A) unterscheidet.

Anhang III.6: Zum Ursprung der Schöpfung

Meister drücken – im Einklang mit Bild 2 - den Ursprung der Schöpfung wie folgt aus: *Am Anfang war Qi (psyché, Licht, Wasser, Feuer).* Platon fügt dem hinzu: *Die psyché (Qi, psyché, Licht, Wasser, Feuer) ist ungeboren und unsterblich.* Qi *(psyché)* ist die Mischung aus Xing *(sóma* = Materie) und Shen *(pneuma* = Geist). Da das lebendige Qi *(psyché)* in ständiger Bewegung ist, ist es den Yin-Liugen nicht und den Yang-Liugen nur schwer zugänglich.

Befürworter moderner physikalischer Modelle der Weltentstehung, die auch von Evolutionisten akzeptiert werden, gehen davon aus, dass im „Urknall" lebiose Materie (Xing = *sóma)* entstanden ist, woraus danach Leben aus sich heraus entstand. Viele Religionen haben hingegen über Jahrhunderte mit Verweis auf biblische Schriften immer wieder betont, dass der Ursprung der Welt im Geist (Shen = *pneuma)* liegt.

Der Geist wird in der Literatur – so wie alles Jenseitige – wirr und undifferenziert beschrieben, worüber sich der eine oder andere „ersthafte Denker" beklagt[433] : *Denn es macht wenig Sinn, ganz allgemein*

---

[433]http://www.anthroposophie.net/peter/ursprung.htm

und undifferenziert vom Geist zu sprechen, der unserer Welt zugrunde liegen soll (?), sondern dieser Geist will ebenso bewusst und klar erforscht (?) werden, wie es die Naturwissenschaft für das äußere Dasein tut.

Nimmt die Welt ihren Ursprung im Geist?

Ich habe als Naturwissenschaftler lange danach gesucht, wie der „Geist" auf ähnliche Weise erkundet werden kann, so *wie die Naturwissenschaft das äußere Dasein* (die materielle Welt) *analysiert.* Ich habe die Suche aufgegeben, nachdem ich mit Leib und Seele durch Taiji-Üben zur Einsicht kam, dass der Ursprung weder in Materie (Xing) noch im Geist (Shen) liegt. Beides sind Extreme, die uns das Entweder-oder-Denken nahelegt. Der Ursprung liegt vielmehr in der Mischung aus beiden Extremen, die Daoisten Qi *(psyché)* nennen. Qi wird im Üben erfasst. Gibt es einen besseren Beweis für seine Existenz (besser: Mischexistenz)?

Es ist interessant, dass die Evolutionslehre und der Urknall von immer mehr Gläubigen akzeptiert werden. Beide wurden jüngst von Papst Franziskus[434] sogar abgesegnet. Wir lesen[435] : *Die katholische Lehre und die wissenschaftliche Evolutionstheorie stehen für Papst Franziskus nicht in Konflikt miteinander. Bei einem Termin an der Päpstlichen Akademie der Wissenschaften sagte das Kirchenoberhaupt: Evolution in der Natur sei kein Gegensatz zur Überzeugung von einer göttlichen Schöpfung. Der Urknall werde heute als Ursprung der Welt angesehen, und er 'widerspricht der kreativen Intervention Gottes nicht, sondern setzt sie im Gegenteil voraus'.*

Es verwundert mich nicht, dass Religionsvertreter Urknall und Evolutionslehre anerkennen, fallen doch Religion und Wissenschaften in die Kategorie konditionierter Glaubenslehren. Dazu zählt auch der Glaube, dass der Mensch sowohl das Diesseits wie Jenseits mit dem zweiten Erkenntnisprinzip erfassen kann. Schließlich gibt es ja nichts

---

[434] http://de.wikipedia.org/wiki/Franziskus_%28Papst%29
[435] http://www.spiegel.de/panorama/gesellschaft/papst-franziskus-kein-konflikt-zwischen-evolution-und-schoepfung-a-999893.html

anderes als dieses Prinzip, oder? Doch den Meistern geht es nicht ums Glauben, sondern ums Erfahren. Es geht um das erste Erkenntnisprinzip, das sowohl der Wissenschaft wie auch den Religionen fremd ist!

Des Menschen Verhalten ist ihm sein Gott

Einige „große Denker", wie z.B. Ibn Tufayl (c 1116 - 1185)[436] , Pico della Mirandola (1463 – 1494)[437] , Francis Bacon (1561 - 1626)[438] und Isaac Newton (1643 – 1727), werden uns von Analysten so präsentiert[439] als wandelten sie auf den Spuren der Platoniker (Neuplatoniker).[440] Diese verdrehte Sicht der Dinge wird in *Man, the Measure of All Things?*[441] kritisiert und infrage gestellt. Sie kommt – was anderes könnte es sein? – dadurch zustande, weil von ungeübten Analysten all das, was die Platoniker mit dem ersten Erkenntnisprinzip erkannten, mit dem zweiten falsch interpretiert wird.

Heraklit kritisiert diese Fehleinschätzung, die von den genannten „großen Denkern" als solche nicht erkannt, sondern – ganz im Gegenteil – als göttlich aufgefasst wird: *Des Menschen* (eingeschränktes) *Verhalten ist ihm sein Gott* (B 119). Damit bezieht er sich auf Menschen, die das zweite Prinzip und somit sich selbst als das Maß aller Dinge betrachten. Dazu zählen insbesondere die ungeübten Analysten, die die Schöpfungsmythen erzeugten (Kapitel 6).

Anhang III.7: Mythen: Menschenkunde im höheren Sinn?

Viele religiöse wie auch unreligiöse Schöpfungsmythen, wie überzeugend sie vielen Menschen auch erscheinen mögen und wie kunst-

---

[436]http://de.wikipedia.org/wiki/Ibn_Tufail
[437]http://de.wikipedia.org/wiki/Giovanni_Pico_della_Mirandola
[438]http://de.wikipedia.org/wiki/Francis_Bacon
[439]http://www.saudiaramcoworld.com/issue/201403/hayy.was.here.robinson.crusoe.htm
[440]http://de.wikipedia.org/wiki/Neuplatonismus
[441]www.the-philosopher.co.uk/plato-codes.htm

voll sie in Fresken, Bildern und anderen Kunstobjekten dargestellt werden, erweisen sich, wie ich zeige, in vielen Fällen als Verzerrungen einer höheren Wahrheit, die es zu rekonstruieren gilt.

Dies sieht offenbar nicht jeder Mensch so. So betrachten Wolfgang von Goethe (1749 -1832)[442] , Friedrich Nietzsche (1844 -1900)[443] und Thomas Mann (1875-1955)[444] Mythen als etwas Sinnstiftendes. Warum auch nicht? Wer ihren wahren Ursprung nicht erfasst oder erfassen will, mag viel glaubwürdige „Poesie" aus ihnen extrahieren, indem man diese selber in sie hineindichtet. Diese „Dichtkunst" scheint viele Menschen viel mehr anzusprechen, als was sich wirklich dahinter verbirgt. Schon die Römer erkannten: *Mundus vult decipi* (Die Welt will betrogen werden). Mehr noch, sie fügten diesen Worten hinzu: *Ergo decipiatur* (also sei sie betrogen)!

Wir lesen[445] : *Goethe verstand den Mythos als „Menschenkunde in höherem Sinne".* Hinsichtlich seiner *Wiederholungsstruktur nannte er ihn „die abgespiegelte Wahrheit einer uralten Gegenwart" (1814). Nietzsche prägte das Wort von der „ewigen Wiederkunft" (1888). Thomas Mann definierte das Wesen des Mythos als „zeitlose Immer-Gegenwart" (1928).* Die Meister würden ihrer Sicht kaum zustimmen, denn je mehr Unnatürliches, so wie es sich in den Mythen kundtut, der Mensch als sinnvoll betrachtet, umso unnatürlicher verhält er sich. Sie sind keine *abgespiegelte Wahrheit einer uralten Gegenwart,* sondern ein verzerrender Spiegel einer uralten Wahrheit.

Als Beispiel nehme man die Verzerrung der *philosophía,* deren Lehnworte sich tief im Bewusstsein der westlichen Kultur verankert haben. Sie werden von den meisten Menschen als ihre wahre Beschreibung und als Ursprung der westlichen Kultur angesehen, obwohl sie absolut nichts damit zu tun haben. Im Gegenteil, viele ihrer Fehlinterpretationen haben psychischen Schaden angerichtet, wie z.B.: *Der Leib ist das Grab der Seele; Sokrates liebte die Knaben, Der Krieg ist der Vater aller Dinge,* oder falsche Erwartungen geschürt, wie

---

[442]http://de.wikipedia.org/wiki/Johann_Wolfgang_von_Goethe
[443]http://de.wikipedia.org/wiki/Friedrich_Nietzsche
[444]http://de.wikipedia.org/wiki/Thomas_Mann
[445]http://de.wikipedia.org/wiki/Mythos

z.B. *Geometrie ist heilig; Der Mensch ist das Maß aller Dinge*; *Ideen sind unsterblich, weil die Seele unsterblich ist,* usw., usw.. Das ist alles Hokuspokus[446] .

Ich hoffe, dass es einigen Lesern – in Anbetracht all dieser Verwirrung (Hybris) - allmählich immer klarer wird, warum Platon das Diesseits eine Höhle und Grab der *psyché* nennt, in der man sich etwas vormacht, ohne es zu merken. Es ist die Welt, in der man sich betrügt und andere betrügt, besonders dann, wenn es um die *philosophía* und ihre Schöpfungslehre geht.

Die „gute Arbeit" der ungeübten Analysten

Es ist den ungeübten Analysten bestens gelungen, ihre Mythen an den Mann (die Frau) zu bringen, werden diese doch von „klugen Poeten" als *Menschenkunde in höherem Sinne* betrachtet. Sie lassen sich aus der universellen Schöpfungslehre leicht generieren, sind doch der menschlichen Phantasie keine Grenzen gesetzt. Für diejenigen, die damit vertraut sind, erweisen sich die Mythen – sofern man sie wortwörtlich nimmt - jedoch als Märchen, um nicht zu sagen als Lügen.

Es ist wesentlich leichter Mythen zu erzeugen, als die universelle Schöpfungslehre dahinter zu erkennen. Dies gelingt nur, wenn man danach in den Mythen sucht. Dafür bietet die Dao-Schöpfungslehre den Wegweiser.

Der Mythos über die Pythagoreische/Platonische *kosmología*

Meine These, die ich verteidige, ist, dass Unkenntnis des ersten Erkenntnisprinzips den heutigen Mythos über die Weltentstehung (*génesis)*, die einst im Einklang mit dem *Lógos* (Taiji) war, erzeugt hat. Und: Hinter den alten philosophisch-religiösen Schriften verbirgt sich oft die universelle Schöpfungslehre. Dazu zählt ebenso: Alles auf dem Dao-Pfad ist logisch, wobei die Logik eine Funktion des Übungsfortschritts ist. Dieser Logik stehen die unlogischen Mythen gegenüber! Zur These gehört auch, dass seit Schließung der Schulen

---

[446]Siehe TSC.

der *philosophía* durch Kaiser Justinian (482 - 565)[447] das erste Erkenntnisprinzip bis in die jüngste Zeit dem Westen nicht mehr zur
Verfügung stand. Es ist nun weltweit durch Meister wie Fangfu wieder zugänglich. Es lässt sich, wie der lange Zeitraum seit dem Verlust
der *philosophía* kundtut, nicht ohne Unterstützung eines Meisters entdecken.

Hätten meine Leser ausreichend Taiji-Erfahrung, so hätte ich es mir
ersparen können, meine Bücher zu verfassen. Dann würden sie alles
selbst bestätigen können, was ich ihnen hier zu vermitteln versuche.

Es folgen nun wirre Äußerungen von ungeübten Analysten, die ihre
„Poesie" über die griechische Schöpfungslehre *(kosmología)* dadurch
kundtun, dass sie zur Beschreibung der drei Welten (Bild 2) *Hölle*[448] ,
Fegefeuer[449] und andere irritierende Begriffe einführten, übernahmen,
verdrehten und leichtfertig weitergaben, so wie es auch heute noch
der Fall ist.

Nehmen wir die Metaphern *Fegefeuer* und *Feuerball.* Sie nehmen ihren Ursprung in der Läuterung *(kátharsis)* der *psyché* (kreisendes,
wirbelndes Qi, Qi-Ball, Feuerball), die regelmäßiges Üben bewirkt
(Bild 1a). Darauf verweist Heraklit (Frag. B 31), dessen lebendiges
(wirbelndes, fegendes, selbstbewegtes)[450] *Feuer* eine Metapher oder
ein Attribut für Taiji-Qi oder Taiji[451] (Gr: *sphaíros*)[452] ist. Hier noch
einmal für ein vertieftes Verständnis: *Diese* (psychische) *Weltordnung, die selbige für alle Wesen, hat kein Gott und kein Mensch geschaffen, sondern sie war immerdar und ist und wird sein ewig lebendiges Feuer*[453] *, nach Maßen erglimmend und nach Maßen erlöschend.* Diese tiefgründigen Worte können nicht oft genug wiederholt
werden. *Fegefeuer* war also früher, im Gegensatz zu heute, positiv

---

[447]http://de.wikipedia.org/wiki/Justinian_I.
[448]http://de.wikipedia.org/wiki/H%C3%B6lle
[449]http://de.wikipedia.org/wiki/Fegefeuer
[450]http://de.wikipedia.org/wiki/Heraklit#Kosmos_und_Feuer
[451]Die Taiji-Lehre unterscheidet nicht zwischen Taiji, Wuwei und Qi am Ende des Dao-
Wegs und somit am Ursprung der Schöpfung. Es gilt dort: Taiji = Wuwei = Qi.
[452]*Sphaíros* wird mit göttlicher Kugel übersetzt.
[453]Im *Symposium* wird der kreisende Eros (circular *éros*) als Metapher der unsterblichen **psyché** erwähnt, die die Wahrnehmung des SEINS (Taiji) erlaubt

belegt. Die Verdrehung zeigt, dass Negatives aus Positivem erzeugt wurde.

Dies ist eins von vielen Beispielen dafür, das Mas'udis Worte bestätigt, wonach die „alte Wissenschaft" (*philosophía*) bis zur Unkenntnis verzerrt wurde. Die Verzerrung erkennt man nur, wenn man das Original kennt.[454] Dazu braucht man Taiji-Erfahrung. Ansonsten gilt: *Die Kopie unterscheidet sich vom Original dadurch, dass sie besser aussieht!*

Feuer erscheint auch (Anhang III.2) in den vier „Elementen" des Empedokles, womit er die oberste der vier Metamorphosen der *psyché* charakterisiert. Es charakterisiert die Mischwelt (Taiji, Wuyou), in der alle Gegensätze zusammenfallen. Darauf bezieht sich Heraklit mit: *Nach Maßen erglimmend und nach Maßen erlöschend.* Diese Phrase (Metapher, Allegorie) verweist auf das Zusammenfallen aller Gegensätze *(coincidencia oppositorum),* auf die Koinzidenz von Yin und Yang in Taiji (1). Taiji (1) wird in der Taiji-Lehre deshalb auch *Mischung* (Wuyou) *von Yin* (Erde) *und Yang* (Himmel) genannt.

Die drei Stufen aus Platons Höhle

Verdrehungen der *philosophía* erfolgten schon vor ihrem Untergang im 5.Jhd. Wir lesen[455] : *Von Virgil* (Römischer Poet, 70 - 19 v.u.Z.)[456] *lernten die Menschen damals am meisten darüber, wie es im Jenseits aussieht. In drei Stufen bauten sie sich damals das Jenseits auf: aus Hölle, Fegefeuer und Himmel.* Ich brauche nicht zu betonen, dass diese Worte eine Fehlinterpretation des ursprünglichen Vokabulars sein sollten, das hinter Bild 2 steckt. Entspräche *Hölle* dem Diesseits (Platon: Höhle), *Fegefeuer* dem kreisenden Taiji (Dao, Kugelmensch) oder Qi-Ball (*sphaíros*) und *Himmel* dem Nichtsein (Wu), wäre Virgil im Einklang mit der Dao-Schöpfungslehre (universellen Schöpfungslehre).

---

[454]Siehe TSC und TPC. Dort mache ich viele Verzerrungen rückgängig.
[455]http://anthrowiki.at/G%C3%B6ttliche_Kom%C3%B6die
[456]http://de.wikipedia.org/wiki/Vergil

Mischung aus Himmel und Erde

In vielen religiös-mystischen Schriften tauchen mit kulturspezifischen Namen drei, zwei oder auch nur eine der drei Welten (You, Wuyou, You) oder Existenzen (Xing, Qi, Shen) auf. Dazu ein Beispiel.

Martin Buber (1878 - 1965)[457] erwähnt z.B. in *Erzählungen der Chassidim*[458] Himmel und Erde wie auch Mischung aus Himmel und Erde, ohne vermutlich erkannt zu haben, dass sich diese Worte auf den psychischen *kósmos* zwischen D und A in Bild 2 beziehen. Wie in religiöser-mystischer Literatur üblich, nimmt man die Metaphern wortwörtlich, was ihnen ein mystisches Gewand verleiht, was sie nicht haben. Es sind Metaphern mit erfahrbaren Inhalten.

Es werde Licht

Kommen wir zum Schöpfungsmythos in *Moses* (1,1): *Und Gott sprach: Es werde Licht! und es ward Licht. Und Gott sah, dass das Licht gut war.* Dieser Mythos könnte sich auf das beziehen, was ich über Qi (Licht) berichtet habe. Qi (Licht) wird zwar im Üben wahrgenommen, aber man kann selbst am Ende des Weges nicht erklären, warum es existiert. Es ist einfach da im psychischen *kósmos*!

Wie die vier Symbole in Bild 2 zeigen, haben Daoisten durch Üben die Trennung von Yin (Finsternis) und Yang (Licht) aus Taiji (1), der Mischung aus Yin und Yang bestätigt. Darauf könnte sich *Moses* (1,1) beziehen: *Da trennte Gott das Licht von der Finsternis. Das Licht nannte er ‚Tag' und die Finsternis ‚Nacht'. Es wurde Abend und wieder Morgen - ein Tag.*

Am Anfang war das Wort[459]

Am Anfang ist das Wort ist – man höre und staune - im Einklang mit

---

[457]http://de.wikipedia.org/wiki/Martin_Buber
[458]http://buber.de/de/chassidim
[459]http://de.wikipedia.org/wiki/Evangelium_nach_Johannes

der „gottlosen" Dao-Schöpfungslehre (Bild 2), wenn „Wort" durch *lógos* ersetzt wird, so wie es im ursprünglichen Text auch steht. *Lógos* hat nichts, wie behauptet, mit Wort, Logik, Sinn, Intelligenz, usw. zu tun[460], die „Gott" zugeschrieben werden. *Lógos* (Taiji) will – was nicht oft genug betont werden kann - mit Leib und Seele persönlich erfahren und nicht einfach nur geglaubt werden! Vor allen Dingen hat *lógos* nichts mit Anthropomentalismus (Gott denkt so wie der Mensch) zu tun. Dies ist Hybris!

Creatio ex nihilo

Wir lesen[461] : *Creatio ex nihilo bezeichnet die christliche sowie die philosophische Lehre, dass die Schöpfung der Welt als Werk des Schöpfergottes absolut voraussetzungslos ist.* Das Zitat birgt in sich einen Widerspruch, woran man die „Dichtkunst" erkennt.

Auf der einen Seite wird betont, dass *die Schöpfung* das (willentliche) *Werk des Schöpfergottes* sei, was einer Konditionierung entspricht, auf der anderen wird die Schöpfung als *absolut voraussetzungslos* (unkonditioniert) betrachtet. Was ist nun richtig? Für Daoisten ist die Antwort klar: *Creatio ex nihilo ist unkonditioniert* (hypothesenfrei). Man kann seinen Inhalt durch Erfahren beweisen! Im Zitat ist *creatio ex nihilo* jedoch konditioniert, weil es mit einem Schöpfergott in Verbindung gebracht wird, an den es zu glauben gilt. Ja, alles was mit der *philosophía* zu tun hat, und dazu gehört *creatio ex nihilo,* lässt sich nach Herzenslust verdrehen.

Gegenposition zu *creatio ex nihilo?*

Wir lesen in der Fortsetzung des letzten Zitats: *Die philosophische Gegenposition zur theologischen Annahme einer Schöpfung aus dem Nichts wird oft auf Melissos*[462] *zurückgeführt; aber schon Parmenides* (B 8, *Über die Natur*) *lehrte: Auch kann ja die Kraft der Überzeugung niemals einräumen, es könne aus Nichtseiendem irgendet-*

---

[460]http://kath-zdw.ch/maria/evolution.html
[461]http://de.wikipedia.org/wiki/Creatio_ex_nihilo
[462]http://de.wikipedia.org/wiki/Melissos

was anderes als eben Nichtseiendes hervorgehen.

Auch diese Worte sind verdreht und unlogisch. *Creatio ex nihilo* ist keine *theologische Annahme* und hat somit auch keine *philosophische Gegenposition.* Es ist eine Artikulierung dessen, was von vielen Meistern weltweit übersinnlich erfahren wurde. So wie *creatio ex nihilo* ist auch das Originalzitat von Parmenides über das *Nichtseiende* im Einklang mit der Dao-Schöpfungslehre. In der vorliegenden Übersetzung ist es jedoch signifikant verdreht im Vergleich zu dem, was es ursprünglich ausdrückt.

Was will Parmenides damit sagen, *es könne aus Nichtseiendem* (nicht) *irgendetwas anderes als eben Nichtseiendes hervorgehen?* Seine Worte legen nahe, dass Nichts nur Nichts hervorbringen kann, was auf den ersten Blick und auf der Basis des zweiten Erkenntnisprinzips durchaus plausibel erscheint. *Nichts bringt Nichts hervor* ist jedoch eine unakzeptable Fehlübersetzung von dem, was ursprünglich dahinter steckt. Und das wäre was?

Nun, *Nichtseiendes* ist für Parmenides das Nicht-SEIN (*mè eón),* das eine Metapher für das Diesseits ist, wohingegen das SEIN (*eón*) - im Einklang mit der Taiji-Lehre - die wahre ewig schöpferische Welt (Taiji) ist. Was Parmenides also ursprünglich zum Ausdruck bringt, ist: *Hinwenden zum Diesseits* (Nicht-SEIN) *kann nichts anderes entstehen lassen, als was dazugehört.*

Das Hinwenden zum SEIN hingegen lässt gänzlich Neues mit Wuwei erfahren, das nicht zum Diesseits gehört. In andern Worten, Hinwenden zum Diesseits lässt nicht die Tiefgründigkeit von *creatio ex nihilo* erfassen. Dazu muss man sich dem SEIN (*eón*) öffnen, was der Dao-Pfad (Weg der Wahrheit) ermöglicht. Parmenides empfiehlt also nichts anderes als Daoisten auch.

Viele seiner Worte[463] sind jedoch signifikant verzerrt worden, was für die Äußerungen anderer Meister auch zutrifft. Es ist ein Skandal was man ihnen andichtet. Dies erkennt man jedoch nur dann, wenn man

---

[463]Im TPC entzerre ich viele Zitate von Parmenides, die nach der Entzerrung in gutem Einklang mit der Dao-Lehre sind.

die „Poesie" mit der Dao-Schöpfungslehre vergleicht und das was dahinter steckt rekonstruiert.

Biblische Genesis: Verzerrte universelle Schöpfungslehre?

Ich zitiere in diesem Buch an verschiedenen Stellen Textpassagen aus der *Genesis*[464] , die – im Vergleich zur Dao-Schöpfungslehre - verzerrt sind. Diese Verzerrungen sind jedoch nicht nur in den Worten der *Genesis* vorhanden, sondern auch in daraus hervorgegangen sakralen Kunstwerken. Was liegt da näher, als sich den Fresken von Michelangelo Buonarroti (1475 - 1564)[465] über die *Biblische Schöpfungsgeschichte*[466] in der Sixtinischen Kapelle[467] zuzuwenden? Dort findet man Szenen über die *Erschaffung Adams* (des Menschen)[468] , den *Sündenfall und Vertreibung aus dem Paradies*[469] , die *Trennung von Licht und Finsternis*[470] und das *Jüngstes Gericht.*[471]

Über die *Trennung von Licht und Finsternis* habe ich schon berichtet. Es liegt nahe, die höchste Taiji-Welt (Bild 2) mit *Paradies* und den Abstieg mit *Vertreibung* (von Adam und Eva)[472] und *Sündenfall* zu bezeichnen. Alles, was die Pythagoreer, denen die universelle Schöpfungslehre vertraut war, über den Abstieg der *psyché* berichten, könnte so ausgelegt werden. Es gibt keinerlei Hinweise, dass ihnen die biblischen Konzepte (Kreationen) bekannt waren, es sei denn, sie wurden in ihre Schriften von ungeübten Analysten hineingedichtet.

Aufstieg ins Paradies?

Folgende zwei bereits zitierte Hinweise aus Platons *Symposium*[473]

---

[464] http://de.wikipedia.org/wiki/1._Buch_Mose
[465] http://de.wikipedia.org/wiki/Michelangelo
[466] http://www.art-michelangelo.de/michelangelo-sixtinische-kapelle/
[467] http://de.wikipedia.org/wiki/Sixtinische_Kapelle
[468] http://de.wikipedia.org/wiki/Die_Erschaffung_Adams
[469] http://de.wikipedia.org/wiki/S%C3%BCndenfall
[470] Die *Trennung* von Licht und Finsternis
[471] http://de.wikipedia.org/wiki/J%C3%BCngstes_Gericht
[472] Adam symbolisiert Yang (männlich) und Eva Yin (weiblich).
[473] http://de.wikipedia.org/wiki/Symposion

(212), das kein Gastmahl[474] , sondern die Zusammenkunft von Übenden[475] war, lassen sich leicht mit dem Eintreten ins Paradies in Verbindung zu bringen:

*Auf dieser Stufe des Lebens ist .... mein lieber Sokrates, wenn irgend-
wo, das Leben für den Menschen lebenswert, da er das Urschöne
schaut.*

Wer nämlich bis an diesen Punkt gelangt ist als Zögling (Schüler) *in
den Weihen der Liebe, der wird nach stufenweiser und richtiger Betrachtung des mancherlei Schönen, endlich, am Ziel des Liebesweges*
(von A nach D) *angelangt, plötzlich ein Schönes von wunderbarer
Art erblicken, eben das, mein Sokrates, auf das alle früheren Bemühungen hinzielten.*

Die unterstrichenen Metaphern sind nicht wortwörtlich zu nehmen,
was aus der Sicht der Meister primitiv wäre. Kein Wunder, dass sich
Iamblichos lustig macht über diejenigen, die es tun. Er bezeichnet die
daraus resultierenden Verdrehungen als Altweibergeschichten voller
Unsinn und nutzlos.[476] Es sind Geschichten, die ungeübte Analysten
jedoch sehr ernst nehmen.

Seine Kompetenz hinsichtlich der Schöpfung bringt Iamblichos damit
zum Ausdruck, indem er vom Aufstieg (*anabasis)* der *psyché*[477] und
Abstieg (*katagogé)* der *psyché* spricht, wobei der Abstieg (Bild 2) mit

---

[474]http://de.wikipedia.org/wiki/Symposion_%28Platon%29
[475]Siehe TSC.
[476]Siehe TPC.
[477]Zumal ein Meister erforderlich ist für den Aufstieg (***anabasis)*** des Taiji-Schülers, ist dieser Aufstieg auch gleichzeitig ein Hinaufführen (***anagogé).***

Menschwerdung oder Entstehung von Yin (weiblich, Eva) und Yang (männlich, Adam) identisch ist. Diese Menschwerdung (Entstehung des Diesseits) ist in Bild 2 in der stufenweisen Entstehung von Sixiang (4) aus Taiji (1) angedeutet.

Alighieiri Dante: Ein großer „Poet"

Ich komme nun zu einem besonders beeindruckenden Verdrehungskünstler: Dante Alighieiri (1265-1321).[478] Wir lesen mit ähnlichen, jedoch wiederum auf andere Weise verzerrten Worten[479] , die auf Virgil oder andere „Poeten" zurückgehen mögen: *Da bereitet sich der Mensch in diesem Erdenleben zu seinem Schicksal für die Ewigkeit vor. Daher schließt sich an dieses Erdenleben unmittelbar Hölle, Fegefeuer oder Himmel an.*

Ich staune über den unglaublichen Unsinn, den Dante in der göttlichen Komödie[480] in gruseligen Äußerungen über die Schöpfung verbreitet. Noch mehr irritieren mich seine vielen Bewunderer, die sie ihm offenbar problemlos abnehmen. Sie scheinen wohl die Voraussetzung dafür zu sein, um ihn als großen „Denker" zu bezeichnen, was Auguste Rodin (1840 - 1970) in einem seiner berühmten Hauptwerke[481] getan hat. Wenn "Poeten" wie er so erfolgreich sind, dann liegt auch dies an: *Gleiches wird durch Gleiches erkannt.* Dazu Laozi: *Schöne Worte sind nicht wahr, wahre Worte sind nicht schön.* Wer ein Buch, wie das vorliegende, schreibt, ist zum Misserfolg verdammt. Ich habe es dennoch geschrieben. *Sapere aude*[482] (Wage es, weise zu sein)!

---

[478]http://de.wikipedia.org/wiki/Dante_Alighieri
[479]http://anthrowiki.at/G%C3%B6ttliche_Kom%C3%B6die
[480]http://de.wikipedia.org/wiki/G%C3%B6ttliche_Kom%C3%B6die
[481]http://de.wikipedia.org/wiki/Der_Denker
[482]http://de.wikipedia.org/wiki/Sapere_aude, Immanuel Kant hat das Zitat interpretiert mit „Habe Mut, dich deines eigenen Verstandes zu bedienen!" Doch von welchem Verstand spricht er? Vom Anfang oder Ende des Dao-Pfads? Oder irgendwo entlang des Pfades? Er spricht offenbar vom Anfang. Das haben alle Aufklärer wie er getan.

Anhang III.8: Zur Entmystifizierung der griechischen *kosmología*

Hier kommt ein Beispiel für eine der vielen Fehlübersetzungen, die zum Mythos der griechischen *kosmología (kosmogonía)* geführt hat. Sie ist dem Buch *The Theology of Arithmetic,* das *Iamblichos* zuge-wiesen wird, entnommen. Man könnte vermuten, im Buch ginge es um Theologie und Arithmetik. Doch es geht weder um das eine noch das andere und erst recht nicht um eine Kombination von beidem. Auch hinter *On the Gods* (Über die Götter), das im Buch zitiert wird, stecken keine Götter. Dennoch war mir das Buch von Nutzen, da ich darin nach dem Rückgängigmachen der eklatanten Verzerrungen, viel über die griechische *kosmología (kosmogonía)* erfahren konnte (Kapitel 4), das im besten Einklang mit der Taiji-Lehre und Zitaten von Laozi ist.

Der Grund für die signifikanten Verzerrungen liegt darin, weil das ur-sprüngliche Vokabular der *philosophía* mit dem ersten Erkenntnis-prinzip erworben und mit dem zweiten analysiert wird. Zum ur-sprünglichen Vokabular zählt z.B. *arithmétike, arithmós, astronomía, geometría, kosmología, kósmos, kosmogonía, mathématike, mousiké, theoría, theología, theoí,* usw. Doch *arithmétike* wird fälschlich mit arithmetisch, *theoí* mit Götter, *theología* mit Theologie übersetzt, usw., usw.[483]

Wer diese Übersetzungen akzeptiert, kann nicht herausfinden, was sich hinter den ursprünglichen Metaphern verbirgt. Dazu braucht man einen Maßstab, um die Verzerrungen daran zu messen und dieser ist für mich die Dao-Lehre. Viele exzellente Übereinstimmungen in bei-den Lehren, der Taiji-Lehre und rekonstruierten *philosophía*, recht-fertigen dies, was die *philosophía* definitiv aufwertet. Was wäre sie sonst? Das, was in sie hineingedichtet wird?

Zumal für Laozi und Taiji-Meister keine Götter existieren, muss ich – bei nüchterner Betrachtung der exzellenten Übereinstimmungen zwi-schen beiden Lehren - davon ausgehen, dass die Pythagoreischen/

---

[483]Siehe TSC.

Platonischen Meister auch keine Götter kannten. Diese wurden also –
was anderes könnte es sein? – von ungeübten Analysten in die ursprünglichen Schriften hineingezaubert: *Gleiches wird durch Gleiches erkannt!* Wer an Götter, Engel, Dämonen usw. glaubt, wird sie
überall in der Literatur herumschwirren sehen. Wie sonst hätten die
vielen Mythen entstehen können, die zu den 10.000 Dingen zählen,
aus denen das Diesseits in seiner Vielfalt (*pánta*) zusammengesetzt
ist?

Anhang IV.1: Schachtelung der vier Symbole

So wie aus jeder niederen Zahl jede höhere hervorgeht, so geht auch
aus jedem höheren Symbol jedes darunter liegende tiefere (untere)
hervor. Oder: In jedem unteren Symbol ist das darüber liegende enthalten. Oder: Das oberste Symbol erzeugt alle darunter liegenden.
Die Symbole weisen von oben nach unten immer mehr Details auf,
die ihre allegorische Bedeutung haben.

Die Bezeichnungen der Symbole

Die vier Symbole in Bild 2 haben folgende Bezeichnungen: Taijitu =
Taiji-Symbol (Taiji = vor dem Anfang und nach dem Ende), Liangyi
= zwei Bereiche, Sancai = (Himmel, Erde, Mensch), Sixiang = vier
Bereiche. Man stelle sich oberhalb Taijitu noch das nicht darstellbare
„Symbol" Wutu ( ) vor, dem das Nichts zugeordnet ist. Dieses Nichts
wird durch die leere Klammer angedeutet. Insofern bietet die moderne Taiji-Lehre fünf anstatt nur vier Symbole an.

Wandel der Symbole

Ich zeige nun, auf welche Weise Wutu ( ), Taijitu (1), Liangyi (2)
und Sancai (3) aus Sixiang (4), das vier Felder – zwei Fische mit
zwei Augen - besitzt, durch schrittweise Reduktion erhalten wird.
Dies geschieht wie folgt auf dem Dao-Pfad von A nach D:

Sancai (3) resultiert aus Sixiang (4) durch Zusammenführen (Vermischen) beider Fischaugen in ein zentrales Auge. Sancai (3) besitzt somit drei Felder. Liangyi (2) resultiert aus Sancai (3), durch Beseitigung des zentralen Auges (Feldes). Liangyi (2) besitzt somit zwei Felder (Fische ohne Augen). Vermischt man beide Fische, so enthält man Taijitu (1). Es wird durch ein Feld, also den leeren Kreis (ohne Fische) dargestellt. Beseitigt man Taijitu (1), so bleibt kein Symbol (Feld) übrig, was durch Wutu ( ) repräsentiert ist.

So wie ich die schrittweise Reduktion von Sixiang (4) zu Wutu ( ) beschrieben habe, so lässt sich auch in umgekehrter Richtung – im Schöpfungsverlauf *(kosmogonía, kosmología)* - die schrittweise Konstruktion von Sixiang (4) aus Wutu ( ) darstellen.

Damit habe ich formell die Zahlenreihe 4, 3, 2, 1 und 1, 2, 3, 4 anhand ihrer Symbole erklärt, ohne jedoch die allegorische Bedeutung der Form der Symbole (einhüllender Kreis, Fische, Augen, schwungvolle Trennlinie zwischen den Fischen) erklärt zu haben. Darauf gehe ich in Kapitel 5 in der Charakterisierung von Sixiang (4) ein. Besonders zu betonen ist, dass der leere Kreis das perfekte Symbol ist, um das Universalgesetz (Taiji, Dadao) und dessen Attribute zu repräsentieren. Er umfasst das Eine, verweist auf Unendlichkeit und ist frei von jeder Gegensätzlichkeit (Dualität), was für alle anderen Symbole nicht zutrifft.

Anhang IV.2: Konditionierte und unkonditionierte Weltformeln

Ich unterscheide zwischen der universellen Schöpfungslehre (psychischen Weltformel), die durch die Dao-Schöpfungslehre (Dao-Weltformel) und ihr griechisches Äquivalent präsentiert werden, und den mathematisch-physikalischen Weltformeln (Theorie von Allem[484]), denen sich „kluge Naturwissenschaftler" immer wieder zugewandt, aber die sie – im Gegensatz zur Dao-Weltformel - bisher nicht gefunden haben. Die naturwissenschaftliche Suche kann, in meiner Auffassung, nie zu Erfolg führen, denn sie ist – im Gegensatz zur Dao-

---

[484]http://de.wikipedia.org/wiki/Weltformel

Weltformel - durch viele Hypothesen konditioniert. Zu diesen zählt die Einschränkung auf die weltlichen Sinne, Sprache, mathematischen Axiome, usw. usw. Dies möchte ich an einem Beispiel erklären.

Nehmen wir Albert Einstein, der bekanntlich bis zu seinem Tode ohne Erfolg mit der Suche beschäftigt war, ohne die Formel zu finden. Wir lesen[485] , *dass Einstein unbeirrt seinen Weg ging und sich von nichts abringen ließ. Er war so vertieft in seine Arbeiten, dass er sie sich sogar ans Sterbebett bringen ließ und darüber starb.* (Fölsing S.627ff.) *Einstein hatte zwar schon früh erkannt: „Der Herrgott hats uns nicht leicht gemacht"* (Fösling S.631), *aber seinen Traum aufgeben, kam für ihn nicht in Frage.*

Blickt man aus heutiger Sicht auf jene Zeit zurück, so müsste man sagen, Einstein hätte mit der Entdeckung der Quantenmechanik seine Hoffnungen auf die Weltformel aufgeben müssen. Zu viele Neuartigkeiten waren entdeckt, die Einstein nicht einmal im Ansatz berücksichtigt hatte. Heute wissen wir, sollte es eine Weltformel geben, so muss diese deutlich anders aussehen als die, die Einstein damals erarbeitet hatte (Fölsing S.629). *Somit blieb Einsteins Arbeit, mit der er sich die Hälfte seines Lebens beschäftigte, ergebnis- und folgenlos.*

Wir lesen in Ergänzung in *The Seekers*[486] (S.307) von Daniel Boorstin[487] : *Er* (Einstein) *nahm angeblich als erstes seine* (mathematischen) *Gleichungen in Empfang und drückte dann seinem Sohn* (am Sterbebett) *seine Unzufriedenheit aus: Hätte ich doch nur mehr Mathematik gewusst.* Wie der letzte Satz zum Ausdruck bringt, war die Mathematik für Einstein der Schlüssel zur Weltformel. Doch wie könnte sie diese Formel jemals liefern, wäre sie doch durch Hypothesen (mathematische Axiome) konditioniert und somit – im Vergleich zur Dao-Weltformel (Sanjie Jiuxi) - unnatürlich.

---

[485]http://www.christophlippert.tk/index.php/Einstein_und_die_Quantenphysik_%22Der_Alte_w%C3%BCrfelt_nicht%22

[486]http://en.wikipedia.org/wiki/The_Seekers_%28book%29

[487]http://de.wikipedia.org/wiki/Daniel_J._Boorstin

Oder ist das Buch der Natur etwa doch in der Sprache der Mathematik geschrieben, so wie es Galilei behauptet? Die Antwort ist einfach: *Nein! Die Mathematik ist durch den Glauben an die Axiome konditioniert. Die mathematische Vorgehensweise ist genau das Gegenteil zum unkonditionierten Erfahren auf dem Dao-Pfad!* Dazu Heraklit (B 55): *Was man* (mit den Yang-Liugen persönlich) *sehen, hören, erfahren kann* (und nicht das, was uns nach der Geburt konditioniert hat), *dem gebe ich den Vorzug.* Auch betont er (B 123): *Die Natur liebt es, sich zu verbergen.* Dies heißt, dass der verborgene Teil der Natur auf hypothesenfreie Weise erfasst werden will. Würde sich die Natur in eine mathematische Weltformel kleiden lassen, dann würden alle Äußerungen zur *philosophía* von Heraklit und vielen anderen Meistern keinen Sinn ergeben.

Es gibt keine Weltformel ohne Berücksichtigung des Jenseits

Die Verfasser obiger Kommentare über Einstein lassen offen, ob man je eine mathematisch-physikalische Weltformel finden mag. Dies ist jedoch - in Anbetracht der Dao-Schöpfungslehre - unmöglich. Fangfu: *Das Diesseits kann erst dann richtig verstanden werden, wenn auch das Jenseits erkannt wurde.*

Zeigt nicht die Naturwissenschaft, dass jedes von ihr gelöste Problem immer wieder neue aufwirft? Zeigt sie nicht, dass noch nie eine endgültige Lösung für irgendein Problem jemals gefunden wurde? Dies ist bei der Dao-Weltformel anders. Sie ist in sich abgeschlossen in dem Sinn, dass ihr keine neuen Erkenntnisse mehr hinzugefügt werden können.

1+1 = 2?

Im Grunde lässt sich die Frage, ob es eine mathematisch-physikalische Weltformel gibt, auf die Frage reduzieren: *Ist 1+1 = 2 beweisbar*[488] *oder nicht?* Wäre es beweisbar, dann könnte es in der Tat eine mathematische Theorie von Allem geben. Doch jeder Mathematiker weiß, die Antwort ist: *Nein!* Die Mathematik charakterisiert die Welt

---

[488]Wäre 1+1 = 2 beweisbar (natürlich), so wäre es kein Axiom!

anhand von Zahlen und Symbolen, die dadurch in unvollständiger Weise, so wie durch ein Gitter, wahrgenommen wird. Platon (Phaidon 82e): *Die psyché ist ‚in den Körper* (Diesseits) *eingekerkert', so dass sie die Dinge* (dort) *nur wie ‚durch ein Gitter betrachtet'.*

Dao-Weltenformel

Hinter Bild 2 verbirgt sich die Dao-Welt(en)formel, die nur von denen vollständig erfasst werden kann, die den großen Pfad bis zum Ende gegangen sind. Sie wird mit San Jie Jiu Xi (Drei Welten und neun analytische Ansätze) bezeichnet. Ich habe die drei Welten, San Jie (Wu, Wuyou = Taiji, You), in all meinen Büchern und Artikeln erklärt.[489] Von den neun analytischen Ansätzen (Jiu Xi) beschreibe ich in Kapitel 5 die drei, die Sixiang (4) charakterisieren. Die sechs anderen Ansätze bleiben für Ungeübte geheim!

Die Dao-Weltformel liefert also eine vollständige Beschreibung des eidetisch erfahrbaren *kósmos* (Taiji-Welten zwischen D und A), den Iamblichos den *kósmos noetos* (schöpferischen *kósmos*) nennt.

Anhang IV.3: Eigenartige Interpretationen der Pythagoreer

Die Pythagoreischen Zahlen 1, 2, 3, 4 werden von vielen ungeübten Analysten nicht nur als arithmetische Zahlen, sondern obendrein noch als „heilig" und „göttlich" angesehen. Auf diese Weise wird die Mathematisierung der Welt heiliggesprochen, was dem Anliegen der Meister widerspricht, sofern ihr „Geschäft" das war, worüber ich berichte.

Aristoteles' Hinweise zu den Zahlen der Pythagoreer

Wir finden in Aristoteles' *Metaphysik Buch A* (985b23 – 988a17)[490] folgende Verdrehung (Mathematisierung) der Pythagoreischen Zah-

---

[489]Siehe z.B. TSC und TLC.
[490]http://12koerbe.de/pan/met-pyth.htm

len, deren Inhalte die Pythagoreer mit Leib und Seele erfahren haben. Es wäre zu klären, inwieweit diese Verdrehung Aristoteles und/oder den Analysten zuzuweisen ist. Ich habe im Zitat Worte unterstrichen, die ich im Anschluss kommentiere:

Zu dieser Zeit, aber auch schon vorher, befassten sich die sogenannten Pythagoreer als erste mit der <u>Mathematik</u>, führten sie weiter aus und waren, da sie sich damit geradezu ernährten, der <u>Meinung,</u> dass deren Ursprünge die Ursprünge aller Dinge seien.

..... Und alles, was sie Übereinstimmendes in den Zahlen und in den Harmonien in Hinsicht auf die Ausdruckskräfte und Teile des Himmels und die Gesamtordnung des Himmels fanden, das führten sie zusammen und passten es einander an. Und wenn nun etwas offenblieb, so fügten sie noch etwas hinzu, damit ihre ganze Theorie geschlossen sei.

Ich meine das etwa so: Da sie <u>glauben,</u> die Zehnheit (Dekade) *sei vollkommen und umfasse die gesamte Natur der Zahlen, behaupten sie auch, dass es zwar zehn am Himmel herumeilende <u>Planeten</u> gäbe; weil es aber nur neun der sichtbaren gibt, deshalb setzten sie als zehnte die Gegenerde. Doch darüber haben wir in anderen Schriften genauer gehandelt.*

Die ursprünglichen Metaphern, die sich hinter Mathematik, Theorie, Planeten, usw. verbergen, haben – ich wiederhole - absolut nichts damit zu tun, was man ihnen mit den Lehnworten zuweist. Sie haben – was nicht oft genug wiederholt werden kann - mit dem Üben zu tun. Sie wurden dadurch verzerrt[491] , weil Analysten – und auch das muss immer wieder betont werden - sich auf das zweite Erkenntnisprinzip beschränkt haben. Dies lässt sich nur durch regelmäßige *philía* (Wuwei)-Praxis (Taiji-Praxis) überwinden.

---

[491]Die Verdrehung mag sowohl willentlich wie auch unwillentlich vom ungeübten Aristoteles wie auch ungeübten Analysten seiner Schriften durchgeführt worden sein.

Die missverstandene Liebe

Die „Dichtkunst" über die Meister liest sich meist nicht schlecht, besonders, wenn über die Liebe berichtet wird, was im folgenden Satz, der Aristotles zugewiesenen wird, der Fall ist: *Wenn auf der Erde die Liebe herrschte, wären alle Gesetze entbehrlich.* Doch von welcher Liebe wird hier gesprochen? Von *philía,* die sich aufs Üben bezieht und mit *éros* einhergeht, von höchster Liebe oder Freundschaftsliebe, mit der *philía* übersetzt wird, von zwischenmenschlicher Liebe, usw.?

Was hat Aristoteles selbst damit in Verbindung gebracht? Wir werden es nie erfahren. Warum wird der Satz aber dann so oft zitiert? Ich überlasse die Antwort den Lesern. Er wäre im Einklang mit der Taiji-Lehre, wenn er lauten würde: *Wenn auf der Erde* (sprich: im Diesseits) *philía* (Wuwei) *herrschte, wären alle* (von Menschen gemachten) *Gesetze entbehrlich. Philía* (Wuwei) oder *éros* existiert aber für sich alleine nur am Ende des Dao-Pfads. Auf der *Erde* (sprich: im Diesseits) herrschen von Menschen gemachte Gesetze. Es herrscht *neíkos* (Youwei)!

Die missverstandene *Theology of Arithmetic*

Ungeübte Analysten tun ihr Unverständnis der Pythagoreischen Zahlen dadurch kund, dass sie diese zusammenzählen, so wie es bei $1+2+3+4 = 10$ der Fall ist. Sie meinen damit den Zusammenhang zwischen der Folge 1, 2, 3, 4 und der 10 zu beweisen, so wie er von den Pythagoreern angesprochen wird (Waterfield, S. 57): *Denn sie benutzen die „stets fließende Natur" als Metapher für die Dekade (10), ...* (denn) *deren Wurzeln sind die Zahlen bis zur Tetrade – 1, 2, 3, 4.*

Dieses Zitat wird gänzlich missverstanden, wenn man es dazu benutzt, die Gleichung $1+2+3+4 = 10$ zu rechtfertigen. Diese ist zwar arithmetisch richtig, aber nicht im Einklang mit der Weisheit der Pythagoreer, deren Zahlen nicht arithmetisch sind. Sie einfach zusammenzuzählen ist so, als würde man Frühling, Sommer, Herbst und

Winter addieren, nur weil man die Jahreszeiten mit 1, 2, 3, 4 nummeriert.

Sie können nicht summiert, subtrahiert, multipliziert und dividiert werden, was die Musiktheorie und Geometrie erfordern, die man Pythagoras andichtet. Doch *mousiké* hat nichts mit Musik, *theoría* nichts mit Theorie und *geometría* nichts mit Geometrie zu tun, genau so wenig wie *kósmos* mit dem (physikalischen) Kosmos zu tun hat.[492]

Pythagoras: Heiliger der Wissenschaft?

Es gibt viele Falschaussagen über Pythagoras, wie die folgende, die nicht das Geringste mit ihm zu tun hat[493] : *Die Naturwissenschaft ist der Weg zur Gottes-Erkenntnis. Dies sagte Pythagoras, der mit seinen bahnbrechenden Entdeckungen auf dem Gebiet der Mathematik, Musik und Astronomie das kulturelle Antlitz Europas veränderte. Vergleiche mit der wahren Naturwissenschaft von heute zeigen, wie erleuchtet die pythagoreische Lehre tatsächlich war.* Dies ist Blah-Blah, denn Pythagoras hatte absolut nichts mit Mathematik, Musik und Astronomie zu tun, wie ich in TSC ausgiebig belege. Die Unterstellung resultiert aus Fehlübersetzungen, die darauf beruhen, dass das zweite anstelle des ersten Erkenntnisprinzips eingesetzt wird.

Anhang IV.4: Der Platon Code

Auch Platon zählt man, so wie Pythagoras (Anhang IV.3) zu den Begründern der Naturwissenschaften. Dazu der folgende Kommentar zum *Plato Code*[494] , den Dr. Jay Kennedy[495] angeblich geknackt haben will[496] : *Platon war der Einstein des Goldenen Zeitalters Grie-*

---

[492]Siehe TSC.

[493]http://www.zeitenschrift.com/artikel/die-natur-wissenschaft-ist-der-weg-zur-gottes-erkenntnis#.VF89_Mn5eU4

[494]Auch ich habe ein Buch verfasst, das ich **The Plato Code** nenne! Für Dr. Jay Kennedy ist Platon ein Begründer der modernen Naturwissenschaften, der er für mich niemals war.

[495]http://www.manchester.ac.uk/discover/news/article/?id=5894

[496]http://atlantisforschung.de/index.php?title=J.B._Kennedy:_Pythagoras%C2%B4_Mathematik_und_der_Platon-Code

chenlands und sein Werk begründete Kultur und Wissenschaft des Westens. Dr. Jay Kennedys Entdeckungen sind geeignet, die Geschichte der Ursprünge westlichen Denkens zu revolutionieren. Dr. Kennedy, dessen Entdeckungen in dem führenden US-Journal Apeiron veröffentlicht wurden, enthüllen, dass Platon ein regelmäßiges, von den altertümlichen Anhängern des Pythagoras übernommenes, Muster von Symbolen verwendete, um seinen Büchern eine musikalische Struktur zu verleihen. Ein Jahrhundert zuvor hatte Pythagoras erklärt, dass die Planeten und Sterne eine unhörbare Musik erzeugten, eine 'Harmonie der Sphären'. Platon imitierte diese verborgene Musik in seinen Büchern.

Die verborgenen Codes zeigen, dass Platon die wissenschaftliche Revolution 2000 Jahre vor Isaac Newton voraussah, indem er deren wichtigste Vorstellung entdeckte – dass das Buch der Natur in der Sprache der Mathematik verfasst ist. Die dekodierten Mitteilungen eröffnen auch einen überraschenden Weg, Wissenschaft und Religion zu vereinigen. Die Ehrfurcht und Schönheit, die wir bezüglich der Natur empfinden, zeigt, wie Platon sagt, dass sie göttlich ist; die wissenschaftliche Ordnung der Natur zu entdecken heißt, Gott näher zu kommen.

Wenn Meinungen zur „Wahrheit" werden

Wer Pythagoras den Erfinder des nach ihm benannten *Satzes des Pythagoras*[497] , der überhaupt nicht von ihm stammt, oder einen Musiktheoretiker[498] nennt, drückt lediglich eine Meinung aus. Dies tun auch die, die behaupten, dass die wissenschaftliche Ordnung göttlich sei. Diese Meinungen sind meistens noch nicht einmal die eigenen, sondern von anderen „Poeten" übernommen, was eine gängige Praxis ist, wie die Falschinterpretation der griechischen Metaphern belegt. Wen wundert es, dass Platon diesen Meinungsbrei in die Platonische Höhle verbannt?

Indem eine Meinung immer wieder wiederholt wird, erlangt sie aber

---

[497]http://de.wikipedia.org/wiki/Satz_des_Pythagoras
[498]http://de.wikipedia.org/wiki/Pythagoras_in_der_Schmiede

noch lange nicht den Status einer Wahrheit. Dies ist auch dann nicht der Fall, wenn man ihr einen Heiligenschein anlegt. Wenn Mathematiker, Arithmetiker, Astronomen usw. dies für ihre Disziplinen getan haben und immer noch tun, so werten sie sich damit auf ungerechtfertigte Weise auf, in der Überzeugung, ihr Handwerk sei gottgefällig. Die Wahrheit wird ihrem „Wunschdenken" geopfert, ohne dass es von ihnen erkannt wird. Darüber berichte ich in Kapitel 6.

Anhang V.1: Wie wird man zum geistigen Wesen?

Wie die vier Symbole in Bild 2 zur Charakterisierung des Dao-Pfads, der Progression (Aufstieg der *psyché*) von A nach D mit Pfeil I, zeigen, ist man umso mehr mit dem Dao (Taiji), der ewig schöpferischen Natur (*phýsis*) in Kontakt, je mehr man die Gegensätze, Yin (dunkel) und Yang (hell), in die Einheit (Taiji) zusammenbringt.

Dies erfolgt aus sich heraus durch die Anwendung des *philía* (Wuwei)-Prinzips. Darauf verweist Heraklit: *Die schönste Harmonie entsteht durch Zusammenbringen der Gegensätze* (Frag. B 8). Damit drückt er – im Einklang mit der Dao-Lehre - aus, dass es unser menschliches Anliegen sein sollte, die nicht-duale Einheit *(hèn)* von Taiji (Dadao) hinter der dualen Vielfalt *(pánta)* des konditionierten Diesseits (unterhalb A) zu erfassen und zu verinnerlichen. Dafür reicht willentliches Streben nach Harmonie – auf der Basis der vertrauten Yin-Liugen und Sprache - nicht aus.

Vonnöten ist die Aktivierung der verborgenen Harmonie. Diese ist durch die Verinnerlichung von Sixiang (4) durch geistiges Üben zugänglich, was Heraklit wie folgt ausdrückt: *Die verborgene Harmonie ist besser als die offensichtliche* (B 5). Damit verweist er auf die Harmonie *(harmonía)*, die durch Hinwenden zum jenseitigen *lógos* (Taiji = *hèn* = SEIN = Monade) zustande kommt. Heraklit (Frag. 50): *Nicht auf mich, sondern auf den Lógos hörend ist es weise, dem zuzustimmen: dass alles eins* (Dao = Taiji = *hèn* = SEIN = Monade) *ist*.

Je mehr der natürliche Trieb, *philía* (Wuwei), in rigoroser Weltabgewandtheit auf dem Dao-Pfad aktiviert wird, umso mehr wird damit die diesseitige formvolle (bestimmte) Vielfalt *(pánta)* in die jenseitige formlose (unbestimmte) Einheit *(hèn)* zusammengeführt. Damit geht die diesseitige sprachlich erfassbare getrennte Zweiheit (*dyás*) in die jenseitige sprachlich unfassbare ungetrennte Zweiheit (*aóristos dyás*) über. Dann wird man zum *geistigen Wesen*[499] , von dem der Gelbe Kaiser spricht, der ein begnadeter Daoist war.

Anhang V.2: Detaillierte Erklärung von Sanxi

Die drei analytischen Ansätze heißen *Huasheng, Duidai* und *Liuxing.*

Huasheng

Huasheng beschreibt die Emanation (den Ausfluss) des Diesseits, der gepaarten Vielfalt (You = 10.000 Dinge), aus Wu (Nichtsein) oder dem Einen *(hèn = lógos* = Taiji = Monade = SEIN, Mutter der 10.000 Dinge). Ebenso drückt es die Rückkehr der gepaarten Vielfalt zu Taiji und Wu (Nichtsein) aus, was sich wie folgt formulieren (Einowski, 2013)[500] lässt: *Aus Eins* (Taiji = *hén*) *wird Alles (pánta) und aus Allem wird wieder Eins.* Genau so richtig wäre es zu sagen: *Alles kommt aus dem Nichts* (Wu) *und kehrt zurück zum Nichts* (Wu). Damit drückt *Huasheng* die Vergänglichkeit des Diesseits aus. Ebenso richtig ist aber auch: *Alles* (in der vertrauten Welt) *ist Eins* (in Taiji). Oder: *Alles und Eins ist ein und dasselbe* (nur von verschiedenen Standpunkten aus betrachtet). Gleichermaßen gilt: *Es gibt nur das Eine* (Taiji), das am Ende des Dao-Pfads im vollen Umfang erfahren wird.

Es ist jedoch ein großer Unterschied, ob man diese gleichwertigen Äußerungen nur nachplappert oder ob man sie verinnerlicht, wie es Sixiang (4) zum Ausdruck bringt. Es repräsentiert die Eins *(hèn = ló-*

---

[499]Unterschiedliche traditionelle Kulturen haben verschiedene Bezeichnungen für geistiges Wesen.

[500]Einowski, *Gnosis - Der Schlüssel der Erkenntnis*, Visionen, Mai 2013

gos = Taiji = Monade = SEIN, Mutter der 10.000 Dinge, usw.) im unkonditionierten (hypothesenfreien) Diesseits. Dieses ist nicht die von Menschen gemachte (geplante) Ordnung, sondern die natürliche Ordnung, also das aus menschlicher Sicht planlos Hingegossene.

Duidai: Gegensätzlichkeit und Relativität

Ich erkläre nun die zwei Fische in Sixiang (4) ohne Augen. Dabei gehe ich nicht auf ihre Form und S-förmige Trennlinie ein, die für Li-uxing von Bedeutung ist. Der schwarze und weiße Fisch bringen die Paarung (Zweiheit, Dyas, Pole, Gegenüberstellung) aller Dinge (Existenzen) zum Ausdruck. Sie beinhaltet, dass jedes Ding (jede Existenz) nur in Relation zu etwas Gegensätzlichem existiert, was ein Indiz für die Untrennbarkeit der Paare ist. So gibt es kein ja ohne nein, gut ohne schlecht, Tod ohne Leben, Teil ohne Ganzes, Mann ohne Frau, Bereich ohne Grenze, Kultur ohne Natur, Bewegung ohne Ruhe, Vergangenheit ohne Zukunft, Subjekt ohne Objekt, Wuwei ohne Youwei, usw.. Yin-Yang ist der Überbegriff aller Paarungen.

Da die Sprache die Einheit (Mischung aus Yin und Yang) trennt, sollten wir uns stets der Trennung (Paarung) bewusst sein. Diese ist nicht von Natur gegeben, sondern eine Konsequenz des Abstiegs der *psyché*. Das Leben in der Gesellschaft erfordert sie. Es ist viel einfacher, die Vielfalt zu akzeptieren und diese zu erweitern[501] , als die Einheit zu suchen.

Duidai: Relativität in der Beurteilung der Gegensätze

Die Dinge in der vertrauten Welt müssen nicht nur in Relation zueinander gesetzt werden, um sie zu begreifen, sie werden auch relativ beurteilt, was erklärt, dass das Diesseits die Welt des Meinens, Glaubens und Für-wahr-haltens ist. Was für den einen schön, gut und gesund ist, ist unschön, schlecht und ungesund für den andern. Was für Arbeitnehmer gut ist, ist in der Regel für Arbeitgeber schlecht. Alles ist relativ. Dazu eine Anekdote von Rumi: *Ein Derwisch* (Sufi) *trifft*

---

[501]Die ständige Aufteilung wissenschaftlicher Disziplinen wird als Atomisierung der Wissenschaften bezeichnet. Sie fördert die Zerstörung der Einheit.

einen König, der zu ihm sagt: ,Oh, ein Asket!' Darauf antwortet der Derwisch: ,Du bist der Asket.' ,Wie kann ich ein Asket sein?', fragt der König. ,Bin ich doch der Herrscher der ganzen Welt!' ,Ah, du siehst die Dinge genau entgegengesetzt wie sie sind', antwortete der Derwisch. ,Diese Welt, das was danach folgt und alles, was man besitzen kann, gehört mir. Ich habe die Welt erkannt. Doch du begnügst dich nur mit einem Happen im Mund im Lumpengewand.

Das Beispiel zeigt, dass Macht und materieller Reichtum nicht für jedermann von gleicher Bedeutung sind. Dies gilt ebenfalls für die Beurteilung von schön, gut, gesund, richtig, falsch, usw.[502] Jeder Mensch hat sein eigenes Diesseits, das gesellschaftlich konditioniert (geprägt) ist und relativ beurteilt wird. Dies hat die Natur so eingerichtet, was vielen Menschen schwer fällt zu akzeptieren. Es gibt ihnen Anlass zur ständigen Konditionierung (Festlegen von Regeln, Theorien, Gebote, Verbote, usw.) des Diesseits, auf die die Gesellschaft nicht verzichten kann. Doch kluge Konditionierungen sind nicht unbedingt weise. Wissen ist nicht Weisheit.

Liuxing: Entwicklung und Wandlung

Ich komme nun zu den zwei Fischaugen in Sixiang (4). Sie verweisen darauf, dass alle Paare im Diesseits auf natürliche Weise aneinander gekoppelt sind, was durch die zwei Fische mit Augen (kleines Yin und Yang) repräsentiert wird. In der Taiji-Lehre sagt man: *In Yin steckt Yang und umgekehrt.* Hermann Hesse formuliert es so: *In jeder Wahrheit steckt das Gegenteil.* Ich habe einmal einen „salomonischen Richter" sagen gehört: *In jedem Urteil steckt ein Vorurteil.*

Die Kopplung ist die Voraussetzung dafür, dass sich Gegensätze (Pole) dialektisch ineinander verwandeln können. In jedem Pol steckt der Samen, um den Gegenpol zu kreieren, was durch die Fischaugen angedeutet wird. Aus Yin wird Yang und umgekehrt[503] .

Liuxing beinhaltet, dass jede Wirkung eine Gegenwirkung erzeugt. Je

---

[502]*Beauty is in the eye of the beholder.*
[503]Beide sind, wie man in der Wissenschaft sagt, positiv und negativ rückgekoppelt.

größer die Wirkung, umso so größer ist die Gegenwirkung. So wird oft das Gegenteil von dem erreicht, was beabsichtigt ist. Je mehr man jedoch im Einklang mit Sixiang (4) lebt, umso mehr lebt man in Harmonie mit selbst, anderen Menschen und der Natur.

Liuxing: Der „Streit" ist der Vater aller Dinge

Liuxing (Entwicklung und Wandlung) entspricht der „dialektischen Interaktion (Kampf, Streit)", so wie von Heraklit schon lange vor Georg Friedrich Wilhelm Hegel (1770-1835) [504] ausgedrückt: *Pólemos patèr pánton* (Der „Streit" ist der Vater aller Dinge). Liuxing beschreibt die Veränderung von einem Gegensatz zum andern. Ohne Liuxing gäbe es keine Entwicklung, keine gegenseitig Befruchtung, keinen Aufstieg (Progression) oder Abstieg (Regression). Menschen könnten sich nicht zum Besseren verwandeln, zumal das Gute in ihnen schlummert. Die S-förmige Trennlinie in Sixiang (4) ist der Drehtendenz und Dynamik der Wandlung geschuldet. Es geht dabei um Austausch und Umarmung von Yin und Yang.

Dazu eine Anekdote, in der Duidai und Liuxing zum Ausdruck kommen: *Vom Hof eines Bauern verschwand eine Stute, was ihn sehr unglücklich machte, zumal sie sein Einkommen sicherte. Kurz darauf kam sie aber zurück mit einem Hengst, was ihn sehr zufrieden stellte. Der Sohn des Bauern stürzte aber schwer verletzt vom Hengst und musste von nun an immer humpeln. Er suchte verzweifelt nach einer Frau und keine wollte ihn haben. Das machte Vater und Sohn unglücklich. Danach begann ein Krieg und alle jungen Männer wurden eingezogen, der Sohn des Bauern jedoch nicht. Im Krieg kamen viele Männer um und es war für den Sohn somit leicht, eine attraktive Frau zu finden. Das machte Vater, Sohn und Frau sehr glücklich.*

Liuxing: Wann kommt es zum Wandel?

Fragen wir: *Warum berührt der Kopf des einen Fisches den Schwanz des anderen?* Der Grund ist, weil sich eine Existenz genau dann in ihr Gegenüber verwandelt, wenn sie den Höhepunkt (Fischkopf) er-

---

[504]http://de.wikipedia.org/wiki/Georg_Wilhelm_Friedrich_Hegel

reicht. Dann geht der eine Fisch (Pol) in den anderen über. Karl Popper[505] liefert uns ein Beispiel: *Der Versuch, den Himmel auf Erden zu verwirklichen, produziert stets die Hölle.* Seine Worte sind in der heutigen Zeit der Umweltzerstörung, Erderwärmung und sozialen Unsicherheit gut nachzuvollziehen, sind sie doch das Resultat von zu viel Druck auf die Natur. Er bewirkt das Gegenteil.

Tetrade (4) = Sixiang (4)

Auch die Tetrade (4) wird mit Wandlung (Bewegung) in Bezug gebracht. Wir lesen bei Waterfield (S.62): *Sie* (die Pythagoreer) *nannten die Tetrade ,die Natur des Aeolos*[506] (der die Winde erzeugt und die Dinge bewegt)'. Leider ist im Laufe der Jahrhunderte die Auslegung von der Tetrade (4) und anderen pythagoreischen Zahlen derartig korrumpiert (mathematisiert) worden, dass ich auf weitere Indizien für Tetrade (4) = Sixiang (4) verzichte.

Anhang VI.1: Zitate zur daoistischen und griechischen Schöpfungslehre

Laozi (Kapitel 25), schreibt (ich wiederhole), was nun hoffentlich vielen Lesern – nach umfangreicher Erklärung in den Kapiteln 1-5 - verständlicher als zuvor sein sollte:

---

[505]http://de.wikipedia.org/wiki/Karl_Popper
[506]Aus *Aeolos* wurde ein Gott gezaubert, der die **Winde** – Metapher für Qi-Felder (Gr: *daímones* oder *theoí*) - bewegt. http://de.wikipedia.org/wiki/Aiolos_%28Windgott%29 .
Für weiter Details siehe TSC.

Es gibt ,Chaos', das schon <u>vor Himmel und Erde</u> existierte, <u>still und formlos</u>. Es befindet sich in einem Zustand einer ,<u>aus sich selbst heraus</u>' ernährenden <u>kreisenden Bewegung</u>. Man mag es die ,Mutter der 10.000 Dinge' nennen. Ich kenne seinen Namen nicht, deshalb nenne ich es Dao. Weil ich kein besseres Attribut für Dao finde, bezeichne ich es als groß (Da). Es <u>fließt dahin</u> und kehrt wieder zurück.

Ein gut vergleichbares Zitat dazu findet sich bei Anaxagoras (499 - 427 v.u.Z.) (Frag. B 12). Er drückt Ähnliches über *Nous* wie Laozi über Dao (Dadao) aus[507] :

Nous ist als <u>einziges</u> mit keiner anderen Sache <u>vermischt</u>, daher <u>existiert nur er für sich selbst</u>. Er ist unendlich und herrscht selbständig. Er ist die feinste und reinste von allen Sachen, hat von allem Kenntnis und besitzt die <u>größte Kraft</u>. Nous ist nicht nur Ursache der <u>Kreisbewegung</u> im (psychischen) <u>kósmos,</u> er hat auch alles geplant und arrangiert […].

Ich habe in beiden Zitaten Metaphern unterstrichen, die auf unterschiedliche Weise identische persönliche Erfahrungen artikulieren, die ich mit dem Aufstieg in Pfad (I) und Abstieg in Pfad (II) in Bild 2 ausführlich erklärt habe.

Nous,[508] der - so wie Dao (Dadao) und Shen - im Zusammenhang mit *néomai* (zurückkehren) und *nóstos* (Rückkehr oder Aufstieg) steht,[509] lässt sich umso besser verstehen, wenn man das Triplet (*nous, nou-*

---

[507]http://de.wikipedia.org/wiki/Anaxagoras

[508]http://de.wikipedia.org/wiki/Nous

[509]Eine knappe Forschungsübersicht bietet James H. Lesher: *The Meaning of NOYΣ in the Posterior Analytics.* In: *Phronesis* 18, 1973, S. 44–68, hier: 47f.

menón, phainómenon) dem Triplet *(pneuma, psyché, sóma)* zuordnet, das dem Triplet (Shen, Qi, Xing) entspricht, das wiederum dem Triplet (Wu, Wuyou, You) in Bild 2 zuzuordnen ist.

Somit ist es klar, dass alle Triplets auf den dreistufigen Schöpfungsverlauf *(kosmogonía)* verweisen, was ebenso für die Triplets *(theós, theón, theá)* und *(uranos, pontos, gaia)* gilt. Diese charakterisieren die drei Welt- und Existenzzustände (Metamorphosen) der absteigenden *psyché* (Qi, *noumenón)* mit unterschiedlichen Worten, wofür es genügend Indizien gibt.[510] Dies rechtfertigt es, folgende Metaphern in den Zitaten von Laozi (nicht kursiv) und Anaxagoras (kursiv) gleichsetzen:

1. Dadao = Chaos (vor Himmel und Erde) = Mischwelt = Universalgesetz = Weg zurück zur Natur = *Nous = einziges mit keiner anderen Sache (Vom Standpunkt in Nous) vermischt.*
2. aus sich selbst heraus ernährende kreisende Bewegung = *existiert nur für sich selbst* (als *Kreisbewegung).*

Himmel und Erde ist bei Laozi – so wie Yang (männlich) und Yin (weiblich) - eine Metapher für die Gegensätze (Dualität), die im Schöpfungsverlauf aus dem *Chaos* (Taiji (1) = Einem = Mischung aus Yin und Yang = Mischung aus *Himmel und Erde)* entstehen, in dem *Himmel und Erde* (noch) gemischt sind (bevor sie sich trennen). Die *größte Kraft* bei Anaxagoras ist das höchste WUWEI *(philía)* am Ende des Pfads.

Zhuangzis Beschreibung des Schöpfungsverlaufs

Zhuangzi liefert zwei Beschreibungen des Schöpfungsverlaufs. Sie sind noch detaillierter als die bisher zitierten. Sie verweisen, was nicht leicht zu erkennen ist, auf die Metamorphosen in der Folge der vier Symbole in Bild 2 von oben nach unten.

---

[510]Siehe TSC.

Zitat 1[511] : *Das Wissen der Alten ist perfekt. Wie perfekt? Zuerst wussten sie nicht, dass es Dinge gibt. Dies ist das vollkommenste Wissen, nichts kann hinzugefügt werden. Danach erkannten sie, dass es Dinge gibt, aber sie haben sie nicht unterschieden. Danach habe sie sie unterschieden, aber sie haben kein Urteil darüber gefällt. Als sie Urteile darüber fällten, wurde das Dao zerstört. Nachdem das Dao zerstört war, entstanden individuelle Präferenzen.*

Zitat 2[512] : *Dunkelgründig, als ob es nichts sei, und doch ist es; zwanglos aus sich selbst wirkend, gestaltlos* (formlos) *und doch voll zauberischer Kraft. Alle Dinge ernährt es* (aus sich selbst heraus)*, und doch wissen diese nichts davon. Dies nennt man den Ursprung (Wurzel). Wer sie erkennt, kennt die* (schöpferische) *Natur.*

Dazu mein Kommentar: Das (vorgeburtliche) Wissen der Alten ist auf der obersten Stufe (Stufe 0) perfekt. Doch der ursprüngliche Mensch (Taiji, Urmensch, Pan Gan, Kugelmensch, Qi-Ball, *sphairos* Lichtmensch, kopfloser Mensch usw.) war sich dessen nicht bewusst.

Der Verlust seiner ursprünglichen Vollkommenheit wird von denen bestätigt, die das Ende des Dao-Pfads erreicht und damit erfahren haben, dass das Diesseits, mit dem sich der Mensch identifiziert, die Welt ist, in der das Dao zerstört ist, was nicht negativ (z.B. als Sündenfall) zu beurteilen ist. Es ist – ich wiederhole - die Voraussetzung dafür, sich – voller Respekt vor der wundervollen Schöpfung - auf den Dao-Pfad zu begeben, um all das zu entdecken, was ich in Worte zu fassen versuche aber nur unvollständig vermitteln kann.

---

[511]Zitiert nach Alan Watts: *Der Lauf des Wassers*. Inselverlag 2003. S.92
[512]http://www.operone.de/spruch/zhuan.php

Obige Zitate können gut mit den vier Symbolen in Bild 2 von oben nach unten in Zusammenhang gebracht werden. Man entnimmt ihnen den schöpferischen Übergang von der Einheit (Monade) oder ungetrennten Zweiheit (*aóristos dyás*) zur Zweiheit (*dyás*) oder Trennung von Yin und Yang[513] anhand ihrer Flächeninhalte.

Anhang VI.2: Schlüsselbegriffe der universellen Schöpfungslehre

Die folgenden Metaphern beziehen sich hauptsächlich auf Kapitel 25 im *Daodejing*. Sie tauchen aber auch in vielen anderen ähnlichen Zitaten auf. *Chaos* ist eine Umschreibung für Wuyou (Taiji = Dadao = Chaos = Mutter der 10.000 Dinge = SEIN = *lógos* = *pléroma,* usw.). Es ist die formlose (konfuse) ewig schöpferische Mischwelt, auf die im Alltag die Intuition und auf dem Dao-Pfad das Wiedererinnern *(anamnésis)* zurückgreifen. Es entspricht Wuyou, das - in *urgebärender* Formlosigkeit *(hylé)* - die Vielfalt (10.000 Dinge) in ihrer vorübergehenden Formhaftigkeit (*morphé*) zur Geburt bringt. Die 10.000 Dinge sind gepaart, während sie im schöpferischen *Chaos* (Taiji = SEIN), also vor ihrer Entstehung (Emanation), noch gemischt sind. Nur was Form besitzt kann mit den Yin-Liugen erfasst und mit Worten ausgedrückt, erörtert und verstanden werden, soweit man die Dinge im Diesseits überhaupt verstehen kann.

In Wuyou (Taiji) fallen hingegen die gepaarten 10.000 Dinge zusammen, worauf das oberste Symbol in Bild 2, Taijitu (Taiji-Symbol), hinweist, dessen Inhalt nicht mit den Yin-Liugen erfasst und auch nicht mit Worten ausgedrückt werde kann. Er wird jedoch als *aus sich selbst heraus ernährende kreisende Bewegung* mit zunehmend wiedererweckten Yang-Liugen erfahren. Dies deutet darauf hin, dass das *Chaos selbstbewegt* (selbst organisierend, aus sich heraus entstehend) *kreist* (wirbelt, herumfegt).

---

[513]Daoisten beschreiben diese schöpferische Entwicklung viel detaillierter, als man es der griechischen Literatur entnehmen kann, wie mein Verweis auf das große und kleine Yin-Yang zeigt.

Still verweist darauf, dass Taiji (*Chaos*) in rigoroser Weltabgewandtheit zunehmend im stufenweisen Aufstieg erfasst wird.

Himmel und Erde, zwei Pole und *breitbrüstige Gaia* (Erde) sind Umschreibungen für das Diesseits, denn dort erscheinen den Yin-Liugen alle Dinge und deren Attribute zweigeteilt (z.B. Gut und Böse, hell und dunkel, oben und unten, Wu und You, Himmel und Erde, Entstehen und Vergehen, Bereich und Grenze, Vergangenheit und Zukunft, Glauben und Erfahren, usw.). Sie charakterisieren das in Gegensätze getrennte duale Diesseits.

Was Laozi und Hesiod mit (formlosem) *Chaos* und Anaxagoras mit ein *Einziges mit keiner anderen Sache vermischt* bezeichnen, ist für Heraklit (Frag. B 31) lebendiges (wirbelndes, kreisendes) selbstbewegtes *Feuer (Fegefeuer)*.[514]

Ich wiederhole deshalb seine wichtige Äußerung, die im besten Einklang mit der Dao-Lehre ist: *Diese* (psychische) *Weltordnung, die selbige für alle Wesen, hat kein Gott und kein Mensch geschaffen, sondern sie war immerdar und ist und wird sein ein ewig lebendiges Feuer, nach Maßen erglimmend und nach Maßen erlöschend.*

Der Hinweis auf das *ewig lebendige Feuer* (*psyché, Licht)* widerspricht dem leblosen Urknall. Dieser resultiert aus einer Glaubensvorstellung, die der Dao-Pfad nicht bestätigt. Es ist die Vorstellung (Hypothese), dass der Ursprung der Schöpfung mit den gleichen konditionierten Gesetzen erfasst werden kann, die das Diesseits beschreiben.

Alles was ich über Formlosigkeit berichtet habe, liefert Hinweise dafür, warum Schüler von Taijixue anfänglich formlos üben. Wie sonst könnten sie durch ihr rigoroses Nicht-Handeln (Wuwei) Neues im Üben gebären, das als Wiedererinnern an Verborgenes gänzlich „aus sich heraus" kommt und zunehmend auf geistiger, psychischer und körperlicher Ebene unkonditionierte Wiedererinnerungen und deren Gesetze erzeugt?

---

[514] http://de.wikipedia.org/wiki/Heraklit#Kosmos_und_Feuer

Anhang VI.3: Die Wissenschaft ermöglicht keinen Zugang zu Schöpfungsmythen

Mythen als *„Menschenkunde in höherem Sinne"* zu betrachten, darf nicht heißen, dass man diese nicht – so wie ich es tue - entschleiern (entmythologisieren) sollte. Doch dazu ist die Wissenschaft ungeeignet.

Einsteins Weltbild

Albert Einstein in *Mein Weltbild*[515] : *Nach dem Sinn oder Zweck des eigenen Daseins sowie des Daseins der Geschöpfe überhaupt zu fragen, ist mir von einem objektiven Standpunkt aus stets sinnlos erschienen.* Auch er akzeptierte Jenseitiges, das für ihn *von einem objektiven Standpunkt* betrachtet jedoch unzugänglich erscheint. Was er so nennt, ist vermutlich der durch die Mathematik und Physik konditionierte (also: der mathematisierte) Standpunkt. Damit lassen sich in der Tat *Sinn oder Zweck des eigenen Daseins* nicht erfassen.

Wer jedoch dem Dao-Pfad folgt, wird früher oder später akzeptieren, dass es in der konditionierten Welt (Sein, Diesseits, diesseitiges Dasein), der sich die „objektiven Wissenschaften", also auch Mathematik und Physik, zuwenden, nur Konsens unter Gleichgesinnten, aber keine wirkliche Objektivität gibt.

Wissenschaftler müssen an das, worüber sie einen Konsens finden, glauben. Einen absoluten Beweis gibt es jedoch nicht, weil die „objektiven Wissenschaften" auf Hypothesen basieren. Dies ist zu berücksichtigen, wenn Einstein vom *objektiven Standpunkt* spricht. Der ist, wenn es um *Sinn oder Zweck des Daseins* geht, genauso zweifelhaft wie die Attribute klar, genau, exakt, rein, logisch, rational, usw., womit Wissenschaftler nur allzu gerne ihre Erkenntnisse charakterisieren. Diese Attribute haben für die Meister eine ganz andere und tiefere Bedeutung, wenn es um Sinn und Zweck des eigenen Daseins, usw. geht.

---

[515] http://gedankenfrei.files.wordpress.com/2009/01/mein-weltbild-albert-einstein.pdf

Wirkliche Objektivität?

Obwohl jeder Übende den Dao-Pfad für sich persönlich erkundet, kann er mit all denen, die ihn gleich weit zurückgelegt haben, einen Konsens finden, den keiner von ihnen infrage stellen kann, zumal alle dieselben Erfahrungen teilen. Die Meister haben seit Jahrtausenden den Konsens darüber gefunden. Es ist erstaunlich, wie sehr sie - unabhängig von Sprache, Kultur, Ort und Zeit – übereinstimmen, sofern man die Verzerrungen in ihren Schriften erkennt und rückgängig macht. Nur dann kann man von wirklicher (wahrer, absoluter) Objektivität sprechen, wofür die Attribute *klar, genau, exakt, rein, logisch, rational,* usw. viel angemessener als in der heutigen Wissenschaft sind.

Anhang VII.1: Westliche Denker bemängeln einseitige Weltzugewandtheit

Der finnische Philosoph Henrik von Wright (1916–2003) meint das „Problem der heutigen Zeit" in zu viel Rationalität und zu wenig Vernunft (der Wissenschaftler) zu erkennen. Seine Analyse nützt wenig, wenn man keinen Ausweg anbietet. Vernunft – im traditionellen Sinn - erfordert den Einklang mit der unkonditionierten Natur, also die Akzeptanz von Sixiang (4). Die moderne konditionierte Wissenschaft kann Sixiang (4) aber nicht befriedigen. Sie erfordert zielorientiertes (rationales) Entweder-oder-Denken, das durch das Diesseits (Gesellschaft) konditioniert und somit unnatürlich ist.

Auch andere westliche Denker waren sich des Wechselspiels zwischen dem „unnatürlichen Mensch" und der „natürlichen Natur" bewusst. Francis Bacon (1561 – 1626)[516] , der *doctor mirabilis*, der von sich behauptet, er wurde geboren um der Menschheit zu dienen, schreibt: *Force makes nature more violent in return* (Zu viel Druck auf die Natur, lässt sie heftig reagieren). Alles was unnatürlich – im Konflikt mit Sixiang (4) ist – übt Druck auf die Natur aus. Dahinter steckt der gesellschaftliche Trieb: Youwei. Auch betont Bacon, ähn-

---

[516]http://de.wikipedia.org/wiki/Francis_Bacon

lich wie Sigmund Freud (1856 – 1939)[517] , dass zu viel Kultur den Menschen verdirbt. Auch dahinter steckt Youwei. Ähnliches drückt der amerikanische Philosoph Will Durant (1885 – 1981)[518] aus: *Die Menschheit lebt nur mit der Einwilligung des Planeten Erde. Sie kann diese jederzeit ohne Warnung revidieren.* In Anbetracht der ur-alten Weisheit, die sich hinter der *hýbris – némesis*-Interaktion ver-birgt, sind die Erkenntnisse dieser Denker nicht neu.

Anhang VII.2: Die höhere Perspektive der *némesis*

Némesis, die *Tochter der Nacht*[519] verließ, wie es die Legende lehrt, die Menschheit vor langer Zeit in Verzweiflung, als sie feststellte, dass die *hýbris* der Menschen mit deren kulturellen Entwicklung (Re-gression = „Sturz der *psyché* in den *Körper*") zunahm. Darauf ver-weist – ich wiederhole – auch Platon indirekt mit: *Der Körper (sóma = Diesseits = körperliche oder materielle Welt) ist das Grab (séma) der psyché.*

Ebenso – ich wiederhole - betont er (Phaedo, 66c-d): *Kriege, Umwäl-zungen und Kämpfe sind einzig und allein sóma* (Körper = Diesseits) *und all den damit verbundenen Lüsten zu verdanken. Alle Kriege werden wegen Bereicherung unternommen; der Grund dafür ist sóma, denn wir sind ihm ständig zu Diensten.* Ich könnte auch sagen: Der Grund dafür ist die *hýbris.*

Dieses und andere Zitate deuten an, dass *hýbris* die Eigenschaft der-jenigen Menschen ist, die sich einseitig dem konditionierten Diesseits *(Körper)* – mit all seinen weltlichen (intellektuellen) Lüsten - zuwen-den. Ich wiederhole Platons Phaidon (83d1-e3): *Denn jede Lust und Unlust ist wie ein Nagel, der die psyché an den Körper (sóma) na-gelt, [...].*

---

[517]http://de.wikipedia.org/wiki/Sigmund_Freud
[518]http://de.wikipedia.org/wiki/William_James_Durant
[519]http://www.theoi.com/Daimon/Nemesis.html

Dies bedeutet, dass *hýbris* mit exzessiven „Handeln im Diesseits", also Youwei, und *némesis* mit der dadurch verursachten „Wirkung (Wei) aus dem Unbekannten (Wu)", also Wuwei, gleichzusetzen ist. Es gilt folglich: *Némesis* wirkt, so wie Wuwei, von dort (aus dem Jenseits), wo das normale rationale Denken nicht hinlangt.

Doch Vorsicht ist geboten in Bezug auf die eventuelle Gleichsetzungen *némesis*[520] = Wuwei (*philía = Aphrodite)*, denn Wuwei hat zwei Gesichter. Sie ist ein doppeltes Lottchen (Bild 9).

Die zwei Gesichter von Wuwei

Ich habe Wuwei im Buch immer im Zusammenhang mit der Dao-Praxis erklärt. Diese setzt voraus, dass der Übende die Qi-Übertragung erhalten hat. Diese wirkt wie ein Filter, das auf dem Dao-Pfad - im Aufstieg der *psyché* - das, was die *psyché* negativ belasten könnte, aus Wuyou (Mischung aller Gegensätze) herausfiltert. Damit wird für den Übenden nur Positives (Nützliches, Hilfreiches) aus dem Unbekannten (Wu) ins Bekannte (You) transferiert (übersetzt).

Wuwei = *philía* (Liebe) setzt die Qi-Übertragung voraus. Nur dann bewirkt Wuwei hilfreiche Einsichten, Entspannung, Tugend und Heilung, die den Übenden das geheimnisvolle Taiji (Wuyou) mit Leib und Seele erfahren lässt. Damit habe ich das erste (wohlwollende) Gesicht von *némesis* (Wuwei) angesprochen. Es ist das Gesicht der *Aphrodite,* der Königin Cypris[521] .

Ich komme nun zum zweiten Gesicht von *némesis* (Wuwei), das aus menschlicher Sicht - als Reaktion auf die *hýbris* (Youwei) - aus Wuyou (*okeanos* = Mischung aller Gegensätze) Negatives (Schädliches) hervorbringt. Damit sorgt *némesis* letztendlich für die Wiederherstellung des natürlichen schöpferischen Gleichgewichts, so wie Leid dafür sorgt, einen Weg zu finden, es zu vermeiden.

---

[520]*Némesis* wurde in alter griechischer Literatur mit Aphrodite (*philía*) gleichgesetzt. Siehe: http://www.theoi.com/Daimon/Nemesis.html
[521]Siehe TSC.

Das richtige Maß finden

Je größer die *hýbris* ist, umso mehr wirkt ihr *némesis* entgegen. Man könnte nun meinen, *hýbris* (Youwei, Handeln) sei per se schlecht. Doch dies ist nicht so, denn Menschen müssen handeln, um zu überleben. Viele wissen jedoch nicht, ihren *Handlungen Maß und ihren Worten Zügel anzulegen*. Sie sind überzeugt, sie seien das Maß aller Dinge und Rhetorik, andere für sich zu gewinnen, sei die höchste Kunst. Sie glauben an Worte, Ideologien, Theorien, Gebote, Modelle, usw.. Weil sie darin die Wahrheit zu erkennen vermeinen, legen sie ihren Worten keine Zügel an. Sie finden somit nicht das richtige natürliche Maß.

Die Taiji-Lehre bietet zwei Möglichkeiten, um es zu finden. Die erste erfordert regelmäßiges Taiji-Üben, die zweite die Verinnerlichung von Sixiang (4). Damit habe ich das Wesentliche zum Ausdruck gebracht, was ich über die Beziehung zwischen *hýbris* und *némesis* berichten möchte. Was nun folgt untermauert meine Erklärung beider Begriffe.

Von der unkonditionierten zur konditionierte Sichtweise der *hýbris-némesis* Beziehung

Wir gehen heutzutage davon aus, *némesis (némein* = das Gebührende zuteilen) sei eine „strafende Göttin der gerechten Rache", die diejenigen Menschen rächt, die „bewusst (gewollte) böse Handlungen (*hýbris*)" begangen haben. Dazu ein Beispiel.

Ich habe mehrmals Personen äußern gehört, dass die heutige Bedrohung der Menschheit durch Erderwärmung, soziale Unruhen, usw., usw., dadurch zustande kommt, weil Menschen den Glauben an Gott verloren hätten und dieser sie dafür bestraft. Der Klerus ist schnell dabei, alle aktuellen Probleme dieser Welt damit zu begründen, die Menschen hätten sich angeblich von „Gottes Wort" abgewandt. Diese Meinung spricht für die mangelnde Weisheit, die Sixiang (4) vermittelt, jedoch nicht leicht zu verstehen ist. Dazu zählt, dass in jedem Glauben (jeder Ideologie) das Gegenteil steckt. Oder: In Yin steckt

Yang und umgekehrt! Jedes Extrem bewirkt die Umkehrung zum anderen Extrem, so wie es Sixiang (4) zum Ausdruck bringt. Die Weisheit liegt in der Mitte.

Die Probleme, für die viele Ursachen angeblich erkannt wurden, liegen, wie diese Buch zu vermitteln versucht, vielmehr darin, dass sich Menschen - als Folge des Abstiegs der *psyché* in den Körper (Diesseits) - von der schöpferischen Natur (Taiji = *lógos)* zunehmend entfernt und sich somit der konditionierten Natur (Diesseits = Welt der Worte = Welt des Glaubens = Welt, in die Gott angebliche herabgestiegen ist) zugewandt haben. Diese Regression wird uns sogar als menschlicher Fortschritt angepriesen und ideologisch untermauert. Seine Früchte sind exponentielle Zunahme des nachgeburtlichen Wissens, technologischer Fortschritt, Globalisierung, Wirtschaftswachstum, exzessiver Konsum, Mythen, Lügen, usw., usw.. Sie fordern *némesis* heraus. Erderwärmung, soziale Unruhen, Kriege, Migrationen, usw. sind ihre Antwort.

Anhang VIII.1: Die Newton-Hooke Interaktion

Die meisten Menschen meinen, Isaac Newton sei der alleinige Schöpfer der nach ihm benannten Newtonschen Gesetze[522] , die unser Weltbild dramatisch veränderten. Die wenigsten wissen, dass sein ehemaliger Freund Robert Hooke heftig protestierte, als Newton die *Principia*[523] verfasste, in denen er sie publizierte. Hooke warf Newton vor, dass er darin Erkenntnisse veröffentlichte, die Newton einer Unterredung mit ihm Jahre zuvor zu verdanken hätte und in den *Principia* nicht ausreichend würdigte. Was tat Newton, als er von Hookes Plagiatsvorwürfen hörte? Anstatt Hooke zu würdigen, strich er in den *Principia* seine Verweise auf ihn und machte seinen früheren Freund zum Erzfeind.

Newton[524] : *Es ist nicht fein, dass Mathematiker* (wie ich), *die das*

---

[522]http://de.wikipedia.org/wiki/Newtonsche_Gesetze
[523]http://de.wikipedia.org/wiki/Principia_Mathematica
[524]Boorstin, D; *The Discoverers*, Vintage Book, 1985

Geschäft zu Ende bringen, sich mit nichts zufrieden geben sollen, während diejenigen, die nur vorgeben etwas kapiert zu haben, die Erfindung davon tragen.

Wie man heute weiß, war Hooke nicht der einzige, der in Newtons Garten säte, sodass Newton die Früchte für sich alleine ernten konnte.

Intuitive und diskursive Fähigkeiten von Hooke und Newton

Hooke hatte, aufgrund seiner praktischen Fähigkeiten und Erfahrungen, mehr Intuition als Newton. Es mangelte ihm jedoch an der theoretischen Geschicklichkeit, die Newton im größeren Umfang als er besaß, um die Intuition in eine attraktive Theorie umzusetzen. Dies gelang Newton auf beeindruckende Weise. Er konnte - aufgrund seines diskursiven Denkens - den unausgereiften (intuitiven, konfusen, formlosen) Einsichten von Hooke eine attraktive mathematische Form(ulierung) geben.

Diese konnte er dann der akademischen Welt präsentieren, um sie von ihr beurteilt und akzeptiert zu bekommen. Insofern hatte er bessere Karten als Hooke „seine Entdeckung" anerkannt zu bekommen. Hinzu kam noch, dass er als Vorsitzender der renommierten Royal Society großen Respekt und Einfluss genoss.

Hooke wird uns in der Literatur als ein Mensch geschildert, der oft seine Zeit im Kaffeehaus verbrachte und sich zu entspannen wusste. Newton wird uns hingegen als nüchterner, eitler, stark gläubiger und ehrgeiziger Theoretiker präsentiert, der angeblich nur dann zur Ruhe kam, wenn er ein Problem gelöst hatte.

Hooke war entspannter und stand mit seinen konfusen Einsichten der schöpferischen Mischwelt (Taiji) näher. Newton stand der Gesellschaft näher. Nur darauf kommt es aber an, wenn man „seine Erkenntnisse" an den Mann (die Frau) bringen will. Was nützen kluge Einsichten, wenn man sie nicht artikulieren und zu Papier bringen kann?

Aus wissenschaftlicher Sicht waren beide Männer außergewöhnliche Denker; aus Sicht der Meister nur gewöhnliche. Beide dachten ziel- und problemorientiert, auch wenn Hooke eher als intuitiver und New-ton als diskursiver Denker zu bezeichnen ist. Ihr Denken war durch das Diesseits (You) konditioniert und ihm zugewandt. Beide haben von Wuwei, dem Wirken (Wei) aus dem Unbekannten (Wu), Nutzen gezogen, ihm jedoch keine besondere Aufmerksamkeit geschenkt. Sie wussten vermutlich nicht, dass alles Neue, das sie entdeckten, Wuwei zu verdanken ist.

Konditioniertes Denken: Stressverursacher mit vielfältigen Symptomen

Platon zufolge gilt: *Der Körper (sóma) ist für uns ein Grab (séma).* Dieses Zitat bedeutet, dass einseitige Weltzugewandtheit die *psyché* belastet. In Bezug auf das weltzugewandte (zielorientierte) Denken heißt dies, dass durch zu viel willentliche Aktivität Stress mit vielfäl-tigen Symptomen erzeugt. Dazu zählen Frust, Burnout, Aggressivität, Erschöpfung, Depression, usw.. Darunter könnte Newton gelitten ha-ben, denn ihm werden Eitelkeit und religiöser Fundamentalismus un-terstellt, vom angespannten Umgang mit seinem ehemaligen Freund Hooke ganz zu schweigen. Newtons Verhalten hat seine Reputation aber nicht geschmälert. In der Taiji-Lehre heißt es: *Wer groß vor den Menschen ist, ist klein vor dem Dao!*

Anhang VIII.2: Analyse des Denkprozesses

Ich beschreibe nun das Denken unter Einbezug der Taiji-Begriffe (Wu, Wuyou, You) und (Wuwei, Youwei), die auf dem Dao-Pfad auf unkonditionierte Weise erhalten werden. Das Denken erfolgt zyklisch wie alle Lebensprozesse.[525]

Der kreisende Gedanke

Der Gedanke nimmt seinen Ursprung in Wu (Nichtsein) und fließt

---

[525]Siehe TLC.

über Wuyou zu You (Sein) und über Wuyou zurück zu Wu. Er kreist (rotiert) selbst-bewegt, selbst-steuernd und selbst-organisierend durch die drei Welten (Wu, Wuyou, You). Der Gedankenzyklus lässt sich wie folgt formulieren:

... > Wu >[526] Wuyou > You > Wuyou > Wu > Wuyou > You > ...[527]

Wu > Wuyou > You beinhaltet: Wuyou übersetzt Wu zu You. Dies heißt, Wuyou ist - allegorisch gesprochen - der Übersetzer, der Neues aus dem intuitiv und diskursiv Unfassbaren (Wu) ins diskursiv Fassbare (You) überträgt. Der Übergang, You > Wuyou > Wu, beinhaltet, dass der Gedanke in Wu vorübergehend verschwindet, um dort in weiter entwickelter Form neu geboren zu werden. So folgt ein Gedankenzyklus dem nächsten, wobei sich der fließende (kreisende) Gedanke stetig weiterentwickelt. Jedes Mal, wenn er Wuyou passiert, wird er mit neuer Information aus Wu aktualisiert. Der Schöpfungstrieb, der den Gedanken in Wuyou immer wieder neu gebärt, ist Wu-wei.

Wuyou agiert also wie ein Füllhorn, das immer wieder Neues in den Gedankenfluss ausschüttet. Dieses ist dem Wu-Teil in Wuyou zu verdanken, auch wenn Wuyou im vertrauten Denken durch You konditioniert ist. Auf diese Weise entwickelt sich der Gedanke in vielen Zyklen immer weiter, bis er irgendwann vom Gedächtnis erfasst, analysiert und sich selbst und anderen Menschen demonstriert werden kann.

Die zwei Denkweisen

Das Kreisen des Gedankens ist durch zwei Denkweisen geprägt: Intuitives Denken und diskursive Denken. Das intuitive Denken ist durch das nicht-dualistische Wuyou geprägt und das diskursive durch das dualistische You. Beide Denkweisen wechseln sich zyklisch ab, so wie es Sixiang (4) ausdrückt. Das intuitive Denken eilt dem dis-

---

[526]Das Zeichen „>" steht für „erzeugt".
[527]In Bezug auf Bild 2 bedeutet dies, dass der Gedankenfluss in oszillierender Weise auf verschiedene Bewusstseinsebenen in den Taiji-Welten zugreift.

kursiven voraus. Das diskursive greift mittels Entweder-oder-Entscheidungen auf die Sprache zurück, das intuitive auf die Mischung (Wuyou) aus Unbekanntem (Wu) und Bekanntem (You), die der Sprache unzugänglich ist.

Beide Denkweisen wirken, wo wie auch deren Triebe, gegeneinander. Die eine Denkweise kann nicht ohne die andere existieren. Beide gehen nahtlos ineinander über und erzeugen einander. Sie wechseln sich dialektisch ab. Sie sind unverzichtbar für die fortlaufende Entwicklung des sich stetig wandelnden Gedankens.

Vom konditionierten zum unkonditionierten Denken

Wird Wuwei[528] durch Üben zunehmend aktiviert, so wird immer mehr der Wu-Anteil in Wuyou mobilisiert und die Einsichten, die durch You konditioniert sind, verwandeln sich in die Wiedererinnerung, die durch Wu konditioniert (also: unkonditioniert) ist. Auf diese Weise entwickelt sich aus dem konditionierten (gewöhnlichen) Denken immer mehr das unkonditionierte (ungewöhnliche) Denken (Taiji-Denken oder Platonisches Denken).

---

[528]Zur Erinnerung: Damit Wuwei die Entwicklung in positiver Weise fördert ist die Qi-Übertragung notwendig.

Der Autor

Dr. Peter Hubral ist Professor für Geophysik und Hobby-Philosoph. Er verfolgt seit langem die Spuren großer Lehrer zwischen West und Ost. Er sieht in den Meistern der Pythagoreischen/Platonischen Schule Vertreter der uralten und im Westen und Mittleren Osten ausgestorbenen Wuwei-Tradition, die heute dank chinesischer Dao-Meister wie Fangfu belebt wird.

Weitere Info/Kontakt:

www.taijixue.de

info@taijixue.de

https://www.gpi.kit.edu/Personen_582.php

Aus dem Lotus-Press Verlagsprogramm

Dr. Peter Hubral
Mit Wuwei zum Dao: Mit Philía zum Lógos

Mit Wuwei zum Dao ist ein lang überfälliges Buch, welches einem breiten Publikum die Begriffswelt der daoistischen Sicht des Lebens näher bringt und tiefgreifend erläutert. Es richtet sich an Sinologen, Philosophen, an TCM-Ärzte und Interessierte gleichermaßen und ist insbesondere für all die Praktizierenden des Qigong, des Taijiquan und anderer chinesischer Kampfkünste ein Fundus von unschätzbarem Wert. Dr. Peter Hubral greift in seinen Erläuterungen auf einen großen theoretischen und praktischen Erfahrungsschatz zurück.

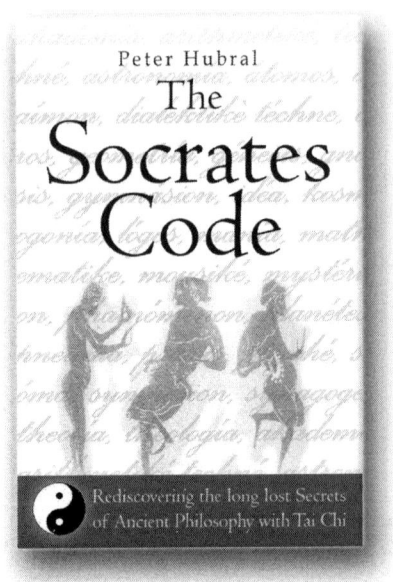

Peter Hubral

The Socrates Code: Rediscovering the long lost Secrets of Ancient Philosophy with Tai Chi

Peter Hubral sets out a meticulously researched and convincing case that Western Philosophy is founded less upon the original Ancient Greek texts, as on a careless and ahistorical misreading of them, for which he provides an unprecedented rigorous revision. Due to matching the Dao-practice to the practice of dying, Hubral completely dismantles the illusion that the western world has constructed about Pythagoras, Socrates, Plato, etc. He shows that they made much more profound discoveries with the practice of dying about nature than what we are told about their contributions to mankind in uncountable commentaries!

Peter Hubral
The Plato Code: The impact of the misconceived Greek philosophía on the European culture

The Plato Code extends The Socrates Code, which is the first book in a series of three, in which Peter Hubral dismantles today's understanding of the Pythagorean/Platonic philosophía, the mother of modern philosophy. He shows that its many Greek masters taught how to obtain extrasensory natural knowledge, which appears "out of itself" on what Lao Tzu calls in the Daodejing the Great Path (Da Dao) and Parmenides calls in his Poem on Nature the Path (Way) to Truth. This step-wise path from the known into the unknown provides prenatal knowledge based on the unconditioned cognition principle: Consciousness can be significantly expanded by rigorous meditative dedication to Nothingness (Nonbeing). The composite lion-bull motive on the front cover is an ancient Iranian allegory for this principle. The philosophía can, like the Dao-teaching of Fangfu, only be understood with it.

Peter Hubral
The Lao Tzu Code: Key to ancient Chinese and Greek natural life care and search for truth

Peter Hubral explains in detail the modern Tai Chi-teaching of Dao-grandmaster Fangfu which goes back to the Yellow Emperor and Lao Tzu. He demonstrates its excellent match with the written Greek Py-thagorean/Platonic philosophía. He shows, how both teachings contribute to deepen the understanding of modern cognitive and health sciences as well as physical and psychic therapies. He provides with this inedited treatise on ancient Chinese wisdom a solid foundation for The Socrates Code, in which he completely revises the careless and ahistorical misreading of ancient Greek texts. He uses The Lao Tzu Code also to justify The Plato Code, in which he documents the strong impact that this misreading ironically had on the modern western culture.

Jan Silberstorff
Laozi's Dao De Jing

Das „Dao De Jing" (alte Schreibweise: Tao Te King) ist Weltliteratur. Geschrieben vom „Alten Meister Laozi", ist es eines der ältesten und bekanntesten Bücher dieser Erde. Und obwohl es dutzende Übersetzungen und auch Kommentare dazu gibt, ist dieser Kommentar von Meister Jan Silberstorff doch vollständig anders, denn er entspringt einer gelebten Erfahrung, keiner intellektuellen Überlegung. Er ist ein Brückenschlag zwischen Ost und West, zwischen Herz und Verstand und zwischen Theorie und Praxis.

Band 1 - DAO
Band 2 - DE

Jan Silberstorff, Chen Xiaowang
Die 5 Level des Taijiquan

Taiji-Meister Jan Silberstorff kommentiert einen Text von Großmeister Chen Xiaowang über die 5 Level des Taijiquan.

Die Audio-CD enthält den Originaltext von Großmeister Chen Xiaowang, gelesen von Jan Silberstorff. Die DVD enthält einen Vortrag von Meister Jan Silberstorff, in dem er die 5 Level kommentiert und erläutert.

Buch mit DVD und CD.

Gerhard Milbrat

Himmel-Erde-Mensch: Einführung in die Alchemie des Qigong

Eine Einführung ins Qigong, die für jeden Übungslevel das Richtige bietet.

Die Verknüpfung der vorgestellten Übungen mit den acht Stufen der inneren Alchemie ermöglicht auch dem Geübten weitere vertiefende Einsichten. Ein empfehlenswerter Brückenschlag von den traditionellen östlichen Lehren und Praktiken zum modernen westlichen Menschen mit großen praktischen Nutzen für den Alltag.

Sri Nisargadatta Maharaj
Jenseits von Freiheit

Nach dem Erfolg von „Ich Bin" nun endlich das wohl noch wichtige-
re und detailliertere Buch in deutscher Sprache von einem der großen
Erleuchteten unserer Zeit. Maharaj selber sagte zu diesem Buch, dass
es „Ich bin" in vielen Punkten vertieft, ergänzt aber auch darüber hin-
aus geht. Advaita-Lehre pur und at its best!

Jan Silberstorff
Das Taiji-Prinzip - Yin und Yang im Taijiquan

Das Taiji-Prinzip erläutert und dargestellt am Chenstil-Taijiquan

Der bekannte Chenstil-Meister Jan Silberstorff, einer der wenigen wirklichen Meister hier im Westen, erläutert das Prinzip der "Arbeit aus Dantian" an vielen verschiedenen Aspekten der alten inneren Kampfkunst "Taijiquan".Meditatives Sitzen, Stehende Säule, Seiden-übungen, Form, Waffen, Partnerübungen bis hin zur Anwendung in der Selbstverteidigung kommen zur Darstellung. Eine wahre Fund-grube an Informationen und praktischen Erläuterungen für den Ein-steiger genauso wie für den Fortgeschrittenen.

DVD

Joachim Stuhlmacher

Die Medizin des Dao - Die 12 Organsysteme der Chinesischen Medizin

DVD 1 - Herz / Xin: Auf der ersten DVD (inkl. Begleitbuch, auch separat erhältlich) beschreibt der Autor den spirituellen Hintergrund der Klassischen Chinesischen Medizin und schafft es, dieses Wissen auf unsere heutige westliche Welt zu übertragen. Das 1. Organsystem Herz/Xin wird detailliert mit seinen Funktionen und insbesondere in seiner psychologisch-geistigen Ebene erläutert. Erstmals in deutscher Sprache wird hier tiefgreifendes antikes Wissen in moderner Form für den westlichen Menschen nachvollziehbar und verständlich aufbereitet.

DVD 2 - Lunge / Fei: Das Organsystem Lunge/Fei wird detailliert mit seinen Funktionen und insbesondere in seiner psychologisch-geistigen Ebene erläutert.

Dr. Heiner Fruehauf

Schüttel Dich Frei - Die Grundlagenübung des daoistischen Jin Jing Qigong

Das original daoistische Jin Jing Qigong ist eine klassische Qigong-methode aus den Emei-Bergen. Dr. Heiner Fruehauf ist einer der versiertesten westlichen Meister des Qigong. Er wurde direkt von Prof. Wang Qingyu als Linienhalter der alten Traditionslinie des Jin Jing Qigong ausgebildet.

In seiner jahrelangen Ausbildung in China und den USA erwarb er sich tiefe Einblicke in die Geheimnisse daoistischer Lebenskünste und höchsten Respekt vor dem alten chinesischen Wissen. Dies gibt er authentisch an seine Schüler weiter.

Die Schüttelübung "Tou" ist die grundlegende Übung innerhalb des Jin Jing Qigong. Dr. Fruehauf stellt diese Übung hier in allen Feinheiten auf der körperlichen, energetischen und geistigen Ebene vor und führt uns tief in die daostische Welt der Inneren Alchemie.

DVD

Joachim Stuhlmacher
Kraft aus der Stille - Der Universumsstand

Qigonglehrer Joachim Stuhlmacher leitet auf dieser Doppel-CD Variationen der Standmeditation, der grundlegenden Übung des Qigong, an. Wegen ihrer Einfachheit bieten sie viel Raum für innerkörperliche Erfahrungen: Blockaden erspüren, den Fluss des Blutes und des Qi wahrnehmen, den Geist zur Ruhe kommen lassen, sich selbst erfahren. Sowohl Einsteiger als auch Fortgeschrittene finden hier die richtigen Übungen zur konsequenten Verbesserung ihrer Gesundheit.

Tracks CD 1:
1. Der Universumsstand "Yin" (35:21 Min.)
2. Der Universumsstand "Yin instr." (35:21 Min.)

Tracks CD 2:
1. Der Universumsstand "Yang leicht" (21:37 Min.)
2. Der Universumsstand "Yang" (51:18 Min.)

Jan Silberstorff
Zhan Zhuang

Die wichtigste Basisübung des Taijiquan - die "Stehende Säule" des Chen-Taijiquan!

Die "Stehende Säule" des Chen-Taijiquan ist die wichtigste Basisübung des Taijiquan generell. Dem Körper wird die korrekte Grundstruktur vermittelt und der Geist erfährt eine harmonisch-meditative Ausgeglichenheit. Die Übung wird angeleitet von Jan Silberstorff, einem der erfahrensten Taiji-Meister unserer Zeit.

Lassen Sie sich zur Einheit von Körper, Geist und Seele führen!

CD in Deutsch und Englisch erhältlich!

Musik von Hilmar Hajek

Tracks:
   1. Anleitung für Einsteiger (22:00 Min.)
   2. Anleitung für Fortgeschrittene (40:00 Min.)

Joachim Stuhlmacher
Der kleine himmlische Kreislauf

Anleitung zur grundlegenden Übung der daoistischen "Inneren Alchemie"

Der kleine himmlische Kreislauf ist die wohl bekannteste daoistische Übung, die es bei uns gibt. Der Qigonglehrer Joachim Stuhlmacher führt, auf dem Hintergrund von mehr als 20 Jahren Erfahrung mit Qigong, in diese wichtige Übung der Inneren Alchemie ein. Neben der klass. Variante werden auch Variationen und vorbereitende Übungen erläutert und angeleitet, ohne die ein sinnvolles Praktizieren kaum möglich ist.

Doppel-CD

Weitere Informationen und Bonusmaterial
finden Sie auf unserer Website
www.lotus-press.com

LOTUS PRESS

Printed in Poland
by Amazon Fulfillment
Poland Sp. z o.o., Wrocław

88538359R00190